U0948475

百年佛缘

百年佛缘

星云

2

社缘篇

星云大师 口述

佛光山书记室 记录

生活·讀書·新知三联书店

图书在版编目(CIP)数据

百年佛缘/星云大师著. —北京:生活·读书·新知三联书店,2013.10
ISBN 978-7-108-04720-5

Ⅰ.①百… Ⅱ.①星… Ⅲ.①星云—传记 Ⅳ.①B949.92

中国版本图书馆 CIP 数据核字(2013)第 203522 号

目录

百年佛缘 2 社缘篇

人我共榮

我与蒋家的因缘

蒋经国先生继老蒋之后续任，
在他就任后的第八天，就到佛光山参拜。
那时山上设备简陋，只有东方佛教学院一角，
他到了之后便巡视每间教室，并与学生聊天，
让人见识到他平民化的作风。
经国先生在任内，
有四次上佛光山的记录，
对本山的大慈育幼院也曾捐款赞助，
对大悲殿的万尊观音更是赞叹有加。
过去老蒋喜欢参拜佛寺，经国先生也是，
我想最主要的是他们对中华文化的保留，
真的用心想要维护。

现仍保存在旧金山斯坦福大学胡佛研究所图书馆及档案馆的“蒋介石日记”，已成为研究近代史最热门的珍贵史料，据说每年都有上千人前往借阅。

蒋中正（介石）先生其一生的功过是非，在历史上自有公论，我不是研究史实的专家，对于其早期的奋斗过程，也只能从历史的片段记载得知。他于一九〇八年负笈日本学习军事，曾担任黄埔军校校长，奠定了他在军事上的地位；后来依止孙中山先生，受其信赖与倚重，我觉得他真是跟对人了。

根据我的母亲告诉我，我是在一九二七年蒋介石北伐时期，正当他与五省联军总司令孙传芳在我的家乡江苏会战时出生，母亲说，外面正在杀人，你就在这个时候呱呱坠地来到了人间！

随着北伐成功，蒋先生几次上台、几次

蒋中正先生三代合影(“国史馆”提供)

下野，以及他的人生行谊就不是我所能了解的了。不过他“侍母至孝”，在他怀念慈母王太夫人的文章中，提到他的母亲会背诵《金刚经》、《楞严经》，他曾经和母亲同住在雪窦寺，受佛教的影响至深。后来佛教有多次教难，如一九三〇年南京“中央大学”教授邰爽秋倡导“庙产兴学”，以及基督将军冯玉祥在河南拆毁寺庙等，都是靠蒋中正先生从中主持正义，佛教才能免除灾难。

蒋介石先生与太虚大师同乡且友好，彼此相契甚深，曾敦聘太虚大师为雪窦寺住持，并礼请他到国民政府讲《般若心经》，后来又资助三千银元，让太虚大师到世界各地弘扬佛法及筹组“世界佛学院”。此事太虚大师编有《寰宇弘法记》志之。

为了感念蒋介石的知遇，在抗战期中，太虚大师曾经组织僧侣访问团到印度等地访问，宣扬抗日的意义；一九四五年抗战成功，举国欢腾，这是蒋介石一生最辉煌的成就。

蒋介石一生崇敬三宝，从小即随母亲读经，深究佛法，他的童年可以说是在雪窦寺长大的，而且一直喜好理光头，并且喜欢素食，尤其喜好煮得熟烂之素菜。

晚年时，记得是一九七二年佛光山开山第六年，蒋介石行至高雄西子湾行馆，他多次派随扈到佛光山表示想小住数日。当时佛光山刚开山不久，房舍又少，山上正举办信徒讲习会，于是请他延后几日，我特地把自己所住的慧明堂重新装修，连盥洗室都做了一番改造，准备欢迎他上山。就在这个时候，原本上山日期都已定好，却忽然得到与日本“断交”的消息，于是他匆匆返回台北。后来在阳明山出车祸，之后一病不起，三年后就逝世了。

蒋介石往生后，秦孝仪先生为他笔录的遗嘱，内容繁琐冗长，且强调以耶稣基督的信徒自居，我深不以为然。我认为领导人乃是全民众的，不是只属于某宗教的！尤其他的逝世，我们全宗教都至感哀痛，为他诵经悼念，但他的丧葬典礼却宣布要以基督教仪式进行。对此，我想起过去孙中山先生在广州大元帅府，有一个秘书常在府里宣扬基督教，孙中山先生喝令禁止。秘书抗议说：“你要知道，你也是基督教徒呀！”孙中山先生说：“孙文是基督教徒，大元帅不是！”

老蒋先生的一生，我们不够资格来议论，但对于蒋先生虽然领导全国军民坚持抗战，延续中华民族命脉，他的失败，在此我不得不批评一句，这一切都是由于他的心量不够宽宏所致，他把黄埔军校出身的，都视为嫡系的子弟兵，是亲信部队，其他的为杂牌军，造成部下分化、军心涣散，如汪精卫、胡汉民、李宗仁等，他们相处都势如水火，派系之间彼此互相斗争，而他从中操纵、利用，这实在是有失一个伟大军事家的宽容风范，如果他的心量能够大一点，对各军队能一体同仁地看待不分亲疏，对政治犯能包容一些，他会有不

蒋经国先生第四度来佛光山，图为参观大悲殿(一九七八年五月二十八日)

同的结果。

老蒋先生之后，我与蒋经国、蒋纬国，甚至蒋孝武、蒋蔡惠媚等蒋家后代，也有很多的因缘关系，都有值得记忆的意义。

蒋经国先生继老蒋之后续任，在他就任后的第八天，就到佛光山参拜。那时山上设备简陋，只有东方佛教学院一角，他到了之后便巡视每间教室，并与学生聊天，让人见识到他平民化的作风。

经国先生在任内，有四次上佛光山的记录，对本山的大慈育幼院也曾捐款赞助，对大悲殿的万尊观音更是赞叹有加。过去老蒋喜欢参拜佛寺，经国先生也是，我想最主要的是他们对中华文化的保留，真的用心想要维护。

承蒙他曾召见我，我也利用机会提出建言：让佛教徒办社会的大学，因为当时天主教与基督教，分别在台湾设有辅仁大学、东吴大学、东海大学等，唯独佛教没有大学。

蒋经国先生一行人参观大佛城(一九七六年七月二十三日)

那个时候台湾“教育部”明令不准办大学,我建议说,佛教人口居世界之冠,尤其移民世界各地的华侨那么多,他们大部分都是信仰佛教,而台湾都没有一所佛教所办的大学,有被冷落的感觉,希望政府能开个方便门。他连说:我记得!我记得!

后来台湾开放设立大学,使得原本只有三十多所大专院校,到如今增至一百多所。甚至不知什么原因,竟然让我也有机会办了南华大学与佛光大学,我想这还是得感谢经国先生的开明与德政。

另外,一九八六年四月,国民党召开十二届三中全会,中午用餐时,有人递了一张字条给我,说经国先生要我在会中作一个报告。当时俞国华任主席,蒋经国之外,郝柏村、李登辉等人也在座,我当众提出建议,希望国民党对于党外人士要包容,因为党外也有很多的优秀人才。

事后，《中央副刊》还记载了我讲的话。记得当天一共提出四点建议，其中包括开放大陆探亲。不久之后，党部月刊说："经国先生开放的脚步加速了！"经国先生的政治改革，当然也不是因为我的建议，是时代的需要。

经国先生一向自负、自信，平时不容易听进部下的建言，但我不是他的部下，我没有职务在身，也不做官，虽然曾被选为"中央评议委员"，坦白说，我也不知道这个头衔是因何而来，我对"国是"提出建言，只是尽一介平民的本分，提供一点意见，他的改革开放，应该是很多因缘助成的。

说到经国先生，他亲民爱民，这是众所周知的，他一生与民间的往来，有很多小故事我都耳熟能详。我非常敬重他民主而独特的行事作风，过去他任"政治部主任"、"国防部长"、"行政院长"时，我们有一些法会或社团活动，他到场时都是默默从旁经过，并没有大阵仗地有许多随扈跟从，可以说是行事很低调的人。

经国先生对台湾贡献很大，这也是全民公认的。例如他培养本省人才，选拔很多本省优秀青年如许信良、张俊宏等人到海外留学，希望台湾能慢慢"本土化"。

他创办"救国团"，把青年的活动纳入到暑期、寒假的战斗营之中，让青年们在战斗营中成长，解决了青年的问题。后来也解除戒严，并开放人民到大陆探亲，使台湾真正步上自由民主之路。

早期他所主导的"十大建设"，带动台湾的社会发展，加上尹仲容、王昭明、李国鼎、俞国华、孙运璿等财经首长推动经建政策，更让台湾的经济起飞，继而缔造了台湾的经济奇迹。他们对台湾社会的转型，以及台湾经济的发展，都是居功厥伟，这也是经国先生在历史上不容磨灭的贡献。

与蒋纬国先生合影(一九九〇年七月二十六日)

经国先生的弟弟纬国，说我和他是“老友”，应该不为过，因为他也经常到佛光山，与我促膝长谈；另外在台北普门寺，当时是慈容法师住持，只要我到台北，他也时常专程前往叙谈。

纬国先生为人风趣，语多幽默，完全不像高官厚爵，也没有官宦子弟的架式，他经常自我调侃，自我取笑。记得他跟我的谈话中，有一次最严肃，他表情凝重地说，台湾没有独立的条件。

我初听其言，也觉得台湾哪有可能独立！接着他又从经济、地理等因素，分析台湾与大陆的情势，并说台湾所以能有现在的发展，完全是靠大陆上一些优秀人才随国民党到台湾，与台湾当地民众结合，共同发展，台湾才有今日小康的局面！

我和他饭后聊天，天南地北，他很健谈，我也好听，彼此相得。后来他主持的“战略学会”找我去讲演。我不是研究军事的专家，也不懂得战略，不过由于他善意殷殷，我也就不揣愚拙，到学会主讲“佛教的战斗观”。当天讲些什么内容，今日已完全不复记忆了。

我与蒋家人士，除和纬国引为朋友之外，他们的下一代往来较为密切的，就是蒋孝武先生了。孝武先生也多次上佛光山，甚至他曾对我说，我们蒋家召开会议，谈到我们的祖先都是信仰佛教，现在大家都偏向基督教，因此决议，至少要有一个人信仰佛教，继承祖先的传统，那就选我蒋孝武做代表了！

记得那时是一九九〇年左右，每次孝武一来，都是携家带眷，男男女女、老老少少，一行多人，如今我已不复记得他们的名字。后来他的夫人蔡惠媚女士成为佛光山的信徒、弟子，对佛光山也有许多贡献，这不是没有缘由的了。

孝武先生不幸逝世后，惠媚女士在佛光山台北道场当义工多时，也加入国际佛光会行列，曾担任佛光会青年会第一任会长。有一次与我见面，谈及佛法上的问题，我也顺便向她求证：在孝武先生当驻日代表期间，曾经托人向我要佛光山佛教文物陈列馆内“华藏世界”的设计图，我请彭伯平先生绘制给他，只是不知道他是要做什么用途？

蔡女士回答说，是因为新加坡的房子，想要设个佛堂，他想采

于佛光山传灯楼会见蒋孝武的夫人蒋蔡惠媚女士(左一)与名艺人王钏如女士(右一)(慧延法师摄,二〇〇九年四月十八日)

用“华藏世界”为样本。另外,对于孝武先生曾说蒋家公推他信仰佛教一事,也经蔡女士证实,说孝武先生生前确实经常作如此表示。

或许由于孝武先生在世时,曾一再表明自己是佛教徒,希望百年之后采用佛教仪式。因此,在他往生后,尽管有人反对,不肯满其所愿,但他的子女友松、友兰坚持要用佛教仪式,他们说前人对佛教有对不起的地方,后代子孙将会给予补偿。

现在蒋家的后代,与我们有来往的,就是蒋孝严先生了。蒋孝严本来跟随母姓叫章孝严,后来在二〇〇五年三月认祖归宗,正式改为蒋姓。

孝严与孝慈两兄弟,我也曾多次与他们聚餐、聊天。尤其一九九四年台北道场落成时,孝严与孝慈兄弟两人曾联袂参加“素斋谈

蒋孝严、黄美伦夫妇(左二、左一)来山拜访(二〇〇九年二月十二日)

禅”,只是孝严现在也信仰基督教了,不过孝慈先生温文敦厚,未曾谈及信仰,只记得当时他担任东吴大学校长,后来不幸逝世于北京,英才早逝,深为可惜。

二〇〇八年吴伯雄先生担任中国国民党主席,他想在江丙坤、林丰正、詹春柏等三位副主席之外,再多选拔一些人担任副主席。当时我从旁建议:时逢两岸正热烈交流往来之际,应该有一些副主席能对两岸之间的互动有所助力。后来蒋孝严先生被任命为中国国民党副主席,我想对两岸关系的促进,当有实质的助益。

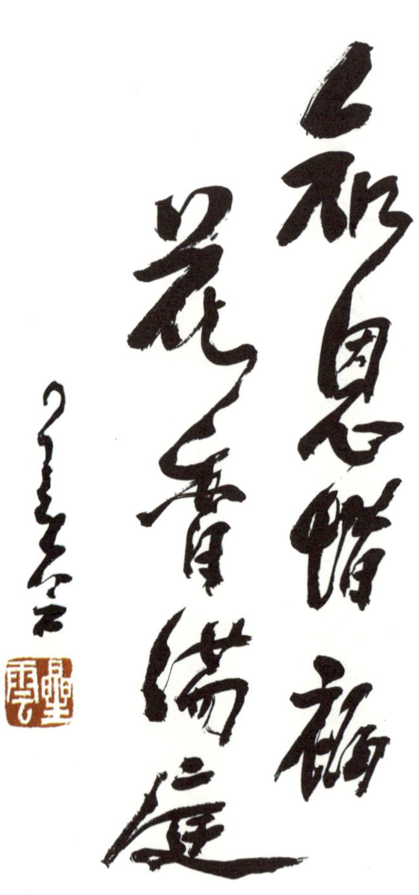

吴伯雄四代佛光人

吴家的不远处就是中坜分局，
我们进入分局后，
里面的警官、警察立刻起立向他敬礼；
吴议员便交待说：“替这个师父报户口。”
那些警察只有恭敬配合，
也没有谈到入台证的问题，
所以我就顺利报了户口，并且取得居留证。
现在回想，
如果当时没有得到吴鸿麟老先生支助，
无法报得成户口，
那就是和台湾无缘了，
那么现在的我，
又将会流落在何方呢？

“我们一家四代都是佛光人！”这是吴伯雄居士在很多场合常说的一句话。

说起我和吴家的因缘，应该要从吴伯雄居士的老太爷吴鸿麟先生说起。

一九四九年春天，我随“僧侣救护队”到了台湾，当时举目无亲，身上别无所有，唯一的随身之物，就只有一张身份证。

初到台湾的一二个月期间，几经飘泊，到处挂单无着，后来好不容易才得以在中坜圆光寺栖身。但那时台湾刚刚经历过“二二八”事件不久（一九四七年二月），社会弥漫着一股肃杀气氛，对旅居在台的外省人的安全来说，更是饱受威胁。尤其继陈仪之后，陈诚所主持的台湾省政府，虽然对台湾实施“三七五减租”、“耕者有其田”的政策，对整个经济成长贡献很大，但在治安方面，他以军事管理为主，使得全省的百姓也如同身处军营一般。所谓“白色恐

与吴伯雄阖家合影

怖”，指的大概就是那一个时期吧。

我居住在中坜圆光寺，知道这并非长久之计，只不过暂时挂单而已，于是就写信到香港求助。因为在一九五一年左右，家师志开上人是栖霞山的住持，当时栖霞山在香港建有一所下院叫“鹿野苑”，我想此时应该可以借助这个关系，请他们帮助我到香港居住。

据说那边的师长接信后，为了我可不可以去香港，还召开过一次会议；会中，五个当家师法宗、超尘、速醒、悟一、达道等法师都异口同声说："我们今天可以到香港来，都是志开上人当时独力承担，发心留下来照顾栖霞山；因为他的慈悲成就了我们，现在他只有这么一个徒弟星云某人落难在台湾，我们能不助他一臂之力吗？"因此大家决议，托人带三百块港币到台湾，要给我买船票到香港。

但是带钱的人到了台湾，这时我因被警察逮捕，先是关在中坜的拘留所，后来移到桃园的一个仓库里，因此与香港来的人失之交臂。那个时候，佛教好像大难临头，从大陆来台的僧侣，如慈航法师等一百多位法师，一起遭到当局逮捕拘禁。后来幸经前台湾省主席吴国桢的父亲吴经明老先生，以及孙张清扬女士和多位"立委"、"监委"奔走呼吁，终于在二十三天后，把我们保释出来，我才又回到了中坜圆光寺。

这时候，我们同道中有几位因为没有身份证明，其前途命运就可想而知了。所幸我在离开大陆时，把所有的行李、衣物都放弃，身上只留了一张身份证；万万没有想到，这张身份证竟然成为我的救命符一样，我不但仗着这张身份证而获释，甚至我也知道，未来在台湾的居住安全，就得全靠这一纸证明了。

在经历此事之前，因为过去在大陆没有领过身份证，根本不知道身份证的重要，只是某天跟人闲谈时，有人提议说，现在国民政府八年抗战，胜利还乡了，大家需要有一张身份证明，以后行事会比较方便。那时候刚刚正在学查王云五的四角号码，字典里有"星云团"这个名词；"星云"，浩瀚无比，我想，不妨就用它来作为名字，领个身份证吧！

我虽有身份证，但是没有入台证，照说还是不能报户口。正当我在犹豫、思索着如何才能在台湾报户口时，有一位非常关心我们大陆僧青年的智道法师对我说："中坜圆光寺有一位

图为吴鸿麟八十大寿，四代同堂合影。到了九十大寿，更是枝繁叶茂。第三、第四代只能派代表（伯仲基金会提供）

信徒总代表，叫做吴鸿麟，如果你能找到他，也许就能报得成户口了。”

当时吴鸿麟先生是县参议员，也是中坜的名医，仁心仁术，嘉惠病患，同时担任中坜警民协会会长。我心想，这种有地位的名门望族，我哪里能高攀，哪里找得到他来帮我报户口呢？智道法师说：“我找个时间带你到他家门口，去拜访、拜访看看。”这话说得很有意思，到门口拜访，意思是看看有没有机会遇得到。

真是因缘凑巧，这天正当我在中坜吴家的门口徘徊时，吴鸿麟先生刚好要外出，我赶快上前自我介绍说："吴议员，我是大陆来台，现在正挂单于中坜圆光寺的出家人，我有身份证，想拜托你帮我报户口。"

吴鸿麟先生盯着我看，足足看了大约有一两分钟吧！终于说："好！好！你跟我来，你跟我来！"

吴家的不远处就是中坜分局，我们进入分局后，里面的警官、警察立刻起立向他敬礼；吴议员便交代说："替这个师父报户口。"那些警察只有恭敬配合，也没有谈到入台证的问题，所以我就顺利报了户口，并且取得居留证。现在回想，如果当时没有得到吴鸿麟老先生支助，无法报得成户口，那就是和台湾无缘了，那么现在的我，又将会流落在何方呢？

因此，我能在台湾安住，弘法一个甲子以上，我想，吴鸿麟先生给予我的因缘实在是太重要了。所以后来吴伯雄先生的伯仲基金会为了提携青年，举办"吴鸿麟奖学金"，每年颁发奖学金的时候，我都非常乐意地随喜参加。

吴鸿麟先生是桃园客家人，一八九八年出生，我认识他的时候才五十一岁。和我结了这段因缘之后，时光迅速，他的儿女也不断成长，尤其吴伯雄先生二十八岁就当选省议员，成为当时最年轻的省议员；继而于三十三岁当选桃园县长，乃至后来一家三代都做桃园县长，真可以说是满门荣耀，家族之光。

吴伯雄生于一九三九年，一生仕途虽有起伏，但政绩卓著。他从省议员、县长、公卖局长、市长，到四十四岁成为台湾最年轻的"内政部长"。后来又第二度担任"内政部长"，当时正逢国际佛光会中华总会在一九九一年成立后，翌年在美国成立世界总会。记得当时洛杉矶音乐中心刚举办过"奥斯卡金像奖"，我们

吴伯雄总会长向纽约的佛光人致意。左起:住持觉泉法师,儿子、台北市市议员吴志刚,吴伯雄,女儿吴璧玲,夫人戴美玉(二〇一一年十一月五日)

就在那里举行成立大会。当我从美国打电话回台湾,征询他的意见,说大众议决要请他担任世界总会副会长。他闻言,欣然答应。

后来他从"内政部长"功成名就卸任,一九九八年时再度被大众选为国际佛光会中华总会的总会长。三年后又再连任,一共六年。他每天都到设于佛光山台北道场的中华总会办公室办公,和信徒多方接触。在他任内,佛光会的会务推动得很有起色,对佛教的发展贡献很大。

记得有一次,吴伯雄告诉我,有个日本访问团到台北道场访问,因为他会日文,就帮忙招待。那时吴伯雄正担任"总统府"秘书长,这些来自日本的人士并不明所以,当中有个人问吴总会长厕所在何处？吴伯雄亲自带路。出来后，就问吴伯雄："你是做什么的？"旁人说："他是'总统府'的秘书长。"那个日本人一听，吓了一大跳，赶忙接连着说抱歉，他说："我怎么可以叫'总统府'的秘书长带我去厕所呢？"

这件事后来成为趣谈，吴伯雄自己也很开心，他说，以"总统府"秘书长的身份，带他去上厕所，这也是一种服务啊。甚至后来他在公开场合也一再表示，自己是佛光山台北道场的义工，他要把"政治摆两边，佛教放中间"，真是令人感动。

吴总会长对于佛光会的会务多所推展，每次会员集会，他都亲临会场。由于他善于演说，致词简明扼要，没有冗长的客套，而且善于带动现场的气氛，信徒每看到他莅会，都报以热烈的掌声欢迎。后来他也觉得担任佛光会总会长，是他一生最大的荣耀，所以心甘情愿地投入。他说，他做过两任的"内政部长"，以及台湾省议员、桃园县县长、公卖局局长、台北市长、"总统府"秘书长、国民党中央党部秘书长等公职。但是，上台下台，都引起人的议论。现在做了佛光人，永远也不要上台，也不要下台了。这番话，再度获得了信众热烈的掌声。

他也曾说，过去担任"内政部长"，都是在台上颁赠优秀团体会员奖给人，后来做了佛光会会长，自己代表佛光会在台下受颁"优秀团体会员"，这种心情比颁奖给人更欢喜。此外，每次佛光会举办活动，结束之后，现场迅速复原，都没有留下一张纸或一点垃圾，他为此感到非常光荣。他肯定地说，事实证明，在人的一生当中，除了父母、学校的教育，宗教教育的力量也不容小视。

佛光会自从一九九一年成立以来，发展迅速，现在分布在世界七十多个国家地区，有一百六十多个协会，数千个分会，每两年在世界的名都召开一次会员代表大会（最初一年一次）。吴伯雄居士可以说每会必与，如法国的巴黎，加拿大的多伦多、温哥华，日本的东京，澳大利亚的悉尼，香港的九龙，他都前往参加。我当会长，他任副会长，但他从没有觉得自己是高官厚爵而不甘屈居人下；他对我担任会长，是真正心悦诚服，我也很感谢他对我的护持。

尤其早在一九九〇年代初期，我请他担任佛光山的信徒总代表，他也欢喜接受了。后来在一九九四年，吴伯雄有意参选首届"台湾省省长"，而同党的宋楚瑜先生则是国民党所属意的人选，一时"二雄相争"，僵持不下。我知道后，就约他检讨选举的得失。他当时信誓旦旦地说，一定要竞选到底，哪怕台湾省就只剩下一个阿里山，他也要竞选省长。

当时宋楚瑜先生背后也有很坚强的后盾，拥有很雄厚的竞选资源，他们两位在国民党里都是一时之选。我就跟他说，两虎相争，必有一伤；果真有心为民服务的话，什么不可以做，为什么一定要选省长呢？我说，就像佛光会，其实也可以乘兴而为，不是一样可以拥有无限的挥洒空间吗？

我的意思主要是告诉他："退一步想海阔天空，人生不一定要做老大，做老二，也有老二的妙处。"所以后来"老二哲学"这一句话，就这样流传下来了。

最后，吴伯雄经过他九十多岁的老父吴鸿麟先生劝谏，终于欣然同意退让。国民党中央至此也松了一口气。之后有报纸报道说，吴伯雄先生因为我的劝说，他就"回头是岸"了。我想，他的风度雅量不但赢得了大家的喝彩，最重要的是，他结束了一场政治纷争，无形中惠及全民，可说是功德无量。

从此之后，他就一直以当佛光会总会长为乐。确实，做佛光会总会长的掌声，不比他做省长少。我们曾联袂环岛弘法，也常同台讲说，这几年来，光是在林口中正体育馆，二三万人的集会就不只十次以上，所造成的影响，以及带给大众的欢喜，吴伯雄在信众里面，恐怕是独一无二了。

一九九八年，他以国际佛光会中华总会总会长的身份，跟我到泰国迎接由西藏贡噶多杰仁波切赠送的佛陀舍利。那一天是四月六日，我们搭乘华航 CI695 包机前往曼谷。同行的有心定和尚、慈庄法师、慈惠法师、慈容法师、王金平、陈履安、吴敦义、丁守中、潘维刚、赵丽云等，我们在泰国受到泰国政府隆重接待。

尤其，世界佛教徒友谊会在他们的大礼堂，启建隆重的法会。后来佛陀舍利供奉在王后公园，供民众礼拜，同时邀约数千比丘在场诵经。到了四月九日，会同在泰国的十多位仁波切，搭乘原来的包机一起返抵台湾，数万人蜂拥来到机场迎接。

在迎请佛陀舍利到台湾的过程中，发生很多不可思议的灵感事迹，感动了无数见闻、参与者。例如，佛陀舍利到了桃园机场，举行过恭迎典礼后，佛陀舍利的专车从机场启动，准备返回台北道场。这时候忽然下起了倾盆大雨，虽然当时政府特地把高速公路净空，让迎接舍利的车队通行无阻，以示对佛陀舍利的尊重。但是这场突如其来的大雨让我非常忧心，因为台北还有数万人正等在台北道场前的街道两旁，准备恭迎佛陀舍利，忽然下起这么大的一阵雨，怎么好迎接呢？

说也奇怪，当佛陀舍利经过圆山大饭店，下了高速公路的时候，大雨如同刀削一样，霎时停止，连一丝丝的雨滴也没有。我们到达松山火车站前的松隆路，只听到从电视转播里传来主持人赵宁的声音说："哎呀！你们看，佛陀舍利来了，松隆路变成佛光大道了。"

佛陀舍利在台北道场供人瞻仰礼拜四十九天，因为人潮热络，

恭迎佛陀舍利的专机抵达桃园机场，国际佛光会中华总会会长吴伯雄手捧佛陀舍利下机（一九九八年四月九日）

延期了八个月，再由铁路局以专车护送南下，分别在台中、彰化、嘉义、台南等站停靠约九十分钟，让佛陀舍利移至火车站前广场，供当地民众礼拜。

现在回想起来，吴伯雄从华航飞机上，手捧佛陀舍利下机时那种虔诚的英姿，不禁感到吴伯雄居士一生的荣华富贵，真是其来有自，一切都有因缘使然。

二〇〇八年，吴伯雄领导国民党在选举中获得胜利，使得国民党重新执政。同年五月，率国民党代表团访问大陆，并与中共中央总书记胡锦涛先生作历史性会见，决定以最快的时间，恢复海基会、海协会制度性协商，两岸直航及开放大陆人民来台观光，让两岸和平发展，做了重要的突破。

此外，他在南京中山陵谒祭国父，并题了“天下为公　人民最大”八个字，影响非常深远。他并且兼程赶到佛光祖庭宜兴大觉寺礼祖，同时为四川汶川大地震的民众祈福。

二〇一〇年五月，吴伯雄又受我之邀，到扬州鉴真图书馆的文化讲坛，以“因缘与福报”为题，对群众作了一次公开讲演。后来，他又多次在大陆主持会议，我深感世间上人与人之间能够泯除对立，彼此相互来往，促进和平，这是多美好的一件事。

吴伯雄居士和我，相处已经如同家人。他的事情，我可以随时向他提供意见；山上的法务，他也可以随时给我建议。例如，我筹办大学，他跟我讲，现在是开放私校办学的时候，这必定是非常吃力的事。正如他所言，办大学确实是很吃力，但我是一个不愿意给人失望的人，凡是为了佛教，我都尽心尽力。不过，后来他也赞叹我的运气好，说我有愿必成。

我创办《人间福报》时，他也关心说，这是吃力不讨好的事。但后来吴鸿麟老先生辞世，在追悼会时，他用《人间福报》作为答礼；甚至他参加朋友们的婚丧喜庆典礼，也都推荐《人间福报》作为往来的礼物。

吴老先生过世时，我人正在菲律宾，一听到消息，就即刻赶回台湾，参加第二天早上八点的告别式。没想到，这一点小事令他感动无比，多次在讲演中说我“有情有义”。我感到很惭愧，几十年来，姑且不论他们父子对佛教的护持，就以当初来台湾受老先生帮忙的恩情来说，在老先生舍报时，亲至灵堂为他祝福，实在说，这乃是我义不容辞，应该做到的本分。

二〇〇三年，吴伯雄把他在中坜的老家——吴老先生执医的诊所，捐借作为佛光缘，提供给当地民众有个共修的场所，并在每年新春期间举行祈福团拜。二〇〇五年，马英九和王金平先生竞选国民党主席，双方互有竞争。为了避免两败俱伤，大年初二，吴

与吴伯雄长子吴志扬伉俪(二〇一一年二月十三日)

伯雄邀约两人到中坜佛光缘礼佛、晚宴,他要我写一幅字致意。我写了对联“退一步逍遥自在,让三分吉祥平安”,横批题了“诸事圆满”。后来听说那天的气氛和谐融洽,他为此感到欢喜不已,认为非常有意义。

吴伯雄居士是一个非常重视传承的人,他在佛光会的任期之内,把他的儿子、媳妇带来参加各种佛光会活动。尤其长子吴志扬,是哈佛大学出身的法学博士,曾任律师,后来担任“立委”;参加佛光会后,当选为中华总会的监事长,并在佛光会会员、民众的鼓励下,参选桃园县长,结果以高票当选。二公子吴志刚在万华区参选台北市议员,也是议员中得票最高的当选人。他的大女儿吴璧玲,嫁给名报人《世界日报》发行人马克任的儿子马宏,现在旅居美国。二〇一一年六月,吴伯雄还带他们全家到山上参观礼佛,小住一宿。

吴伯雄先生的夫人戴美玉女士（中），偕同媳妇、孙女们，在台北“国父纪念馆”献唱客家调的《念佛歌》（二〇〇三年十一月八日）

吴伯雄的夫人戴美玉女士，与他是青梅竹马，从小一起长大，是一位爱好音乐的歌唱家。吴家一门，从吴伯雄夫妇，到他们的儿子、女儿，都喜爱唱歌，可以说整个家族都是唱歌的高手。

二〇〇三年佛光山在台北举办“人间音缘”征曲比赛时，吴夫人还带着媳妇、孙女们，在“国父纪念馆”同台唱了一首客家调的《念佛歌》，大众报以热烈的掌声。过去，做官的人都自恃身份，不便在公众场合唱歌，但是我鼓励吴伯雄居士，我说：“做官也没有规定不能唱歌，你有这么好的歌喉，唱歌也是跟大众交流啊。”于是就从吴伯雄开始，后来像程建人先生等许多高级官员，也都跟他一样，莫不以唱歌为乐事。

从吴伯雄的尊翁吴鸿麟老先生，到吴伯雄及他的儿孙，他们世代从政，是政治世家。另外，听说他的家族还有很多都是名医、名教授，名银行家、名企业家，在此我就不一一替他们叙说了。

仁義天下

我与大陆的领导人们

我和江泽民第二次谈话时，
由经常在大陆出入的数位常随众法师陪同。
江先生很高兴，跟我谈起佛学来。
从《金刚经》到《瑜伽焰口》，
他甚至能把《瑜伽焰口》里的《召请文》从头到尾背出来。
我和江主席原属乡亲，
他的家乡和我的俗家，只是数里之遥。
只是，我们从不愿意攀亲邀宠，
只觉得扬州这个地方，
出现了江先生这种人才，
临近扬州六十华里的泰州，
也出生了胡锦涛总书记，
他们都是国家领袖。
实在说，江苏也算是人杰地灵了。

数十年来，我云游在世界各地弘法，经常自我介绍说：我是中国人。

我在一九二七年，出生于江苏扬州的一个小镇，十二岁出家，在各大丛林里参访，先后住了十年；后于二十二岁到了台湾，一住至今已六十多年了。

对于两岸只有一道海峡之距，却分隔了几十年，坦白说，我的政治意识不强，但对于爱国爱教，希望人民幸福安乐的思想却很浓烈。所以早在两岸没有互动往来的时候，我就很努力，希望自己能成为沟通的桥梁，促进两岸和谐发展，因此，我在两岸都有很多朋友。此中和大陆人士的因缘，从中共中央说起，来往最深的，当然就是曾任全国政协副主席的赵朴初居士。

赵朴老，安徽太湖人，一九〇七年出生。他与我的因缘，已有专章另文介绍，此次就不再叙及，只说我和中共领导人的往来。

我于一九八九年春天，在美国组织“国际佛教促进会弘法探亲团”到大陆访问。这时是三月的下旬，从美国搭机经香港抵达北京，已经是三月二十六日下午三四点钟了。承蒙曾任外交部长的姬鹏飞先生与中国佛教协会会长赵朴初居士等，在机场迎接。之后，我就访问了北京的佛教界，参观万里长城以及明十三陵等。

承蒙中央政府隆重的接待，本来是安排我们住在钓鱼台国宾馆，但我那时候认为政治色彩太浓厚，所以就选择住在北京饭店。

记得抵达北京的当天晚上，时任中央书记处书记，后来当了统战部部长的丁关根先生就来访问。我想，他可能是来试探我有什么其他的任务。其实，我纯粹是如我们访问团的主题“弘法探亲”而来。当他了解我的意思以后，我感觉到他实在也是一位高来高往的人士。

对于我们的访问，中共中央确实是隆重接待，除了进出都有专车开道以外，并且安排我在北京大学、中国社会科学院，以及北京法源寺中国佛学院等做一些讲演。

我初抵北京，中央联合北京各界人士，由全国政协主席李先念先生主持，邀请我们主团七十二人在北京人民大会堂晚宴。会中彼此的谈话内容，谈及与参加的人士，包括后来的访问行程，本来都由依空法师记录日记；但一个月后，在回程中，从杭州抵达香港时，这整箱的资料，不知去处何方了，所以至今我也记不得那许多的过程。下面叙述的一些内容，只能凭大概的情况略说而已。

我非常感谢李主席先念先生，他于一九〇九年出生，湖北黄安

拜会全国政协主席李先念先生(一九八九年三月二十九日)

人,是一个祥和的长者,跟我们照相,给予我们诸多的关心问候。尤其,记得我邀请他到台湾来访问时,他忽然抬头看着我反问说:“我来得及吗?”

很惭愧,对他的这句话,当时我并不能全然了解。后来才想到,他的意思是,以那个时候两岸的政治情况,他已经八十高龄了,等得及看到两岸开放,让他这样一位高级政治地位的人士来到台湾吗?

李先念先生见过之后,接着就有国家主席杨尚昆先生召见。我记得他要我个人单独前往人民大会堂,但是,跟随我到北京的团队里,也有记者数人,他们一直围绕着我,追踪我的行动,希望从我这里获得什么消息。

其实,我的心胸坦荡,也没有什么不可告人的秘密。就像我临

于北京人民大会堂拜会国家主席杨尚昆先生，右一为赵朴初居士（一九八九年三月）

到大陆前，我也写了一封信给国民党中央党部秘书长李焕先生，告诉他我要辞去“中央评议委员”的职务。李秘书长回答我说：“你的信，我放在抽屉里，等你回来再说吧！”我想，他们对于人事的往来，都有非常老到的经验。如果我能和平安全，意思就是可以不必辞职；如果有什么事情，他就说我已经辞职了。我实在感谢两岸的这许多党政领导人对我的爱护。

为了尊重杨尚昆主席的意思，我不好乘坐北京招待的车辆，只叫了一部计程车依约前往，不知绕了多少圈子，才远离记者的跟随。我进入人民大会堂时，杨尚昆主席和阎明复先生已经在那里坐着等了。

杨尚昆先生，一九〇七年出生，四川潼南人。他的身材不高，略显微胖的身躯，脸上充满笑容。一旁的阎明复先生，是辽宁海城人，一九三一年出生，当时担任统战部部长。正值壮年的阎部长，生得一表人才，是一位英气风发的青年才俊。二〇一〇年五月时，阎明复先生从医院里知道我到了北京，他还特地来饭店探望叙谈。

当时的整场发言，全由杨尚昆主席跟我对讲。在大约一个小时的谈话中，我首先向杨尚昆主席提出建议，对于佛教的寺院，不应有园林单位进驻，也不宜把寺庙归于文物单位。现在中国佛教协会已经是正式的组织了，园林和文物单位应该退出寺庙，所有的寺院归还中国佛教协会管理。

对于我这个问题，杨尚昆主席只是轻描淡写地说，你讲得很好。我是中共最了解佛教的人了，谢谢你提出这样的意见。

这让我第一次感觉到，中共许多高级政治人物，对于你的问题，他也不置可否，就这样云淡风轻地带过去了。

接着，我又和他提出第二个问题：希望大陆经常讲的“不排除以武力解决台湾问题”这句话最好不要说。因为现在举世都希望和平，文攻武吓会给世界人士对大陆产生不好的印象。

杨主席听了以后说，你讲的这个问题，我们不是用来对付国民党的。这句话是应付其他党派的，是怕将来国民党招架不住的时候，共产党有一个后备解决问题的规划。我当时觉得，其他党派在台湾还不成什么气候，不应该有这样的小题大作。但是后来我也感觉到杨尚昆主席的远见，可见他们对台湾还是非常有研究的。

我又再跟他提到，我生逢军阀割据、抗日战争，以及国共内战，多年的战争，人命牺牲、财物损失无以计数，可否主席能宣布，台湾和大陆海峡两岸今后成为和平区？

杨主席一听我这个提问，兴奋地回答说，你讲得很好。不过，可否你先回到台湾，请台湾方面宣布金门、马祖为和平区？从金马和平区做起，逐渐扩大，应该会到达你说的目标。

那时候，台湾还是由蒋经国先生主政，我晓得蒋经国先生在晚年时，也知道台湾和大陆统一的问题，但是他的心里究竟有些什么想法，我则不得而知了。不过，像我们佛教徒，祈愿世界和平、人民安乐，这是时时刻刻都有这样祝愿的。

那次和杨尚昆主席谈论的内容，或许还有其他的问题，只是如今都已不复记忆。但在印象里，中共领导人不似过去我们想象中的三头六臂、荷弹武装。那时，已经是“文革”后，主张改革开放，发觉到他们好像也有一颗希望和平的心，也相当重视人道。

在北京待了五天，后来承蒙中国佛教协会安排我们做全国的参访。从甘肃的敦煌、四川的大足到湖北武汉的归元寺，尤其难以忘记的长江三峡之游，从四川重庆到达武汉黄鹤楼，整整走了三天。

接着，在南京的中山陵时，我们唱了《国父纪念歌》；到杭州西湖岳王墓前，我们唱了《满江红》，陪同我们的领导们惊讶不已。他说，你们怎么会唱这许多歌曲？你们是有备而来的吗？其实，我们一点预备都没有，只是那个时候《国父纪念歌》和《满江红》一直是台湾社会流行的歌曲。

我们在大陆访问一个月，离开时已经四月下旬，感觉北京的氛围相当严肃了。因为当时报纸刊登，在天安门前有不少的大字报出现，许多民众自动组织，为胡耀邦的逝世举行追悼、献花等活动，让人感受政治诡异的气氛。后来“六四事件”发生，震惊海内外，真是非人始料所及。

“六四事件”发生后，我们谨守分际，对于民运人士没有什么特别往来，少部分曾到佛光山参观，他们只是淡淡的一行，我们也以香客的方式接待，没有加以拒绝。在世界各地佛光山的道场，尤其美国西来寺，曾经有人要商借场地举行祭悼法会，我们按照美国的法令——宗教场所不涉及政治，也婉言相拒了。

但是，到了第二年（一九九〇年）五月一日那一天，我在澳大利亚接到名记者陆铿给我的电话说，新华社香港分社社长许家屯先生想借住西来寺数日。我一口答应，因为佛教传统有着救苦救难的精神，我根本就没有想到其他。我还打电话给在美国的慈庄、慈惠、慈容等法师，嘱咐他们好好接待许先生，我会兼程赶回帮忙处理。

当时，许先生暂时住进西来寺在山外的一所别墅，我和他见面时，建议他要和中央联系，并且要和驻美大使朱启祯报告。因为我觉得，做人应该光明磊落，问题不是偷偷摸摸就能解决的。许家屯先生也很快地回答我说，他只是做一个短期的休息和旅游。关于许家屯的事情，我在另文也有撰写，此处就不再赘述。

只是意想不到的，为了接待许家屯先生，我自以为是为大陆做了一件好事，但北京还是误会我，认为我不应该收留叛离大陆的人士。在我的想法中，好比一个人家的孩子离家出走了，别家先把他收留，应该获得感谢，而不至于责怪才是。不幸的是，很多的误传，让大陆误解了我的心意，我因此饱受多年的委屈。

一直以来我对促进两岸的和平，非常用心用力。尤其看到蒋家和大陆，等于世仇一样，后来都能和解而感到欣慰不已。特别是蒋经国先生在一九八七年解除戒严令，开放准许探亲，让海峡两岸的人民可以往来。这实在是中国历史上重要的大事。因此，我也不惜以老迈之龄，希望为两岸的和平做些什么。

但是一九八九年之后，就因为许家屯先生的事情，多年来，我连要回乡探亲都没有那么容易。有人要我试着向江泽民先生做个解释，但我觉得解释也没有什么用，因为大陆的情报一向很周全，一切事实，也不需要我做怎么样的解释。

后来，一九九二年国际佛光会世界大会成立时，我也曾经亲自致函北京给赵朴初居士，邀请他担任国际佛光会名誉会长。可惜的是，朴老跟我有很多的联系，唯独此事他没有给我回答。我想，他应该也身不由己吧。其实，假如赵朴老能接受我的诚意，担任国际佛光会的名誉会长，这对大陆爱好和平、重视国际宗教交流，在世界人士的面前，会是一个更好、更成功的范例。

在一九八九年后的十年之内，我也曾经有两次回乡探亲，但都是特例，这还是由赵朴初居士，透过全国政协主席李瑞环先生的帮助，而得以成行的。

第一次是一九九三年元月，我在美国接到国务院的临时通知，告诉我们三天内就可以回乡探亲。这好似天大的喜讯，徒弟们连忙为我赶买飞机票、备办礼品，好让我带回去南京探望九十二岁的老母亲。这一年，我六十七岁。

母亲住在南京雨花台，那是由佛光山弟子萧碧霞师姑等人购买的一栋民房，定名为“雨花精舍”。感谢赵朴老他从北京先我们而到，已经在南京等候我们了。探亲的事情，就不去一一地叙述。第二年（一九九四年），赵朴老盛意殷殷又来信说，中央接受我可以回乡探亲，他老人家再一次不畏旅途跋涉，又到南京来接待。

我记得，当我们抵达南京机场的时候，中国佛教协会秘书长萧秉权先生见到我们，第一句话就说，我们原班人马到齐。意思是，过去在北京欢迎，现在到南京来相迎，都是佛协中的主要干部。记得我还跟赵朴老讲，路途遥远，您就不必南来了。他很诚意地说，我来，总会比较安全。

没想到因为赵朴老的南来，意外地促成了一件好事，这件事我原不知情，是后来在无锡灵山的吴国平居士一再感谢我，我才得知。他说，你的探亲，让赵朴老从北京南下，回程中，视察唐代的古寺祥符禅寺，同意我们在那里建造一尊灵山大佛。那许多的领导，因为赵朴老的一言九鼎，灵山大佛就因此落实。感谢大佛慈悲，让人看到大佛的雄姿，不由得生起中国一定强的祝福。

说到佛陀的慈悲，我想起第一次返乡探亲行程中，赵朴老特地邀我到西安法门寺瞻礼佛指舍利。亲见佛身，我激动无比，深深感到因缘的殊胜不可思议。这样的欢喜，让我生起“如果台湾民众也能同沾法喜，不知有多好”的念头。我当下即向赵朴老表示，希望能恭迎佛指舍利到台湾，让民众得以瞻仰礼拜。当时，朴老也抱以乐见其成的态度。但十多年之间，种种因缘所致，我虽然心系要促成这件事，却一直无法成功。

这期间，我透过旅美企业家李玉玲女士向中央统战部王兆国部长建议，希望佛指舍利来台供奉，促进两岸人民来往。经王部长专程把此意报告总书记江泽民先生。后来，江主席批了十六个字：“星云牵头，联合迎请，共同供奉，绝对安全。”多年来，盼望佛指舍利到台湾普照，就这样，由江泽民主席一言定夺，拍板定案了。

恭迎佛指舍利来台供奉一事，是在二〇〇一年的年底定案的。二〇〇二年二月二十一日，我们以包机的方式前往西安迎请，因为华航的飞机其时还不便前往大陆，只得商之于香港，港龙航空公司派了两架飞机协助，佛指舍利终于在二十三日抵达台湾。

紧接着，二十四日假台湾大学体育馆举行恭迎法会；二十六日起，在三峡金光明寺供人瞻仰。三月三日，以远东航空专机回到高雄，在佛光山接受民众礼拜。三月十五日，应中部信众的要求，在台中港区综合体育馆举行恭迎法会，三月十七日，前往南投中台禅

于上海拜会中共中央前总书记江泽民先生(二〇〇六年四月)

寺供奉。之后，三月二十六日再度回到佛光山，三月三十日，于高雄体育场举行十万人通宵念佛恭送法会；三月三十一日上午，从小港机场起飞离台，前后共三十七天，有台湾和来自世界各地的民众五百万人瞻仰礼拜。

由于这样的因缘，三月三十一日恭送佛指舍利回到西安这一天，听说江泽民先生也同时抵达了西安。据李玉玲女士后来告诉我，江主席在北京临上飞机时，听到别人说，我将要和达赖喇嘛共同兴办大学，江泽民先生当时还责怪了李玉玲女士。我想，我们的会面，可能因此就作罢了。

一直等到二〇〇六年，在杭州举行第一届“世界佛教论坛”开幕典礼后，经由国家宗教事务局叶小文局长、蒋晓松先生等人的安排，让我和江泽民先生在上海会晤。

记得江先生跟我见面的第一句话，他说："过去的种种，一切到此为止。"说时并用他的手作势一挥，我想他的意思，大概就是指许家屯事件带来的种种误会，经过今天的会晤，这个往事就不去谈了。究竟此事谁是谁非，因为江泽民先生这样裁决，我们也愿意让它成为过去，从此就不再提了。

江泽民先生跟我会晤的前后，也有许多好事的安排。例如，二〇〇四年时，两岸共同发起的梵呗赞颂团，联合到香港、澳门、洛杉矶、旧金山、温哥华以及台北等地展演。

当时，有大陆佛教界给予的帮助，以及佛光山一百多位的法师参与，由慈惠、慈容、永富法师，大陆田青教授，国家宗教事务局齐晓飞副局长，中国佛教协会圣辉、明生法师等率团，各处的演出，均在当地造成轰动，引起热烈的回响，成为两岸的盛事。所以那时候有"政治未通，宗教先通"的美谈。

我第二次又应江泽民先生之邀见面，也是在上海。因为其时他已参观过我们在扬州建设的鉴真图书馆了。他到鉴真图书馆时，佛光山派妙士法师前往接待。他看到一个庄严的年轻女性出家做比丘尼，好奇地问妙士法师："你为什么会出家呢？"

妙士法师回答说："主席，你选择改变中国；我出家，是选择改变自己。"

因为当时社会正流行一本江泽民先生的传记，书名叫《他改变了中国》，是由美国作家罗伯特·劳伦斯·库恩所撰写。江先生一听妙士法师的话，非常欢喜，频频点头；后来在鉴真图书馆也和妙士法师谈话参观，足足逗留一小时之久。

我和江泽民先生第二次谈话时，由经常在大陆出入的数位常随众法师陪同。江先生很高兴，跟我谈起佛学来。从《金刚经》到《瑜伽焰口》，他甚至能把《瑜伽焰口》里的《召请文》从头到尾背

与国台办主任王毅(右二)、副主任叶克冬(右一)在北京钓鱼台国宾馆会面(妙士法师摄,二〇一〇年十二月二十二日)

出来。

我和江主席原属乡亲,他的家乡和我的俗家,只是数里之遥。只是,我们从不愿意攀亲邀宠,只觉得扬州这个地方,出现了江先生这种人才,临近扬州六十华里的泰州,也出生了胡锦涛总书记,他们都是国家领袖。实在说,江苏也算是人杰地灵了。

除了我和江泽民先生见面以外,和海协会会长陈云林先生也有多次的相见。他那时候是国台办主任,代表中共中央跟我在湖南、上海、海南岛等地谈过话。因为这样的关系,所以后来他来台湾,到佛光山访问时,基于彼此的友谊,我们给予他隆重的接待。

陈云林先生离开国台办之后,由驻日大使王毅先生调任国台办主任，我和他在北京也有多次的约谈，深深地感到王毅、陈云林担任台办主任都是一时之选。

其他像国台办副主任叶克冬、国务院台湾事务办公室副主任孙亚夫，以及海峡两岸关系协会的常务副会长郑立中、副会长王富卿、驻澳门办事处主任戴肖峰，乃至原外交部长助理，现任“中国关心下一代工作委员会”常务副主任武韬及驻联合国副秘书长沙祖康等，我和他们都有过往来的交谊。

此外，如前后任的统战部部长刘延东女士、杜青林先生，我也曾出席他们在钓鱼台的邀宴。感念中共领导人对于台湾来的宾客，都是给予优渥的接待。

甚至在此中，也结交了北京市前副市长张百发老先生。张百发先生，生于一九三四年，河北香河人。老副市长爱好京剧，为人热情，曾经要迟小秋女士带领北京青年京剧团，为我举办多次“堂会”。对于迟小秋女士与那许多名家唱的京剧，我实在不懂。不过，作为一个中国人，对于中华文化总能揣摩一些意境。尤其，堂会的演出都是素面清唱，配上二胡、板鼓的节奏，令人听了真是叹为观止。

二〇一〇年五月，我到了北京，张百发老副市长在长安大戏院再度邀约京剧各个名家演出。有京剧世家谭门代表谭孝曾，马派再传弟子朱强、马小曼，言派须生最佳传人任德川，奚派须生领军人物张建国，以及五大旦角流派：梅派掌门人梅葆玖、程派传人迟小秋、荀派真传弟子刘长瑜、尚小云大师亲孙女尚慧敏等等。他们告诉我，全国的京剧菁英都齐聚在此了。

其实，我也不懂什么叫“堂会”，但是我懂得是他的盛情难却。像二〇〇八年八月的“世界奥林匹克运动会”，北京要邀我参加开幕典礼。我们一团人由慈容法师领队，到达北京后，就住在张百发先生安排靠近“鸟巢”体育馆的附近。那一天，我参加了十万人的开幕式，体育场里密不通风，热得像火炉一样，领教到参与体育竞赛固然不易，观看的人也是非常辛苦。

大陆为了举办这次奥运会，发挥了最大的力量，北京城几乎做了一次改头换面的革新，可以说，这是中国人有史以来，在世人之前露面的第一次。尤其获得的金牌数，自信可以获得世界总冠军。那一天，胡锦涛总书记到达现场致词，国民党主席吴伯雄先生等人，也都参加了开幕典礼。

这许多好因好缘的成就，当中要感谢国家宗教事务局，像叶小文、王作安局长，齐晓飞、蒋坚永、张乐斌副局长，外事司司长郭伟女士等等，他们对促进两岸文化、宗教的来往交流，都是有口皆碑的。

除了宗教事务局之外，文化部也给我深厚的友谊。从蔡武部长、副部长赵少华女士、王文章、周和平先生等，尤其二〇一〇年五月，我的一笔字在北京中国美术馆展出，和我在中国艺术研究院的讲演，他们的助力最多。

过去承蒙大家的爱护，一笔字曾在湖南博物馆、重庆三峡博物馆、南京博物馆等地都做过展出。但是我知道，北京中国美术馆有一定的指标意义，不是相当的因缘条件，不可能给予五个展厅，而且完全是作为馆方的展出，不收费用。如果没有文化部和宗教事务局的促成，我想这是无法做到的。

一笔字在北京展出的时候，除了许多中央领导人，原全国政协主席李瑞环先生也前往参观了。李瑞环先生和张百发先生一样，同是一九三四年出生，天津人。他曾经写了两副对联给我，一副是：“行到水穷处，坐看云起时。”另外一副是：“言归文字外，意出有无间。”记得我是在湖南长沙旅行的时候，正在湖南省委副书记

获赠原全国政协主席李瑞环手书对联(二〇〇六年)

谢康生请我的宴席上,接到他从北京打来电话,告诉我他做了这二首诗偈。我实在感谢他的好意盛情。

后来我到海南岛弘法,与李瑞环先生会面的时候,他提到,共产主义与信仰宗教并不冲突,尤其中国传统文化与宗教文化非常密切,如果把佛教的元素抽掉,就不名为中华文化了。可见,中共国家领导人他们对宗教也有开明的地方。

从李瑞环先生,就想到曾任政协主席的贾庆林先生。贾庆林主席,一九四〇年出生,河北泊头人,身材高大魁梧,完全是北方汉子的样貌。我和他有多次的会面,第一次是在海南岛。那时候,宗教事务局在海南岛召开“海峡两岸佛教圆桌会议”,贾主席也前往和大家见面讲话。我们列队和他握手,当他握着我的手时,停顿了很久,告诉我说:“欢迎你到大陆来。”

他跟大家致词时表示,从佛指舍利莅台供奉,在厦门举行为降

与原全国政协主席李瑞环先生合影于海南(二〇一三年一月六日)

伏“非典”国泰民安世界和平祈福法会,到梵呗赞颂团的展演,对两岸宗教的交往贡献很大等。

后来别人告诉我,从贾庆林主席的讲话、专注的握手中知道,他是为我到海南岛的。为什么?因为他讲两岸宗教往来的三件事情,都是佛光山做的事。他们说,我的问题应该都解决了。

他们竟然可以从贾庆林先生的握手动作,体会出别的涵义来。如果真是这么说法的话,那我真要感谢中共这许多领导人的人情味了。

此外,我在北京前后也有两次在人民大会堂承蒙他约见。二〇〇八年四月,在毛泽东使用的湖南厅上,承他说我爱国爱教,并且表示对我在《联合报》发表的《体念苍生 · 感谢台湾 · 我拒公投》那一篇文章,最为欣赏。

出席“世界佛教论坛”，与全国政协主席贾庆林见面（二〇〇六年四月十二日）

撇开他的赞誉不谈，记得当时我跟他说：“两岸的关系最重要的，就是互相来往、联络。连战先生已经到大陆访问过了，现任国民党党主席吴伯雄先生，应该也可以邀请他到大陆访问啊！”他即刻说：“吴主席要来的话，我们热烈欢迎，隆重接待。”

就为了这两句话，我回来告诉吴伯雄主席。吴主席听了说，正好，因为两岸协商七月一日飞机要直航，现在需要有此一行亲自签字。不久，吴伯雄先生于五月底就赴大陆访问，除了安排与总书记胡锦涛、政协主席贾庆林会面之外，他也亲自专程赶到我在江苏复兴的祖庭大觉寺礼祖。当时，中共许多领导人很感惊讶，没想到台湾政治的领导人，竟然这么样公开地拥护佛教。我也感谢吴伯雄主席此行，对大觉寺的建设发展，有着非常正面的帮助。

二〇一三年二月初春，我应邀随同国民党荣誉主席连战先生

在北京人民大会堂获中共中央总书记习近平先生接见（中新社盛佳鹏摄，二〇一三年二月二十五日）

率领的“台湾各界人士代表团”赴大陆访问。代表团二十五日在北京人民大会堂与中共中央总书记习近平先生见面时，他对我说：“我看了您不少的书。”我说，我写了一幅字“登高望远”送给您。我的意思是，现在习总书记“登高”了，未来还要“望远”。

二〇〇六年，习先生还在浙江担任省委书记时，我前往浙江参加“第一届世界佛教论坛”，当时与他有过一面之缘。后来他在浙江兴建“弥勒大佛”，我还为此尊佛像题名“人间弥勒”。

访问团推举三名代表发言，承连战主席让我首先讲话：“海峡两岸同文同种，如兄如弟，在一个中国的号召下，希望促进两岸和平往来，是当今的急务，两岸人民不断来往，除了政治、经济之外，文化、宗教、民间、各行各业促进交流，必定对两岸的将来有巨大贡献。”

在北京人民大会堂获国家主席胡锦涛先生接见(中新社盛佳鹏摄,二〇一三年二月二十六日)

二十六日,我们在北京人民大会堂与国家主席胡锦涛见面。胡主席对我说:“您对佛教、海峡两岸的贡献很大。”我说:“您倡导的‘和谐社会’,是中国人未来的标杆。”

随后,我在北京威斯汀酒店接受凤凰卫视访问时说,因为大陆面积大,台湾比较小,大哥对小弟要爱护;并以五根手指头的譬喻,说明小拇指靠近道德,大拇指有实力,但五根手指头需要和谐,握成一个拳头才健全,才会有力量。两岸关系过去都是讲政治、讲经济,但也不一定那么硬性只讲政治、经济,而是要在文化上多来往,宗教上多来往,民间多来往。我与习近平总书记见面时也是如此建议,希望以后真能这样做到,会加速促进两岸和平。习总书记表示,新一届的中共中央领导集体,将继续推动两岸关系和平发展,促进两岸和平统一。

我和中央领导人的往来，大约就如上述。其他的省级、县市领导人的一些友谊，实在无法一一叙述，只有心香一瓣一并致谢了。

共生共榮

台湾领导人的选举

台湾自实施选举以来，大大小小选举不断，
选举结果，谁上台、谁下台，
对选民来说，早已是很平常的事了。
但是对政治人物而言，
有的人上台很容易，下台很困难；
有的人则是上台不容易，下台很容易。
综观上台不容易的人，往往比较君子风范，
他不计较名位，不一定执着要上台；
下台很容易的人，也是君子，
他不恋栈公职，随时可以替换；
很容易上台，
甚至于争取上台而不肯下台的人，
也就难以究其原因了。

“国民政府”从一九四七年第一次在南京召开“国民大会”，实施“宪政”以来，蒋中正先生一直都是连任领导人。所以，台湾有一些人都语带嘲笑地说，蒋中正是“于右任”（余又任）、“赵丽莲”（照例连任）等等。一直到了一九七五年，蒋中正在任内逝世，才由严家淦先生继任，一九七八年再由蒋经国先生接任。

说起蒋经国先生，他对台湾的建设和发展，贡献和功劳，可以说无人能与之相等。尤其他解除戒严，全面改革开放，若说他是台湾民主政治的推手，应该是实至名归。但是那时候的选举，也还是经由从大陆来台的“国民大会”代表共同选出，尚未到达全民选举的气候。直到蒋经国先生逝世之后，李登辉先生继任，办理台湾“第一届民选领导人”，台湾的民主政治才真的落实了一大步。

国际佛光会中华总会第二届第二次会员代表大会，于桃园县立综合体育馆举行（一九九五年一月二日）

李登辉

现在话说回头，当一九九〇年台湾领导人仍由“国大代表”投票间接选出的那个时候，威胁到李登辉先生的是林洋港先生。他们两个人都曾做过台湾省主席，林洋港先生在一九七八年担任第十任省主席；之后，一九八一年才由李登辉先生接任。

省主席和省长不一样，省主席是从台湾省政府的委员中选出一位担任，省长则是由全民选举而出。例如：最初宋楚瑜先生担任省主席的时候，人家喊他叫“宋主席”，经过全民选举之后，就称为“宋省长”了。

论声望，那个时候林洋港先生在“国民大会”里的声望并不会输给李登辉先生。不过，李登辉也真是一个能屈能伸的人，据闻他亲自拜访了林洋港，请林洋港退让一步，由他先做第一任，第二任再让回。林洋港先生是一个非常重视诚信的政治家，在关键时刻，果真就让给了他。所以，在两蒋去世以后，也就是李登辉的时代了。

陈履安

一九九六年，终于要举行首次直选领导人了。这个时候因缘际会，我与台湾的选举就产生了关系。

当时因为是直选领导人，所以好多人马都竞相搭档参选。例如，第一组是由国民党提名的李登辉和连战先生，第二组是由民进党提名的彭明敏和谢长廷先生，第三组是自由参选的林洋港和郝柏村先生，第四组同样也是没有政党加持的陈履安先生和王清峰女士。四组人马要共同争取二千三百万人口中的一千多万张选票，其竞争之激烈，也就可想而知了。

据闻那时候彭明敏从海外回到台湾，代表民进党参选，只是陪选的性质，林洋港则是志在必得，而陈履安是已故陈诚先生（陈辞修）的大公子，美国麻省理工学院电机工程学系毕业，形象清新，在当时台湾经济起飞的时候担任“经济部长”，也具有相当背景。但是，在各组人马中，李登辉自信必能当选，一来他有国民党的铁票，二来他是由党提名，名正言顺，第三他是本省籍人士。

所以，后来当信徒游象卿居士知道我支持陈履安的时候，他很坦白地对我说，李登辉即使躺在床上睡觉，也能当选。为什么？现在台湾民意高涨，多数人都希望让台湾本地人当选，更何况他还是由党提名的。

他的话确实不错，就连实力雄厚的本省籍参选人林洋港先生，因为不是由党提名，票选结果就与李登辉先生差了一截。

虽然情势如此，但由于陈履安先生多年前在佛光山皈依，是佛光山的弟子，更是一位佛教徒。尤其他曾信誓旦旦地对我说，他必能当选；当时那许多说他会当选的言论，也把我说得对他的选情感到很有信心。甚至陈履安还对我说，某个地方有一位百岁的老人，

“世界佛学会考”全球共有二十余万名中外人士欢喜应试，图为与“监察院长”陈履安巡视考场（一九九四年七月三十一日）

能预知未来，说他一定可以当选；还说哪个地方的神庙、哪里的妈祖宫……几百间的宫庙都要连名支持他，甚至说青年人也大都是他的拥护者等等。

其实，更重要的是，我觉得佛教能成为现代政治舞台的参与者，也是一件好事。因此，既然有一个人愿意打着佛教徒的招牌出来竞选，不论成败，都应该给予支持。问题是根据选举罢免法的规定，独立参选人需要达到一定的连署人数，才能登记为候选人。为了替陈履安先生找到近四十万人连署，佛光会员真是忙得手忙脚乱。尤其那时候，资讯科技还没有现在发达，连署书影印后，经由传真或邮寄寄出，许多都不知寄到哪里去了。这下可就事态严重了，如何才能让陈履安有四十万的连署人呢？

不过，大家也不气馁，依然积极参与。只是到后来，我看到一些佛教人士并没有很热烈地支持陈履安先生，就发觉到他的选情不很乐观了。

在这段期间，佛光山的宝桥边上还曾经发生一起小爆炸事件。有人说，这是对我的警告。其实，我虽然支持陈履安先生，但是并没有出面为他站台，我只想到要把自己这一票投给同是佛教徒的他而已。

总之，有人说，星云某人参与政治；但也有很多人说，星云某人实在没有政治意识，他如果真懂得政治，就不会支持陈履安了，因为明知陈履安不能当选，还要表态支持，可见得他不是一个高明的人物。

确实说得不错，选举结果出炉，李登辉先生以五百八十几万票当选，林洋港和其他三组人马的票数加总起来，都还不到他的总票数。虽然这也是意料中的事情，但是无论陈履安当选或落选，我站在他皈依证明师的立场，都应该要支持他一票。

选举后，大家也都很关心我，纷纷研究李登辉先生究竟有没有因为我支持陈履安先生而对我产生怨恨。有一次，机缘凑巧，我在前往洛杉矶的飞行途中，和台中市的老市长张启仲先生坐在同一排位子，他告诉了我此中的秘密。他说："李登辉先生对你是没有报复行为的，因为你并没有替陈履安先生站台。"我想，这许多政治人物到底还是明眼人，知道我们一介僧侣，什么该做、什么不该做，都自有分寸。

尤其，李登辉先生当选后，虽然身为虔诚的基督教徒，但是对于佛教净化人心的功能，还是给予高度的尊重和肯定。一九九九年，当"佛光山梵呗赞颂团"即将启程前往欧洲演出之际，他还特地上山为我们授旗，同时宣布每年农历四月八日为法定佛诞节，与母亲节同时庆祝。由此也可见他并不计较当初我支持陈履安之事了。

话再说来，在陈履安先生竞选的过程中，支援他最多的就是佛光会员。不但帮助他造势、拉票，还参与他的"行脚祈福"活动，前后十八天，走遍了全台各地。我想，在民主社会里，选民为候选人造势是很正常的现象，不过，那许多活动，我个人倒是都没有参加。可以说，对于台湾的选举，我是很有分寸的，我可以投某人一票，但是不四处站台或参与造势活动，说要支持某某人。一直到现在，我都没有这种强烈的政治意识。

宋楚瑜

继一九九六年首次民选领导人之后，二〇〇〇年台湾第二次的选举又到了，这一次，是由宋楚瑜和陈水扁先生对垒。

其时，宋楚瑜争取参选，只可惜国民党没有提名他，而提名了连战竞选。最后，宋楚瑜只有脱党，和连战各自争取民众的支持。但所谓“鹬蚌相争”，结果自是瓜分了国民党的选票，陈水扁也就“渔翁得利”了。

过去，宋楚瑜先生竞选省长的时候，曾经获得全台湾人民的支持，把宜兰籍代表民进党参选的陈定南先生打败。由于宋楚瑜先生在本省人当中声势高涨，加上大家都认为他与李登辉情同父子，也就觉得他可以继承李登辉之位。可是偏偏这个时候，李登辉和宋楚瑜在政治的路线上，已经出现了分道扬镳的状态。尤其当时发生的“兴票案”，对竞选中的宋楚瑜来说是一个致命的打击。只不过选前宋楚瑜依然信誓旦旦地认为陈水扁不是他的对手。

当时，宋楚瑜先生也曾到佛光山来住了一宿，与我长谈，要我替他介绍副手人选，并且要我代为询问吴伯雄、吴敦义先生两人，愿不愿意做他的副手搭档。在台湾，吴伯雄、吴敦义都是和我经常来往的朋友，我也就答应向他们征询意见，只是两人都坚决地表示不愿意参选。

其实，宋楚瑜先生实在是一个干练的人才，有气魄、有眼光，也很正派，就是给“兴票案”弄得焦头烂额。不过，以我对“兴票案”的了解，宋楚瑜是无辜的。因为那时候，宋楚瑜是国民党的秘书

亲民党主席宋楚瑜先生来山访谈(二〇〇三年八月十八日)

长,国民党选举余下的经费,李登辉先生自是交由他掌管。只是不该的是,宋楚瑜先生把它存在自己的名下,也就成为众矢之的了。

后来,我们佛光会的律师谢启大"立委",还帮忙宋楚瑜先生打这一场官司。宋楚瑜最终被判无罪,但是谢启大却因为指控曾文惠女士私运美金到美国,遭美国海关遣送退回,而被提告诽谤,吃上官司,关了两三个月。实在说,政治弄人,叫人看得眼花缭乱,难以了解其中的道理。谢启大一气之下,后来就住到北京去了。

谢启大女士是我的信徒,早在一九九〇年代,有一次我在台北道场主持皈依典礼,她就一个人前往参加。后来蒙受牢狱之灾,我一度想去探望她,可是在政治环境复杂的情况下,最后就没去成了。不过,在她身系囹圄时,我怕她缺钱用,还是请人送了十万块钱前去慰问。

再说宋楚瑜先生于竞选期中,多次出入台北道场,海阔天空地畅所欲言。但是,那时候,我觉得宋楚瑜若要竞选,不须讲太多,应该要多听别人说。所以，在一次餐会中，我就直接地这么告诉他。他立刻起立，向我合掌、问讯，说："谨受大师赐教。"

对于宋楚瑜先生能接受我一介小老百姓的建议，我也就更感觉到他是一个堪做领袖的人物，就是做到最高领导，也会是一个明君。很不幸地，他却落选了。连竞选对手陈水扁先生听到开票结果，都很茫然地说："我不知道我现在就能当选！"可见得，那时候原本应该是宋楚瑜的时代来临，只是由于国民党内部，从李登辉到连战，自相排挤，很自然地，就让民进党快速地在台湾获得政权。

宋楚瑜先生落选以后，大家都鼓励他另组党派，他也曾来征询我对党团名称的建议。可是，我从来没有想过政党的名称可以怎么取。平时我对信徒家中，如果是开个公司、开个商店，或者生儿育女，叫我取名字还可以，要我替政党提取名称，就觉得自己还有不懂的地方。

说到组党，太虚大师在世的时候，也曾受蒋介石先生鼓励组织佛教党。不过，太虚大师向来秉持"问政不干治"的原则，最终也就没有实现。

这一次，虽不是要我组党，但是我一时之间，还真不知道要为他的党团取什么名称好。不过后来我真的想到一个名称，要想告诉宋楚瑜先生，我认为公平、公正、公义、公道，是非常重要的，尤其民选政治人物最怕的就是自私，更应该效法国父孙中山先生"天下为公"的理念，所以就想建议取名为"公党"。

但是在我准备要告诉宋楚瑜的时候，跟随宋楚瑜的"立委"沈智慧女士却告诉我："刚才宋先生已经对外宣布叫'亲民党'了。"

虽然这次的取名，没能帮上他的忙，不过后来亲民党好多的事情，他多次求助我，我也都欢喜地为他解决。

再说到整个选举的过程中，我为了不要和选举沾上边，免得有心人模糊焦点，还跑到美国去参加几个弘法行程，到选举前一天才搭机回台。只是，晚上九点多抵达桃园机场，一下飞机，就有一群国民党员一哄而上，告诉我说："大师，现在是紧要关头，连战先生在台北中正纪念堂造势，就等你去替他做最后的站台；活动十点结束，明天就要投票了，请你去帮他说一句话。"虽然站台只是一下子，但电视转播却是全台湾都收看得到的，很具有影响力，当然大家也就想把握住这最后的一刻了。

不过，说实在地，我是没有什么影响力的人，他们错估了我的价值。但是，人就是这样，一旦身处茫茫苦海中，就算是一根稻草，也会把它视为求生的浮木。只是那时，虽然他们坚持劝说我去，我还是坚决、坦白地说："对不起，这么迟了，即使我到中正纪念堂去，也没有力量扭转乾坤，所以还是不必去了！"

总说整个选举的过程，给了我一个启示：假如大家平时就有来往，或许在需要帮助的时候，我会毫不考虑地答应，甚至为他们赴汤蹈火。但是之前彼此没有来往，到了临时才要抱佛脚，就是佛祖也帮不上忙！所以，"平时烧香"还是很重要的。就是站在选民的立场，不也是这样的心情吗？

陈水扁

总括来说，虽然宋楚瑜、连战都落选，陈水扁当选了，但在台湾，选举是一时的，人情、朋友是永远的，不会因为选举时，你选了谁而不选谁，就这样被定型。所谓"民主风度"，谁当选了，我们就拥护谁，现在陈水扁先生当选，我们当然就是支持他。

所以，有一次陈水扁先生来看我，那段期间，正好是我刚开始练习书法的时候，我就写了"应世无畏"四个字送给他。他问我："这四个字是什么意思？"我说："今后你要有仁慈道义，要急公好义，要勇敢，不要有畏惧。"他听了很欢喜，就对我说："我要把它挂在办公室。"

谈话中，我也老实地对他说："你与佛教是比较接近的，要知道'有佛法才有办法'。"他听了我的话之后，还复述一遍"有佛法才有办法"。但是陈水扁先生之后的作为，错误的就是在于他没有佛法，举凡他贪污、失信、妄言，这都不是佛法；唯有慈悲、智慧、正派、信用、仁义、道德才是佛法。由于他完全没有运用佛法，所以也就注定是没有办法，最后当然就失败了。

过去也承蒙他对我的好意，所以有一次他带领全台各大媒体主管到佛光山开会，当晚住宿在佛光山，因为有这么一点时间，彼此可以多谈一些话，我就冒昧对他讲说了两个重点。第一点，我告诉陈水扁先生说："你现在当选领导人了，已经不再是民进党的党魁，而是全民的领导人；希望你能做全民的领导人。"

第二点关于"台独"，我请他要慎重考虑。我说："现在你是'中华民国'的领导人，不是'台湾国'的领导人，你既然当选了'中华民国'的领导人，就要先把领导人做好。"犹记得他回答我说，他是台湾民进党的基本教义派。很惭愧，我还真不懂民进党基本教义派是什么想法。

不过，我们还是要坦荡地昭告世人，身为一介僧侣，党派并不是我们唯一的信仰，人民的需要、全民的自由幸福、和平安乐，才是我们认为最重要的。

除此之外，我和陈水扁先生偶尔也有一些交集。比方，他于二〇〇一年请我去讲演，我以"我们未来努力的方向"为题，发表主题演说，希望个人一点浅薄的意见，能对社会发展有所助益。再有，二〇〇四年，他邀请我出任"中华文化复兴运动总会"宗教委员会主任委员，单国玺枢机主教担任副主委，此举使得宗教界能对"宗教法"立法的相关内容，再有因缘共同进行讨论；隔年，他还邀请我参加文化总会年终餐会，并好意地安排我坐在他的邻座。

总而言之，对于陈水扁先生“台湾之子”的称号，或是李登辉先生所谓“台湾民主之父”的美誉，我都觉得很好；只是，无论天父也好，或是天子也好，“民在我心”还是最重要的。

马英九

继陈水扁先生做了两任台湾领导人之后，二〇〇八年，马英九先生代表国民党，与代表民进党出来竞选的谢长廷先生互相角逐。马英九的搭档是萧万长先生，谢长廷的搭档是苏贞昌先生。在台湾，他们可以说都是我常见面的朋友，究竟支持谁，实在叫人很为难。不过，既然是民主宪政的时代，就要按照民主方式行事，我既是国民党的党员，没有话说，就应该支持马英九先生。加之马英九先生在“法务部长”任内，帮助我们进驻戒毒村，长期在里面为烟毒病人服务，当然是更应该支持他了。

说到马英九先生的参选历程，让我想起一九九八年台北市长选举的时候，国民党需要一个强棒的人才来和竞选连任的陈水扁先生对决。那时，大家都认为，党里形象最好的是马英九先生，也就希望他能出来竞选，但是马英九却始终不愿意。后来，连战先生还为此拜托我，希望能说服他出来参选。

记得那一次，我和马先生在一个小房子里谈说了几个小时，但他怎么样都不肯出来竞选台北市长。他说，好不容易才找到政治大学副教授的工作，那是一份可以永久担任的职业，政党选举做官，只不过是一时的职务。

我也赞成他的想法，只是既然加入党派，为了党的需要，也就有必要做一些牺牲。后来，当然还有很多人给予劝说，最后马英九先生终于接受了国民党征召，竞选台北市长，并且顺利当选。

马英九先生到佛光山拜访

那个时候他能一举成功，真要感谢李登辉先生的帮忙。因为到了投票前两天，李登辉先生说了一句很重要的话，他说："马英九是我们台湾的新台湾人！"这句话对马英九先生的选情是有很大帮助的。当然，马英九先生向来清新的作风以及正派的形象，受到民众的肯定，也是他当选台北市长的助力。

说回在民进党执政八年后，马英九再度成为候选人，代表国民党出来竞选。其实在当时，他和代表民进党参选的谢长廷先生可以说都是一时之选。尤其谢长廷年轻的时候做过律师、台北市议员，后来担任高雄"院辖市"的市长，并且在民进党执政时期也担任过"行政院长"，现在要竞选，当然是具有雄厚的实力。只是，当时陈水扁贪污案弥漫社会，也就使得马英九清廉正直、公正无私的形象，受到台湾民众的肯定、接受，觉得他比较适合出任。

马英九先生确实很守法，有"不沾锅"的清誉。在他竞选党主席的时候，也曾到佛光山几次，有一次还在山上住了一宿。隔天早晨起来，他仍然维持每天晨跑运动的习惯，那天我们大慈育幼院的小朋友也陪他跑了一程。

但是就在他即将参选前，却因为首长特别费案被起诉，一度心情低落。关于什么是特别费？特别费应如何运用？当时报纸都没有特别报道说明，以至于许多人对此都不甚了解。其实，全台湾每一位首长都有特别费，假如马英九先生一个月的特别费是十万块钱，按照规定，这十万块钱是可以自由运用的，只要报账就可以。只不过这当中，马英九先生有一笔特别费的账目，部属以他认养的流浪狗“马小九”的日常开支发票报账。这在选举期间，也就成为很严重的事了，民进党为了这事紧追不舍，“你怎么能拿公家的特别费去养狗呢？”

事实上，这件事情已经不是马英九一个人的问题，而是关乎台湾长期以来的制度问题，因此，也使得当时七千多位的政务首长都遭到了侦查起诉。

不过，正当首长的特别费闹得沸沸扬扬的同时，其实陈水扁先生使用“国务机要费”去支付日常开销，才是严重的事情。但那时候，民进党人士却什么都不讲，就专打马英九先生的特别费。我为了这件事情，也替马英九感到委屈，因此特别在报纸民意论坛上发表了两篇相关文章。事后，当我在宜兴大觉寺巡视工程的时候，还接到他给我打了电话表示谢意。后来，听说他获得不起诉的消息，终能还他清白，我也非常高兴。

在马英九先生终于可以出来竞选，但还没有公开活动的时候，他又上山来向我致谢。那时，正逢我们举办“翰林学人联谊会”，有数千位硕、博士，以及大学教授、学者前来参加。

马英九先生来到会场与大家打招呼时，我灵机一动，就说：“马英九先生他已经失业，没有工作了，拜托大家帮他找个工作。”因为当时还没有公开竞选，参选之类的话还不能讲明，我一时之间有这样的灵感，也就如此一说了。大家听了都会心微笑，抱以热烈掌声。之后，马英九先生正式在各处展开竞选宣传时，也都使用“为马英九找一个工作”这句话。选后，马英九先生果真找到了工作，当选为台湾新一届领导人。

实在说，马英九先生这个人，有与人为善的性格，尤其攸关净化人心的活动，他总是乐于参加。例如，二〇〇六年时任台北市长的他，出席我在台北“国父纪念馆”举行的佛学讲座，我们以“出世与入世之融和”为题，进行对谈。二〇一〇年，佛光山佛陀纪念馆举行“第一次地宫珍宝入宫法会”，马先生也莅临会场，共襄盛举。乃至于二〇一一年，宜兰礁溪的佛光大学举行毕业典礼，他也应邀与会，并与外籍学生比赛炒米粉，学生们都欢喜地与马先生互动，气氛轻松愉快。

尤其由“文建会”主办、国际佛光会承办的“爱与和平宗教祈福大会”，在佛光山佛陀纪念馆盛大举行时，马英九先生更偕同“行政院长”吴敦义先生亲临会场，和与会的一贯道、天主教、佛教、伊斯兰教、道教及基督教等宗教代表共同祝祷，祈愿世界和平、人民幸福安乐。

此外，二〇一〇年高雄市长选举，马英九先生为了南部的选情，坐专机南下，第一时间就上山来跟我讲说黄昭顺女士竞选的问题。其实，对于黄昭顺、杨秋兴之间怎么友好地规划，我早就为他们两人尽了心力。至于我做人，一向不计成败，最后结果如何，我也不勉强，但是我用的心都是好意，则觉得对得起大家了。甚至于陈菊女士，她很能干，声望高，最后能当选市长，我也寄予祝福。我想，这就是“民主”，谁当选了，就拥护谁。

在民主政治的时代，经常都要举行选举。台湾自实施选举以

与时任“行政院长”吴敦义先生在一起(二〇一一年二月十三日)

来,大大小小选举不断,选举结果,谁上台、谁下台,对选民来说,早已是很平常的事了。但是对政治人物而言,有的人上台很容易,下台很困难;有的人则是上台不容易,下台很容易。

综观上台不容易的人,往往比较君子风范,他不计较名位,不一定执着要上台;下台很容易的人,也是君子,他不恋栈公职,随时可以替换;很容易上台,甚至于争取上台而不肯下台的人,也就难以究其原因了。

在陈水扁先生执政期间,前民进党主席施明德先生于台北发起“反贪倒扁运动”,并于凯达格兰大道上,聚集了几十万的“红衫军”,要求他下台。其实,那时候如果陈水扁先生能下台,会比较光彩。

我在美国旅行,看到当地几十年来的总统,从罗斯福、杜鲁门,到后来几任的总统,谁上台、谁下台,好像都不把它当成一回大事,经常都是还不知道某人当选总统,他就已经在为人民服务了。甚至任期到了，也都不知道他已经离开总统职务，到某处去做律师，或到哪里去经营农庄了；他们总是这样来去自如。

我觉得，所谓“民主”，就应该如此，确实地把民意提升，把职务、名位的价值降低，而不是到了选举的时候，才一声又一声恳切地“拜托、拜托”，选举之后，则只顾自己意气昂扬，根本就看不到民众。当然，也不一定要看到民众，但是要知道民事；服务公职的人，就应该要替民事用心才是！

我个人一生不拜访权贵，不走机关衙门，台湾各地的政府，我从来没有自己提说要去拜访哪位首长或政治人物。虽说我去过“总统府”，但那也是因为蒋经国、陈水扁先生找我去的；我去过高雄县政府，那是由于杨秋兴县长当选五星级县长，我受到高希均先生的活动邀约而前往颁奖。到访台北市政府则是因为举办活动，顺此受市长郝龙斌先生之邀而在客厅坐了十分钟。

总之，我虽然曾和许多候选人或县市首长有过来往，也帮助他们化解了许多问题，但是我从来都不拜托他们为我个人做什么事，只希望他们能为人民谋福利。

又例如，我也支持过余陈月瑛女士选举高雄县长，也曾经到宜兰，为游锡堃先生竞选助阵。说来惭愧，像我这样一位国民党党员，支持民进党候选人，本是要受国民党党纪处分的。但是我一介僧侣，并没有什么政治立场，只是觉得在台湾，为了谋求人民的幸福安乐，应该落实所谓的“选人不选党”而已。

过去，我也曾经在《人间福报》上呼吁，恢复“选贤与能”的口号；尤其“选人不选党”，是现在政党之间应该要有的风度。因为在台湾，有时候个人的声望远远凌驾于政党之上，党不让他出来参选，让他不能提升自己，他也就只有选择脱党了。

所以，让“选贤与能”复活，才是全民的福祉！

我与民意代表们

佛教讲“依法不依人”，
而我的性格也是只依于好人，不管其他。
因此，对于民选政治人物所做的种种许诺，
我也从来不要求他们兑现。
我觉得一个出家人只要无求，
自然会让人家看重。
所以在我这一生当中，
我不跑政府，不走衙门，也不做请托。
我不希望政府官员图利于私人，
只希望他们为国尽忠、为民造福就好了。

一九四九年，蒋中正先生在国共内战后退守台湾，他一心想要把台湾建设成一个“三民主义”的模范省，即所谓“美丽的宝岛”，所以实施民主“宪政”。这在历史上是一件大事，但是，要落实民主“宪政”，也要全体人民具有民主的知识和素养，展现“民主的风范”；如果人民的素质不提升、涵养不够，过度强调民主而没有自律、法治，也是会有缺陷的。

讲到民主“宪政”，就得讲到“选举”了。选举，是由人民当家做主，所有的候选人，谁能上台，都要通过人民的选票来决定。站在佛教的立场，还真得感谢民主时代的选举机制。因为佛教在台湾的弘传，除了过去承受西方“信教自由”的口号影响，获得赖以生存的助益；尤其台湾每到选举的时候，所有候选人要想得到选票，也都会到各个寺院烧香、拜佛、求神，寻求信众的信赖，希望获得多一些选票。这也给了佛教的发展一大助缘。

犹记得在我初到台湾的那几年，即使只是一个乡民代表或是一个村长，也可以站在台上比手画脚，好不威武赫赫，神气昂扬。但是到后来，情况改变了，这许多想要透过民意当选的政治人物，反而都是坐在台下，聆听那许多宗教人士在台上表态支持他们。甚至于到了现在，就是想要选台湾领导人的人，也得走遍台湾的大小寺院，才能获得选民的支持。可以说，佛教和民间宗教，在台湾的民主宪政史上，也扮演了重要的角色。

民意代表要想得到宗教界的选票，往往都会在神佛面前，或者是信徒面前，信誓旦旦地许诺他将来要为这一间道场做出什么贡献。但是在台湾数十年的选举中，我从来不曾要民选的政府官员或民意代表承诺我们什么条件，也没有接受过他们的什么贿赂。好比最早的选举，味素、香烟、肥皂粉等赠品，我从来都没有收过，也没有一个选举人对我有这样的举措。

只记得有一次，大约是在一九六〇年的时候，高雄市市长陈武璋先生寻求连任落选，事后他的竞选总干事洪地利先生表示，要捐献给正在筹建中的寿山寺十万元台币。当时我断然拒绝，洪地利先生说："这是选举过后结余下来的钱，如果你不要，也是白不要，不如拿来做建寺的基金吧！"尽管他出于一番好意，可我还是说："洪先生，十万元是很大的数字，我拿了以后，在我一生的历史里，就会是一个很严重的污点，请你成全我；对于台湾选举的金钱利益，我们是不沾光的！"他听了以后，也就立刻接受我的意见了。

台湾的民意代表选举，从乡镇代表、乡镇长，县议员、县市长，到省议员、省长，乃至再往上到"立法委员"、领导人选举，我们都没有缺席过，每一次也都很热诚地参与。但是却有人因此批评佛教："出家人也要参与政治吗？"

这句话非常地荒谬。选举，是每一个公民的权利，只要没有被褫夺公权，他就有资格参与选举。既然每一个人都有神圣的一票，都可以选贤与能，那么你说出了家的人不能选举，难道他是被褫夺公权了吗？或者是他犯了什么法律，不够资格投选一票？

其实，出家人不但有资格投选一票，甚至依照过去太虚大师主张的“问政不干治”原则，他也可以竞选民意代表，只是不要去做警察或官员，不直接去管理百姓就好。因此，换句话说，出家人不仅可以投票，甚至于还要争取大家选他一票了。

话说回来，每次的选举，民意代表也都会来拜访我，希望获得我的支持。最初，台湾是国民党执政的年代，不用说的，我们自是投给国民党的候选人；只要党提名，我们就信任党，也不去管候选人是谁，就只管投他一票。但是后来，台湾到了政党相互竞争的年代，我们总觉得应该让好人出头，所以也就主张“选人不选党”了。

全台地方议会议长、副议长第七次联谊座谈会于高雄市举办，高雄市议会安排各县市议长、副议长等八十人参观佛陀纪念馆，于三好塔与大家会面（二〇一二年三月二十三日）

可惜的是，台湾的选举风气不是很好，选举一到，不是公开的谩骂，就是私下散发黑函，甚至揭发对方的隐私，以种种不正当的手段攻击竞争的对手，可谓无所不用其极，这实在是台湾民主宪政史上应该检讨的一页了。

我在全台湾每一个县市都设有道场，每当道场举办活动时，一些民选的政治人物都想和我们有些来往。其实，我是最没有政治意识的人。佛教讲"依法不依人"，而我的性格也是只依于好人，不管其他。因此，对于民选政治人物所做的种种许诺，我也从来不要求他们兑现。我觉得一个出家人只要无求，自然会让人家看重。所以在我这一生当中，我不跑政府，不走衙门，也不做请托。我不希望政府官员图利于私人，只希望他们为国尽忠、为民造福就好了。

说到不请托民意代表。在台湾，县议会里都有三五十位的议员，可是我在高雄县住了五十年，竟然连一个议员都不认识，名字也叫不出来。不过，早期台湾的省议员，我倒是都还记得不忘，甚至于最早全台湾每届的县市长，他们的名字我都耳熟能详，大概是因为那时候我年轻，记忆力好。可是在废省后，我也几乎要把省议员都忘记了，就连现在台湾各个县市的首长，我也不复过去一样，一一去记得他们的名字了。

再者，当初国际佛光会刚成立时，“立法院”的一百多位“立法委员”当中，与佛光会有所因缘往来的就有三十多位。但是，我们也从来没有要这许多民意代表帮忙我们争取什么利益，或者给予什么特殊方便。虽然如此，还是有一些有缘人，很自然地来给予佛教照顾和关怀。现在我就记忆所及，略作叙述。

董正之

我最难忘的民意代表，当推“立法院”最早期的“立法委员”董正之居士了。董委员，辽宁人，一九一〇年生。早期从大陆来台的“立法委员”们，并不需要选票；因为大陆解放后，不复选举，他们在台湾也就成为终身的委员了。

董正之人高马大，口才又好，实在是一位优秀的民意代表。他是一九四七年中华民国实施宪政以来，当选的第一届立法委员。在台湾，真正护持佛教的民意代表，就首推董正之居士一人。他对佛教的护持及在佛学上的研究，真的是非常用心。那时候，佛教界遭受诸多来自政治的压力与法令的干扰，大大小小的阻碍接踵而来，教界人士纷纷请董正之为他们救苦救难，董正之也从来不曾推辞。

因为受李炳南居士的赏识，董正之于一九八六年左右担任台中佛教莲社董事长。在此之前，一九六四年，交通大学在台湾复校的时候，他也受聘为教授。甚至，他对于屈映光和赵恒惕居士发起的“修订中华大藏经会”出力更多，曾经率领访问团到菲律宾、新

新竹灵隐寺台湾佛教讲习会开学典礼。前排右起：莲航、董正之、陈慧复、李子宽、居正、甘珠、吴经明（前台湾省主席吴国桢父亲）、无上（左一）、如净（左三）（一九五一年十一月十八日）

加坡、马来西亚等地，劝请华侨订购修订的《中华大藏经》。

他和我的因缘，是由于一九四九年时，政府听说大陆方面派遣了五百位僧侣到台湾当间谍，因此大肆逮捕。当时，我受妙果老和尚的好意，挂单在圆光寺里。有一天，董正之正在寺中和律航法师等人聚谈，警察忽然上门，把十余名外省籍出家人，连同董正之一起带走，并且即刻遭到拘留。当然，由于他是“立法正之”，第二天，相关单位知道了以后，就赶快把他释放了。

释放后，董正之赶紧联络“监察院监察委员”丁俊生、省主席吴国桢的父亲吴经明老先生，以及孙立人将军的夫人孙张清扬女士，设法营救我们。所以，那一次佛教的大灾难，可以说多亏董正之居士发起，首先出面与政府周旋，才得以让佛教平安过关。

那时候，我们被政府拘禁在桃园的一间仓库，住了二十三天。由于董正之也跟着我们受了一日一夜的牢狱之灾，后来他被释放以后，为我们奔走营救，我也就对董正之留下了深刻的印象。

我住在中坜圆光寺时，寺中有妙果老和尚、律航法师等僧侣，甚至于缪澄流将军等人也都经常到寺里来走动。然而在这许多人中，董正之居士由于口才流畅，谈说的都是佛学的道理，我听了也觉得津津有味。因此，他对我的影响也就更为特别了。

在我和他相处的岁月中，有一次，他跑到我住的台北普门精舍来。那时候，有人要请我到欧洲瑞士弘法，由他转达这个讯息。他一来到，就向我顶礼，央求我用心学习英文，以便到海外弘法。我自觉五音不全，学习外语能力不高，但是这一次仍然受到董正之的感动。心想，过去我除了在大陆焦山佛学院读过《开明英文读本》以外，早就把英文置诸脑后，现在听了他的话，只得再努力学习一些应用的英文。只不过，我想到眼前海外弘法的因缘并没有成熟，恐怕辜负他的这番好意，只有暂时婉拒，以待将来的因缘。

除了董正之是我第一位民意代表的朋友，当时老一辈的民意代表，如“立委”莫淡云（湖南省人，一九一六年生）、“国大代表”黄一鸣（湖北省人，一九〇七年生）、林竞（浙江省人，一八九四年生）、刘中一等，都是要好的佛友。而助我最深，对我关系最密切的，应该就是台湾省议员陈洦汾先生了。

陈洦汾

陈洦汾先生，宜兰人，一九三五年出生，是一个非常优秀的民意代表。他于一九七三年当选省议员，之后做了两届议员。他曾

前台湾省议员陈洦汾(左六)阖家参访佛陀纪念馆(摄于佛馆旁的紫竹林,二〇一一年二月二十八日)

经在省议会里担任党团书记,地位可比议长,是很相当的人才。

我刚到大树乡麻竹园建设佛光山的时候,举行一场安基典礼,当时邀请县长来参加。但可想而知地,一个没有任何背景的人,在麻竹遍野的荒山僻地安基建寺,县长大人自是不克前来了。两年后,东方佛教学院院舍落成,举行落成典礼,我还是再次地邀请县长,这回他也没肯驾到。

后来又过两年,一九七一年,大悲殿落成,我就不再请县长大人了。但是我透过"立法委员"黄玉明先生,邀请到"内政部长"徐庆钟先生,以及多位"立委"等人前来剪彩,这在当时,可说是一件大事,这时候才惊动我们的县长大人。

徐庆钟先生早一日先到佛光山安单。当县长得知消息时,即刻表示,将于晚上九点多钟上山拜访,我也好意地请徐庆钟和他相会。但是,那时候由于政治伦理的关系,"部长"与县长的等级差距很多,徐先生就说:"怎么这么晚要来拜访,明天再见吧!"

对于这件事情,县长一直耿耿于怀,认为是我们没有给他面

佛光山大悲殿落成，时任“内政部长”徐庆钟（右）莅临剪彩致词（一九七一年四月十一日）

子。所以，从此之后，佛光山经过十年漫长的寺庙登记手续，都不被准许通过。

尽管不能办理寺庙登记，我也没有在意，为什么？我相信，县长一任是四年，就算连任了，八年一到，也总要下台。现在你不肯给我登记，等到换别人上了台，我还是可以登记；你只能做八年县长，而我可以做永远的和尚！

后来，我计划在一九七七年传授三坛大戒，但是当时“内政部”有一项规定，只有办理过寺庙登记的人，才有资格传授三坛大戒。这是很正当的法令，我理当依循，所以我也就急于要在传戒之前，办好寺庙登记。

当时，在台中省议会的陈洦汾先生知道以后，请民政厅协助，指示高雄县政府颁给我们寺庙登记证明。记得那时候，陈洦汾先生在中兴新村台湾省政府民政厅内打电话给我，一再问道："你拿到寺庙登记证了吗?"我回答他说："拿到了！拿到了！"他才放心。

为什么他要如此追问呢？因为当时高雄县政府一直不肯把这一张证书颁发给我，即便我去领取这张证书时，县政府里的一位人员也还恐吓我说："这张证书你拿回去之后，说不定过一两天，我们还是要再把它拿回来的!"但是这句话，我就没有告诉陈洦汾先生了。

也因为寺庙登记困难，佛光山开山已经十年了，才领到寺庙登记证，假如是商业登记要花十年的时间，早就关门大吉了！不过，前十年忙于建筑的时期，能被准许在没有拿到寺庙登记的情况下开山、建寺，也算是很难得的好因好缘了。

陈洦汾先生后来又帮忙我办理万寿园的合法登记。今天佛教寺庙兴建的很多灵骨塔中，办过合法登记的，恐怕只有少数，而佛光山万寿园就是少数之一。我真想代表佛光山及信众，颁发给陈洦汾先生一个大大的奖牌，感谢他的支助，让我们毫无政治力量的民间团体，也能有人出面解决这种重大的问题。

高育仁

说到台湾省省议员，高育仁先生跟我们的关系也是较密切的一位。高育仁先生，台南人，一九三四年生，曾担任省议员、台南县县长，后来又做了台湾省政府民政厅厅长。我和高育仁先生建立往来，就是在他担任民政厅厅长的时候。在他之前，民政厅对佛教一直很不友善，有少部分的官员一直要打佛教的主意，订出许多单行法规，比方吃素斋要缴税；大雄宝殿之外，僧人住的房间要缴税；寺庙不可以开功德箱，要让乡公所来开；每个月要在门口公告寺院账目；五万元以上的寺庙修理必须得到政府准许，寺庙重建则是一概不准等等。

据说这许多的办法，都是出自于一位杨姓民政厅官员的主张。当时佛教界风风雨雨，真如大难临头一般。为此，那个时期我正在办《觉世》旬刊，也就经常和省政府笔战对立。甚至于省政府主管民政的省议员们，乃至许多的“立委”，也几次组团到佛光山来访问，我都曾为了佛教，不惜和他们抗争。

这样的情况，一直到后来担任“立委”的廖福本先生，他在民政厅做科长时，才稍微对佛教的问题有了一些改善。而到了高育仁先生做民政厅厅长的时候，对佛教就更是友好了。

高育仁先生在民政厅长任内时，我曾和他说过：“目前寺庙有了争议，都是交由地方政府来处理，但是政府并不认识佛教的宗派，也不知道佛教的文化、习惯，应该要让佛教会来处理比较适当。”我记得，那时候高育仁先生对我悄声地说：“等到大师你来做‘中国佛教会’会长的时候，就可以了。”这一句话说明了他们对佛教会充满不能胜任的疑虑，觉得佛教会不能公平公正，也没有正义，当然政府也就不放心把事情交给佛教会处理了。

那个时候，台湾省省训团在培训地方干部的时候，还请了我、心定法师、慈惠法师等人前去授课。可以说，高育仁先生和佛教一直都是保持友好的关系。

后来，高育仁先生又担任台湾省议会的议长。一九八一年，佛光山大雄宝殿落成时，省长李登辉不克前来，就是由他代表省长前来主持落成典礼的。

高育仁先生非常优秀，没能主持省政，非常可惜。从省议会退休后，他也做过“立委”，不过那时候我们就疏于来往了。一直到后来他学佛，受持《金刚经》，也来佛光山参加过几次佛光会会员大会，才又与我们有了接触。他的女婿就是现任新北市的市长朱立伦先生，也都是优秀的人才。

佛光山台北道场举行“生耕致富”系列讲座，首场由我以“佛教”为题讲演，逾两千位听众前往聆听。右起：前台湾省议长高育仁、“立委”赵丽云、远见·天下文化出版事业部总经理林天来、圆神出版董事长简志忠（二〇〇九年二月十五日）

关于我和民意代表，有来往的应该不下数十人之多。例如我创办的佛光大学，董事群里就有“立委”丁守中；南华大学董事中，就有洪冬桂、赵宁等“立委”，甚至于赵宁还做过佛光大学的校长，洪冬桂也担任过美国西来大学副校长。

另外，还有王金平、吴敦义、吴志扬、林建荣、沈智慧、徐少萍、曾永权、黄昭顺、费鸿泰、赵丽云、蒋孝严、潘维刚、卢秀燕、钟荣吉、钟绍和、饶颖奇（依姓氏笔画排序）等许多历任的“立委”们，也都和我有过往来。

除了国民党籍的“立委”以外，民进党的人士我也一样一视同

佛光山与高雄县政府、中华佛光协会联合举办别开生面的"佛光山信徒身心环保净化法会"。"总统府资政"余陈月瑛女士(左)、"立法院长"王金平先生(右)参加(一九九二年)

仁。例如余陈月瑛女士(高雄人,一九二八年生),在她担任高雄县长的时候,好几次的过年,都是在佛光山度过的。她虽是女性,但很有肚量,宽容一切,对人民的服务也总是不遗余力,因此素有台湾的"妈祖婆"之称,成为民众所崇敬的父母官。为了不让民进党人士伤害佛光山,她还曾经坐镇在佛光山门口,对民进党人士说法。所以,她作为民意代表,也受到很多佛光会员的拥护。

甚至于她的两位公子和女儿,余政宪、余政道、余玲雅也很护持佛光山,都是勤于为民服务的民意代表。尤其多少年来,由于交通路标不明显,到佛光山的民众经常反映或有走错、或是绕道的情况;为了便民、节省社会成本,我们几次陈情,希望把通往佛光山的标志路牌,竖立在高速公路交流道口。后来就是经由余政道"立委"出面才完成的，所以民进党的民意代表对民间确实是很热心帮助的。

又例如宜兰出身，曾经做过省议员、“立委”、“行政院长”的游锡堃先生（一九四八年生），在他担任宜兰县长的时候，正是佛光大学兴建期中。当时，佛光大学为了土地以公告现值或环境评估后的价钱问题，受到一位财政科长多方为难，就是由游锡堃先生出面协调的。只是当时那位科长仍然不给任何商量余地，不愿意接受指示给予佛光大学支持。但游锡堃先生认为，办法是人定的，可依实际需要修正。为了成就此事，只有对他说：“假如不如法，就让我来不如法，你给他批准！”最后，才终于得以顺利完成购买土地及申请建校的程序。

对于游锡堃先生的诚意，我由衷地感谢他。甚至于此事之后，我在荣总进行开刀手术，他还前往探视。所以我觉得，民进党人士对于民众的交谊非常重视，能得民心也是不容易的啊！

总而言之，这许多民意代表们护持佛教，而我也护持他们！

说来台湾是个民主的社会，所有政府重要的职务，举凡“议员”、“立委”，甚至于最高领导人，都是由民间投票以定胜负。但是人民的民主素养，也需要教育来养成；所谓“神圣的一票”、“选贤与能”，假如投票人只为了候选人提供的味精、肥皂粉或者几百块钱，出卖这一票，让一些不具有公职道德的人当选而危害了社会，投票人也应该要负起一点责任。

就好像陈水扁先生虽然当选，却换来多年牢狱之灾的判决，我觉得每一个投他一票的人都应该为他分摊一点刑责；假如当初他们没有投这一票，他也就不至于因为他的职务犯罪，而遭受这个牢狱之灾的苦难了。就等于过去“中国佛教会”的白圣法师做了四十年的理事长，导致佛教进步缓慢，难以发展，难道投他一票的人都不用负责任吗？

国际领袖们的交往片段

七月八日下午，
我们终于踏上佛陀的国土——印度。
印象深刻的是，
在泰国乘坐飞机的那一天，
是下午三四点钟，
到印度的飞行航程要两个半小时，
在我们想,到了当地应该是已经黄昏黑夜了。
但加尔各答的时间比我们慢了两个小时，
抵达时太阳还没有下山。
记得当时我还想:真是奇妙啊！
我们搭乘的喷气客机还能追着太阳跑，
和日月竞赛呢！

世界上各个国家都有领导人，在我见过的许多领导人中，心仪的，当首推印度总理尼赫鲁先生了。

尼赫鲁总理

尼赫鲁（Jawaharlal Nehru），印度独立后第一任总理，一八八九年出生，继“圣雄”甘地（Mahatma Gandhi）之后，成为印度的领袖，甚至后来以他的声望之高，成为世界级的领袖。

我和他，照理说本来是没有因缘见面的，因为那个时候国民党退守台湾，台湾与印度“断交”。对一个不是“邦交国”的领导人，我们哪里有什么理由能要求拜访见面？但是在一九六三年的时候，有一个机会来临，当时政府要“中国佛教会”组织一个世界访问团，我因此有了机会到访许多国家，并且有机会见到当地的领袖。

我们访问团的成员有：白圣法师、贤顿法师、净心法师以及朱斐、刘梅生两位居士，我则担任团内的发言人。那个时候我在台湾，一心就想到印度去朝圣，现在有这么一个机会能到印度，在我，见不见到什么人不重要，但一定要到佛陀的圣地去礼拜。

可是从在台湾办理印度签证开始，就已经遇到了困难。因为当时与印度没有“邦交”，我们到哪里去签证呢？后来有人告诉我们，可以到台北英国的“领事馆”办理。到了英国“领事馆”，办事人员说，印度签证必须要打电报办理，而且不知道要多少次的来往，费用要五百块美金。

我们如数缴交了五百块美金，但是一二个月过去了，却如同石沉大海，一点消息都没有，几次去英国“领事馆”催问，他们都回答说：“没有获得回音，我们有什么办法呢？”

这时，我们已经预感此路不通，要在台湾办印度的签证是没有希望了。迫于访问团出发的日期就在眼前，只得第一站先到香港，再由香港转到泰国再说了。

抵达泰国曼谷时，由泰国国家宗教厅出面，给予我们隆重的接待，竟然有二千多名比丘到廊曼飞机场列队欢迎。那一次，宗教厅希望我们住在泰国的寺院里，但当地的华侨佛教徒则坚持我们一定要住在中华佛学研究社，因为它是华侨历史最久的一个佛社。在我们下榻佛社的期间，外面都有卫兵守卫。

除了相关的访问行程外，我们心目中最大的希望，就是在曼谷能办理印度的签证。说来因缘真巧，当时的驻泰官员杭立武先生，他和印度驻泰大使非常友好，私人的交情深厚，我们就转请杭先生协助，希望透过他的联系，为我们取得印度的签证。运气不错，终于让我们能够在访问过曼谷之后，如期访问印度。

七月八日下午，我们终于踏上佛陀的国度——印度。

印象深刻的是，在泰国乘坐飞机的那一天，是下午三四点钟，到印度的飞行航程要两个半小时，我们想，到了当地应该是已经黄昏黑夜了。但加尔各答的时间比我们慢了两个小时，抵达时太阳还没有下山。记得当时我还想：真是奇妙啊！我们搭乘的喷气客机还能追着太阳跑，和日月竞赛呢！

加尔各答是印度华人聚集最多的城市，大多是来自广东梅县人士。侨领叶幹中先生和很多的侨团，都给予我们非常热烈的接待。在加尔各答，除了看到人多，交通、环境稍嫌脏乱、没有秩序之外，我感觉印度人是很和善，华侨是非常热心的。

访问了九天要离别加尔各答的时候，几位侨团领袖表示，希望我们在新德里访问时能见尼赫鲁总理，并且提出两项诉求：第一，把在加尔各答逮捕的近七百多位华侨释放出来。因为那个时候，受到大陆和印度之间发生边境战争的影响，很多华侨无辜被捕，希望印度政府基于人道理由给予这许多人士释放。第二，台湾有两艘渔船因为越区捕鱼，已经被印度政府拘留数月，希望能释放他们。

我听了以后觉得这是不可能的事情，你们这么多的人在印度都没有办法了，我们是从台湾来的僧侣，哪里有什么通天的本领呢？

但是我们在朝圣之后，抵达新德里，就试着打电话给印度政府，那边的回应非常干脆："明天上午九点，尼赫鲁总理在总理办公室接见你们。"真是天大的喜讯！

第二天我们准时抵达，尼赫鲁总理已经在办公室了。在他的办公桌前摆了椅凳，我们一团九人围成一个椭圆形分别坐定之后，因为我是发言人，我就把我们的团员先做一番介绍，表明我们的身份以后，请他给我们指教。

受印度总理尼赫鲁(背对者)接见。与白圣(右二)、贤顿(右三)等法师参加会见(一九六三年七月十七日)

尼赫鲁先生看看他办公桌上的一尊佛像,然后再看看我们说:"我们印度能成为世界上具有悠久文化的国家,所谓悠久的文化,"他用手一指,"不就是佛教的文化吗?假如没有佛教,我们印度在世界上要拿什么称做悠久的文化呢?"

他很轻松地关心我们:"去过蓝毗尼园吗?"随后就叹了一口气说:"现在蓝毗尼园已经不是印度的了,在距离印度六英里的尼泊尔……"这个时候他停顿了一下,我就补充说:"不管怎样,我们的心中,佛陀永远都是出生在印度,印度才是佛陀的祖国。"他听了之后非常高兴,并且笑了起来。他接着问,你们从台湾来,蒋中正先生可好?我当然向他报告蒋先生在台湾很好。不过,这是很不容易的,因为两地没有"邦交",他肯说出这句话,我在想,应该是蒋先生访问过印度,他们过去有过会晤的交情。

我又请白圣法师和侨领叶幹中与他讲话,大家表达一些客气、仰慕的话以外,我知道机会难得,就开口说:"总理先生,今天我们此来难得的缘分，有两件事情拜托你能给我们帮助。第一，这一次路过加尔各答，我们当地旅居在印度的侨胞，不知道什么原因遭到印度政府逮捕，人数太多，如果没有太大的原因，希望政府能把他们释放出来，让他们和妻儿团圆。第二，我们从台湾来，台湾高雄有两艘渔船因为越区捕鱼遭到扣留，已有数月之久。有时候海洋上难以辨别区域，或有误闯，希望总理先生助一臂之力给予释放。这些渔民在台湾的家人，都盼望着他们能早日回家。”

尼赫鲁总理听了以后也不置可否，只是回应：“哦，哦！”大概谈了差不多一个小时的时间，我们就起身告辞了。

后来，我们再回到加尔各答，听说那些侨胞都已经获得释放；甚至，经过八十天的访问回到高雄时，车站涌上几百位渔民迎接我。我很讶异，我和你们有什么关系？你们要来迎接我？他们说，我们是在印度渔船上的渔民，感谢你的仗义执言，才能得以回来。我这才又想起访问尼赫鲁总理的经过。

尼赫鲁总理跟随甘地先生参与印度独立运动，成功后，甘地成为世界上伟大的领袖。我记得大概是在一九四〇年，太虚大师应邀访问印度时，沿途受到民众的欢迎，他还写了一首诗：

甘地尼赫鲁太虚，声声万岁兆民呼；
波罗奈到拘尸那，一路欢腾德不孤。

后来，圣雄甘地遭异议分子暗杀，对此，我们感到非常的不幸。幸好有尼赫鲁先生继承了印度领袖的地位。在抗日战争期间，中印军政合作，甚至对于后来日本无条件的投降都关系重要。因为抗战期间，美国的援助必须经过印度，再经艰辛的滇缅公路，才能把物资载运到中国。但在“珍珠港事件”还没有发生以前，美国也只是默默地帮助，因此，这也要印度政府支持，我们才能取得那许多物资，那个时候，蒋介石和尼赫鲁就建立了军事、政治上的往来。

我对于尼赫鲁总理和太虚大师的因缘，甚至对于他帮助我们抗日胜利，都觉得非常感谢。我之所以盛赞尼赫鲁总理是世界伟大的领袖，因为这个人有政治思想，具有远见、毅力，重振了印度的雄风。印度贫穷落后，这不是尼赫鲁先生一个人所能挽救，他能领导印度不致贫穷到不能生存，就已经非常难为了。

尤其，尼赫鲁总理在忙碌的政务行程之中，肯接见一个小小的佛教访问团，并且跟他提到的两件事情都能够立刻履行，释放侨民、渔船渔民，我觉得他站在人道立场，充分重视人权，实在堪称是当今一位民主的领袖。

说到这里，也顺道带上一笔，大约在二十年前，我有一个因缘前往欧洲访问。偶然的机会，在意大利某家餐馆吃饭，用过餐之后，餐厅的老板竟然不收钱，我问他为什么？他说："我父亲曾经被印度政府拘捕，因为您的话而获得释放，我要报答这个恩情，今天我请客。"说来，这一顿饭，应该要感谢尼赫鲁先生才是了。

泰王普密蓬

除了尼赫鲁总理以外，世界领袖中，和我们一直多年来往的就是泰王拉玛九世普密蓬(Bhumibol Adulyadej)了。

泰王普密蓬，一九二七年出生，十九岁就登基，一九六三年六月，曾经应邀到台湾访问。因为泰国是一个佛教国家，当时承当局指示，我也成了在松山机场欢迎他的出家人代表之一。

这一次普密蓬陛下访问台湾的因缘，促使后来政府希望由佛教界组织一个访问团访问泰国，以示回报。因台湾在机场热烈欢迎普密蓬的关系，后来我们到了泰国，也受到泰国政府隆重的接待，每天进出都有政府人员随行安排。除了和佛教界的僧皇、大学校长见面

泰王普密蓬(右一)在王宫宴请台湾佛教访问团。右二起:白圣、贤顿、本人、净心等法师(一九六三年六月二十八日)

之外,只要与佛教有关的部会首长,我们也都见了面,甚至普密蓬特地交代在王宫里设宴款待我们这一行人。我记得那一天的菜肴并不是很丰盛,但是泰王普密蓬的诚心诚意,我们领纳到了。

他的王后诗丽吉(Sirikit Kitiyakorn)也到过台湾,美丽大方。一九八七年我为泰王祝福六十岁诞辰再度到泰国访问时,也曾经见过她。年轻时候的一对金童玉女,到了年老仍然相伴相随,也是令人感动。他的太子玛哈·哇集拉隆功(Maha Vajiralongkorn),人高马大,像个中国东北的好汉,我记得在泰国法身寺铸造金佛的时候,我们两个人共同主持了金佛圣像的灌铸典礼。

泰国是君主立宪的国家,王室并没有政治的实权,但是他有最高的声望,所有国家的政事,经过总理大臣决定以后由王室盖印通行。尤其普密蓬从十九岁登基就受全民爱戴,算来他应该与我同龄,已经八十五岁的高龄仍然在位,比我们的康熙皇帝在位六十一

台湾佛教访问团至菲律宾，段茂澜先生（左二）陪同访问总统马卡帕加尔（右一），并赠送六百卷《大般若经》（一九六三年八月二十二日）

年还要长久，而乾隆皇帝做了六十年皇帝自称“十全老人”，看起来“十全老人”应该让给普密蓬了。直到今日，泰国人民还是很喜欢王室，他担任泰国全国的领袖，让泰国人民欢喜，真是福德俱全！

马卡帕加尔总统

我见过世界总统级的领袖中，对菲律宾的马卡帕加尔（Diosdado Pangan Macapagal）总统印象也很深。

马卡帕加尔，一九一〇年出生，一九六三年八月，我们的访问团到菲律宾拜访他时，看起来像是才四十岁出头。他的精神充沛，说起话来简洁有力，给人感觉如沐春风。我们送了一部六百卷的《大般若经》给他，他欣然接受，并且还说，如果有英文本的佛经，在菲律宾会大受欢迎。记得我还回答他，我们正在编辑

多米尼克总统西格诺雷特，莅临国际佛光会世界总会成立大会现场——洛杉矶育乐中心（一九九二年五月）

一套中英对照佛学丛书，总统先生欢喜的话，回台后寄奉一部给您。

菲律宾是个天主教国家，但是马卡帕加尔总统一再表示非常欢迎我们到菲律宾传播佛法，真是让我们感受到他的尊重与开明。他在位时的菲律宾，在经济、财政各方面都有相当的发展，可惜，马科斯（Ferdinand Marcos）接任总统后，由于他与夫人的贪腐，使得菲律宾不似过去的繁荣景象了。

此外，我也见过中南美洲一些国家的领袖，例如：尼加拉瓜总统博拉尼奥斯·赫耶尔，危地马拉总统阿尔方索·波蒂略，他们在二〇〇三年时相继莅临佛光山访问。甚至，早在我们国际佛光会成立时，也有多米尼克总统克莱伦斯·西格诺雷特亲自前来参加，成为国际佛光会佛光之友会的会长。另外，西藏大宝法王的首座弟子泰锡度法王及夏玛巴，也都是参与国际佛光会的支持者。他们曾经心有所感地表示，走遍世界各地，幸好都有中国人，如果没有这些信徒对喇嘛的护持，真的是“罗汉应供薄”。

约翰·保罗二世、本笃十六世

在这些国际的领袖当中，与梵蒂冈天主教教皇约翰·保罗二世（Pope John Paul Ⅱ）以及后来继任的本笃十六世（Pope Benedict ⅩⅥ）见面，我觉得与有宗教信仰的领袖谈起话来，更加融洽和谐。尤其，一九九七年我与约翰·保罗二世的会面，非常具有历史意义，也是值得一提。

记得那一天是二月二十七日，我率领佛光弟子近二十人到达了意大利的首都罗马。清晨五点，外面的天空现出微微的曙光，前来迎接我们的是驻梵蒂冈官员戴瑞明先生。戴瑞明在做驻英代表的时候，我和他就曾有过多次的交往，在梵蒂冈见到面，他感到格外的亲切。在协助我们办理通关手续后，就带领我们住进饭店。

才刚安顿下来，就听说《联合报》名记者要采访我。这一位记者小姐采访过很多国家的领袖，我牺牲休息的时间跟她谈了大约一个多小时，后来她的访问记在哪里发表，我也没有再过问了。

我们休息了一天，第二天就在单国玺和安霖泽枢机主教的陪同下，在教皇约翰·保罗二世的个人书房见面。我们谈和平、谈宗教交流，彼此交换许多意见；在对话中，他非常关心中国大陆对梵蒂冈的看法，一再问我的意见。我看他急于想要与北京建立外交关系的样子，我也很坦白告诉他，如果梵蒂冈坚持要握有派任主教、升格主教的主权，恐怕就不容易合得来了。

应邀至梵蒂冈与教皇约翰·保罗二世对话，就宗教、和平交换意见（一九九七年二月二十八日）

因为天主教有万国之国的想法，中国不能接受，中国所有的神职人员，必须要由政府派任，所以中国共产党对于天主教有所谓“自治、自养、自传”的“三自爱国教会”（或称“三自教会”）政策，他们必须自己选择主教，不能听任梵蒂冈的指派等等。因此，报纸上经常谈论到北京和梵蒂冈建交的问题，这都是因为他们对于教权、封圣、派遣主教等问题，各自坚持立场。其实，这和海峡两岸的问题一样，总是阻碍很多。

他告诉我，他非常重视宗教的和谐、宗教间的相互访问，也告诉我曾经和哪些宗教人物做过交流往来；甚至他非常亲切地指着旁边的小窗子跟我说：“每次和数十万的民众摇手致意，就是在这个窗口。”他还叫我到那个地方去站了一下。

后来他提议说：“我们照相纪念吧！”我以为他和我们这十多个法师合照一张照片就好了，但是他很亲切的说：“大家一人照一张。”我觉得他真是做到了“给人欢喜”。我现在对各国人士来访要求照相，也是这样一人照一张。梵蒂冈有专业的人士负责照相，别人不可以随意拍照，这一位专业人士拍摄确实高明，他都能把握最好、最佳的镜头，很快速地就为我们每个人照好一张与教皇的合影。

在那一次的会见中，约翰·保罗二世建议我到两个地方访问，一个是“普世博爱运动”（Focolare morement），一个是阿西西市的“圣方济各修会”（San Francis Basilica di Assisi）。我接受了他的意见，后来就到了“普世博爱运动”访问。

记得，那次集会大约有两千多人，我从长方形教堂的门口到达主席台，走路至少三分钟以上，他们掌声热烈不断，一直到我上台站好为止，我就感觉到天主教对于他们的教徒是有训练的。光是一个鼓掌，表现出对于来访客人的尊重，这种精神，恐怕一般的宗教都不及他们。那一天我和他们讲了一些什么，现在已经不复记忆，但我见到了普世博爱运动的创立人卢嘉勒（Chiara Lubich）女士，对她推广普爱施舍运动的热心表示敬佩，这跟佛教徒对弱势者的慈悲关爱是有共同之处的。

之后，我们又前往阿西西市“圣方济各修会”访问，它是天主教非常重要的“和平之城”。据说圣方济各是天主教的一位修士，自幼乐善好施，对贫穷者的求助，他从不拒绝，并且以清贫刻苦作为自我的修持功课。他在公元一二二六年逝世，享年只有四十四岁，他创立这个修会至今，已有七百多年的历史了。

从罗马前往阿西西市开车大概就要一小时余，我们到的时候，他们带领我们一行人一堂、一室地参观，仔细地讲说内容意义，尤其我看他们的藏书非常丰富。当天，他们特地找了数位中国籍的修女做了多道的素菜请我们用餐，他们所有的修士、神父近百人，这一天也跟着我们素食。这么多人里，有一位来自台湾高雄教区的邱琮杰（Giovanni Chiu）神父对我们特别的亲切，也把圣方济各修会的历史向我们作了详细的介绍，好让我们对教会有多一点的认识。

访问后的第二年，意大利发生大地震，圣方济各修会受到严重灾难，我感于对他们的怀念和敬意，特别派了慧开法师在参加他们举办的会议时，致赠一万美金给他们的教会，聊表一些心意与祝福。

此外，那一趟行程，我们也访问了意大利最大的伊斯兰教清真寺，照理说，要进大清真寺访问应该规矩很多，但是他们给予我们特殊的礼遇，全数开放进入参观，并且在寺里看到了世界最大的《古兰经》。我只感觉到他们的教堂里面空旷无比，什么也没有，并不像中国的宗教建筑物，里面都有很多令人崇敬的圣像，也不像梵蒂冈教堂里有很多石雕像，特别是他们的宗教绘画、雕像都别具风格。

话再回到我和教皇约翰・保罗二世在梵蒂冈的会见，原以为只是很平常的事情，哪里知道其实并不平常。原因是，美国西来寺的徒众把我和教皇合影的那一张照片，挂在西来寺的客厅里，洛杉矶的天主教徒闻讯，纷纷到西来寺参观。这张照片，对佛教在美国与天主教的融和相处，起了很大的作用，深具意义。他们认为我跟他们的教皇照相，也等于是他们的教皇一样；甚至有一些神父、修女来到西来寺见到教皇的照片，也把西来寺当做他们的天主教堂了。

教皇约翰・保罗二世出生于一九二〇年，我和他会见时，他已经七十七岁了，过去他曾经遭到暗杀中弹，听说老年的时候伤势复发，在长时间的病痛后，于二〇〇五年辞世。我特别写了一篇短短的文章，委托单国玺枢机主教翻译成英文，表达我的敬悼："惊悉教皇逝世，举世同悲。回忆一九九七年梵蒂冈亲觐教皇，并祈愿世界和平之事犹在目前，今国际佛光会全球佛光人为此一世界明灯熄灭，深表哀悼。”同年九月，在佛光山的如来殿也举行了一场纪念音乐会，单枢机主教、意大利驻台代表安绮丽（Mana Asunta Accile）、高雄县长杨秋兴，都出席了这场盛会。

约翰·保罗二世逝世后，很快地，由本笃十六世继任教皇，当时他也希望我们前去访问，隔年六月，经由时任驻梵蒂冈官员杜筑生先生的联系安排，我们和他简单地见面表示敬意，因为他上任未久，就未再多建立关系了。

梵蒂冈和佛光山的关系一直很密切，像每年佛诞节，他们都会来函致贺。二〇一一年十月，他们举办一个“梵蒂冈为世界祈求和平二〇一一年阿西西祈祷日”，单国玺枢机主教致电转达，这个盛会是每四年举行一次，教廷方面希望邀请我前去参加。我回复他，实在年纪老迈，长途跋涉也不敢前往，只有委派佛光山欧洲总住持满谦法师代表致意。单枢机主教也颇能体会我的情况，告诉我说，按照教廷规定，枢机主教每年都有数次集会，他都应该前往，现在教皇也体念他年纪老大，请他可以不必搭机前往梵蒂冈。看起来，他们也是蛮有人情味的。

这数十年来，我与天主教建立友好的因缘，在《我与天主教的因缘》一文中，已有相关的叙述，在此也就不多谈了。

说到宗教之间的交流，我从一九七六年第一次访问美国之后，陆续进出二十多年，感觉到美国真是一个民族大融和的国家，对于多元文化、宗教都给予尊重。像我们在洛杉矶建寺，成立国际佛光会世界总会，乃至在世界各地召开世界会员代表大会，美国前几任的总统，如里根（Ronald Reagan）、老布什（George H. W. Bush）、克林顿（Bill Clinton）先生等，都曾经给我们许多的鼓励和护持。其中，前任副总统戈尔先生（Al Gore）算是有比较多的往来。

美国副总统戈尔访问西来寺(慈惠法师提供,一九九六年四月二十九日)

副总统戈尔

一九八九年十一月,戈尔先生还在担任参议员的时候,就专程到佛光山访问。当时,台湾和美国的关系正是风雨飘摇之际,他们一行十余人肯得到佛光山来,应该也是一件国际交流的好事,因此,我们也给予他们热情的接待。他到的那一天,刚好佛光山正举办“冬令救济”活动和“禅学会议”,坦率热诚、没有架子的戈尔先生,随喜地参与其中,亲切地与前来的居民问候,也和前来参加学术会议的美国学者讲话。记得那一次,我还赞美他说:“戈尔先生,你人高马大,将来可以做总统了。”他听了也很高兴,还问我:“我像吗?”

听说他回美国后,跟人提到对佛光山之行留下深刻的印象;后来几次佛光会的世界会员代表大会,他都致函表示祝贺,我觉得他也是一个有情有义的人。一九九六年三月左右,我从欧洲到纽约弘法,当时已经担任美国副总统的戈尔先生得知,就邀我顺道到白宫作友谊访问。我感于他的盛情接待,也告诉他,若到洛杉矶时,欢迎你到西来寺来。果真,在隔月底(四月),他就如约到西来寺访问了。

他到美国西来寺那一天,也有好多的随从人员一同前来,我们表示热烈欢迎,并且邀请他们留在西来寺吃一顿素斋。我记得他说,第一次吃到这么美味的素菜,尤其看到西来寺,深为美国拥有如此庄严的寺院感到与有荣焉;他还说他很喜欢佛教的"合掌",因为"合掌"的意义是世界上最珍贵的,具有象征美国多元种族、多元信仰融和的特性,并且与美国立宪的精神相符合。

我觉得,那一次的聚会应该是皆大欢喜的,因为戈尔副总统的到访,具有两个重要的意义:一是历史的意义,他是美国总统级人物中,莅临佛教寺院访问的第一人;二是增进东西方宗教、文化交流的意义,并且肯定华人对社会的贡献。然而,原本一场单纯欢迎朋友的餐会,后来却变成我们攀缘的政治献金事件,实在让我们大感意外。

那一天,一百多人的聚会中,我们的谈话内容并没有涉及政治、选举的话题,只是餐会结束后,有人感于彼此往来的情谊,以及过去美国对台湾的经济援助,便自掏腰包地捐献了,并没有想到什么献金的问题,仅是表示一点心意的回馈啊!

不料,竟然引起了轩然大波。美国共和党为了选举,针对这件事情穷追不舍,认为我们是宗教徒不应该对政治人物有政治献金,因为宗教徒都是清苦的,不应该有钱等等。真是冤哉枉也,我们出于好心好意,也守法守道,在美国弘法度众,发自宗教服务奉献的理念,岂有什么政治的意图?或许我们不懂美国的法令文化,在个人受到误会是小事,但因此伤害种族之间的情谊,伤害对宗教的尊重,这实在得不偿失。

事后,有一次美国总统克林顿先生到洛杉矶访问,也曾想和我见面，基于美国宗教和政治分离的分寸，并且，我也见过戈尔了，也就不便专程前去，而由当时西来寺的住持慈容法师跟他见面。其实，在美国，除了领导人以外，参议员、众议员之中，与西来寺友好的人也有很多，只是我们感到宗教与政治不适合太接近，乃至戈尔先生后来竞选总统，我们也就不再去过问美国政治的事情了。

总理马哈蒂尔、巴达维、纳吉布

话再说回宗教的交流，除了天主教领袖之外，我和马来西亚伊斯兰教领袖的几次会面，倒也值得一谈。

我们知道，马来西亚是一个伊斯兰教国家，总人口约有二千八百万人，在世界上排名第四十三。马来西亚主要由三大民族共同组合而成，并且各自代表信奉的三大宗教：第一是马来人，都是伊斯兰教徒，占有百分之六十二；第二是华人，大多是佛教徒，有百分之二十二；第三是印度人，信奉印度教为主，占百分之六点八；其他的，就是来自世界的各个民族，也就不去计数了。

我在一九六三年首次到马来西亚访问的时候，正当他们在研究印尼、新加坡、马来西亚组织联合政府，希望订名为“马来西亚”；后来，终因利害关系不同，没有组合成功，而各自成为独立的国家。

以马来西亚的人口比例来看，华人在政治上的地位只能算是小党，组成的政党虽然叫“马华公会”，但它是马来西亚华人最大的组织，仅次于马来人组成的政党“巫统”。马来西亚的侨领们在政府部门里，主要分得六个部长，并且有多位的副部长。他们也曾经邀约我，希望促进华人的团结，可惜华人不肯团结。这是因为各地的同乡会太多，互相分裂而不肯来往。尤其，他们的宗亲会更多，有张氏、王氏、李氏、陈氏等不同的宗族，也就更加不肯来往了。所以后来历任的马华公会的领导人，如陈群川、林良实等，都希望借重佛教来团结华人;因为百分之二十二的华人,平时虽然各有不同的看法,但如果讲到佛教,大家的立场就会一致。现在由于民族意识的提升,我想,马来西亚的华人也知道团结的重要了。

那次的到访,由于马来西亚刚独立不久,政府开始给予"土著"若干经济特权或优惠,推动"马来人优先"的政策。马来政府因排华,要废除华语教育等,引起华人强烈反弹。当地新闻记者就访问我,对废除华语教育的看法,我表示:"马来西亚是个多元国家,就像一个花园,只开一种花是不够漂亮的,我相信总理是一位有智慧的人,他会将此事处理得很圆满。"此访问内容,隔天都出现在马来西亚各大报头版。待我访问结束回到台湾后,马上接到马来西亚华人打电话来向我道谢,因为我这席话保留了华语教育;也因这关系马来西亚华人到现在对我很好。

这几十年来,多次出入马来西亚,最令我感动的是总理马哈蒂尔(Mahathir Bin Mohamad)。

马哈蒂尔出生于一九二五年,原本是一名医生,后来出来竞选国会议员,一路走向总理府。一九九六年四月,他作为一名伊斯兰教国家的总理,曾经把亚洲最大、可以容纳八万人的吉隆坡莎亚南体育场借给我,让我在那里举办佛学讲座和国际弘法大会,他并且还乐捐了五万元表示赞助,可以说相当的不容易。

像这样的弘法大会,我曾在马来西亚举办多次,至少也都有两万人参加,也承蒙交通部长林良实以及多位的部长护持,每到一处,他们都紧紧地跟随着我,最难得的是,他们有的都不是佛教徒,但是在典礼时,都不约而同地站起来,和大家一起合掌称念三宝。

记得我在主持点灯仪式,诵念祈愿祝祷的时候,我突然心有所感,脱口而出:"希望在座的佛教徒们,将心灵的灯光献给佛陀;在座的基督徒们,将心灵的灯光献给上帝;在座的伊斯兰教徒们,将

与马来西亚总理马哈蒂尔先生于总理府会面（一九九八年五月五日）

心灵的灯光献给阿拉……”

许多人非常讶异于我的开明，事后他们告诉我说：“从来没有一位佛教的法师，敢公开教人去尊奉其他宗教的神明！”

之后，在一九九八年八月，马哈蒂尔在总理府里跟我约见，还送了一个鹰头拐杖给我，据说，那是马来西亚人最崇拜的神鸟。现在，还陈列在佛光山的宗史馆里，见证着伊斯兰教与佛教间美好的友谊来往。

马哈蒂尔总理非常和善，他曾经和我相约要到台湾来访问，因为没有“邦交”，我就跟他说，你到台湾来访问会有障碍吗？他说，我坐飞机只到高雄。我觉得，他非常有智慧，因为高雄在台湾的南部，不是政治中心，而他也只是在伊斯兰教和佛教之间，做一个宗教性的联谊访问，不会涉及到政治。我想也未尝不可。不过，终究由于诸多因缘不具，也就不克前来了。

与马来西亚总理巴达维(右一)于总理府会面,谈论国家和谐、社会发展等议题。左起:佛光会世界总会秘书长慈容法师、翻译妙光法师、新马佛光山总住持觉诚法师(二〇〇八年六月十一日)

马哈蒂尔总理虽然没能来到台湾佛光山,但继任总理巴达维(Abdullah Bin Haji Ahmad Badawi)在二〇〇六年的新春期间,前往佛光山在马来西亚的总本山东禅寺欣赏平安灯会,问候当地的华人信徒等,对于马来西亚佛教的助长,可说关系重大。

二〇〇八年我也在吉隆坡的总理府和他见过面,他还送我一本他的著作《文明伊斯兰教》,我也回赠一座"琉璃宝鼎",祝愿他一切吉祥,并在他的领导下,为马来西亚创造一个"众缘和谐"的社会。

继巴达维之后的纳吉布(Mohammad Najib Bin Tun Haji Abdul Razak),一九五三年生,于二〇〇九年成为马来西亚的第六任总理。

他甫上任一个月,就亲临马来西亚佛光山东禅寺,主持全国佛诞节庆典的开幕典礼;二〇一二年的元宵节,他也参与东禅寺的新春团拜活动,与十万人同庆,当时他说道:"很感谢佛教徒对国家的贡献,佛教促进了社会的安定,佛教徒是最和谐的教徒。"更进一步表示,为了感谢东禅寺住持觉诚法师的照顾,政府将拨款协助东禅寺前方的道路问题;果不其然,没有多久,政府单位就以三十万令吉(约三百万台币)铺设道路,方便大家行走。

从总理纳吉布先生的积极参与中,展现了他对华人及宗教的包容力。一直以来,纳吉布先生的政治理念,始终强调着"一个马来西亚",他希望在这个国家里,不同种族人民的地位和权益是平等的,彼此之间能够不分你我,团结一致。

二〇一二年十一月,我至马来西亚弘法,于总理府和纳吉布先生见面。他向我表示,只要能对宗教、种族包容的人,都是马来西亚的公民。此外,他也询问我,佛教里是否有可以解释"一个马来西亚"(One Malaysia)的用语?我当时回应他,可以用一个"缘"字来表达,因为世界上没有人可以单独存在,每个人都是相互依靠、相互帮助的,这也是同体共生的意涵。

他似乎非常满意我的回答,频频赞叹,我们相谈甚欢,原本政务繁忙的总理只有十五分钟可以接见我们,但在不知不觉中,我们竟然谈论了半小时之久,周围的随从都对这现象感到不可思议。

在会面中,他预祝此次的"大马好"弘法大会能顺利成功。我则将所写的一笔字"吉星高照"赠予总理为念。纳吉布先生略懂中文,他高兴地指着"吉"字,表示是他的名字;我则指着"星"字表示,这也是我的名字,两人不免相视而笑。因为这段小插曲,更增进彼此的友谊了。

除了与总理的因缘之外,马华公会的领导人从林良实、黄家定到翁诗杰,以及总理府部长许子根等人,一直以来,都是我们佛教

赠一笔字“吉星高照”予马来西亚总理纳吉布(右)(二〇一二年十一月二十三日)

的信徒,我也非常感念他们对东禅寺的护持。

今天,对于世界各国的领袖们,只希望能够给他们一点因缘,祈愿他们在施政的时候,对佛教有所好感,如此在他们的国家里,佛教发展就会得到助力。好比《四十二章经》所说:“饭恶人百,不如饭一善人;饭善人千,不如饭一持五戒者;饭五戒者万,不如饭一须陀洹;饭百万须陀洹,不如饭一斯陀含;饭千万斯陀含,不如饭一阿那含;饭一亿阿那含,不如饭一阿罗汉;饭十亿阿罗汉,不如饭一辟支佛;饭百亿辟支佛,不如饭一三世诸佛;饭千亿三世诸佛,不如饭一无念无住无修无证之者。”所以,这许多领袖虽然只是一个人,倘若他们将来帮助佛教,相信必定会有无比的力量和无比的希望,对广大的社会必定有更大的助益。

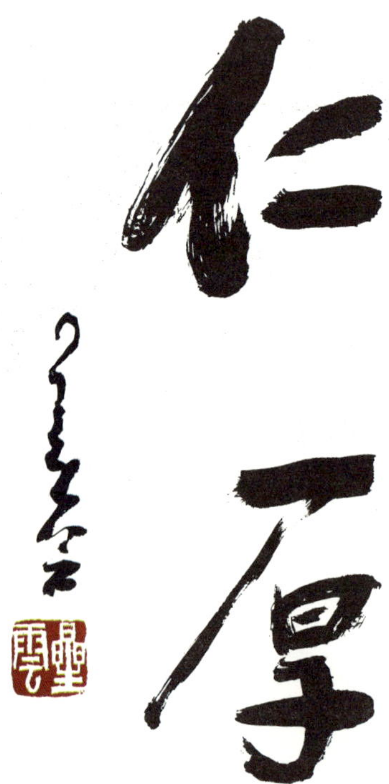
仁厚

孙立人与孙张清扬

孙夫人对佛光山有许多的贡献，

尤其她尊敬僧宝，

对佛光山年轻的出家人都礼敬有加，

只要看到有成就的年轻出家人就欢喜赞叹。

假如孙夫人如今还在的话，

知道佛光山有几百位的博、硕士，

有数所大学、电台、报纸等，

我想，

她不知道要怎么样的欢喜了。

在台湾的冤案很多,最不该发生的冤案,就是孙立人将军被指“密谋犯上”一案了。

说起孙立人将军,他是安徽庐江县人,生于一九〇〇年,和家师志开上人是挚友,并且担任栖霞山创立的“宗仰中学”的董事。回想一九四九年春,我率领“僧侣救护队”要来台湾参与工作,在我临行的时候,家师跟我说:“我替你打了电话给孙立人将军,孙将军在台湾担任‘陆军训练司令’,你必要的时候可以去找他,他会帮助你。”

孙立人将军在抗战初期,和廖耀湘将军分任新六军与新一军的军长。那时候他们都拥有美式的配备,在军中是很有名的军团。这两位将军都和栖霞山有缘分。

新六军廖耀湘军长,是湖南邵阳人,一

孙立人将军及夫人孙张清扬感情融洽

九〇六年出生。在抗战初期，国军在京沪一带接济失败，后来混迹在栖霞山的难民营中。当时，家师志开上人是难民收容所主要的工作人员，所以就这样和他们结了深厚的因缘。也由于栖霞山的出家人非常爱国，就帮助他到大后方重庆，继续为军旅生涯服务。抗战胜利时，他已经升任新一军的军长，并且送了一块匾额给栖霞山，匾额上题了四个字“栖霞古寺”。

孙立人将军的夫人孙张清扬女士，湖南人，一九一三年出生，南京汇文女中（金陵女中）毕业。美丽大方，喜爱读书及念佛诵经，是一位虔诚的佛教徒，对文字和佛学都有相当的功力。现在市面上流通的《妇女学佛应有的态度》等书，就是孙张清扬女士的作品。

在孙立人将军军旅生涯当中，孙张清扬女士因为信佛虔诚，经常在各个寺院烧香拜佛，并且皈依我的师祖卓尘长老，因此经常住在栖霞山。抗战胜利后，我从焦山或祖庭大觉寺回到栖霞山探望师长时，都可以见到孙张清扬女士在栖霞山参加水陆法会。

到了台湾后，我虽然遭遇到生活上的一些困难，但我也没有去找过孙立人将军和孙夫人。

我记得一九四九年，听说孙立人将军训练的新兵在金门古宁头打了胜仗。他知道我在中坜圆光寺挂单，托人带信跟我说，你们虽然出家，正当这种年轻的时候，应该报国从军；十年之内，我可以保证你能升任到少将。那时候，台北市政府人事室的主任秦江潮教授也要我去主编《自由青年》杂志。我觉得我出家做了和尚，如果和尚都做不好，其他的事情也都不可能做好。眼前一时的艰难，我应该坚守出家人的岗位，把和尚做下去，所以我就一直没有和孙将军会面。

一九五五年八月，孙立人将军事件发生，他的部下郭廷亮上校和第九军第二处的刘凯英上尉，据说与孙立人“兵谏事件”有关，他们都曾经和我有过数面之缘。

所谓的“兵谏事件”，是指孙立人将军担任训练司令时，被指纵容部属向政府表示不平，后来以“密谋犯上”的罪名，被革除参军长的职务。他的亲信部属，也一一被查办，调离军职，甚至前后有三百多人受到牵连而被捕入狱。

最初他们被关在监狱中的时候，我也曾经想去探望，并且送一点佛教的书籍给他们在狱中阅读。但连他们关在什么地方，我都搞不清楚，终究没有成行。

对于孙立人将军，我非常肯定他是一个爱国的将军，若在中国历史上的军人系统里，将他列为名将，应无不当。可惜，政治、军事的派系倾轧，终于发生了“兵谏事件”。

当时，孙立人将军很为陆军讲话，曾多次和老蒋先生建议部队的待遇应该要同等。他觉得同样是从军卫国，为什么空军待遇是甲等，海军是乙等，陆军就是丙等？他深深不解。那时候政府没有这种财政，我认为他也太过天真，因此我曾劝他：这不能一概而论，到底陆军编制数目众多，一人增加一块钱，就是几十万、几百万了。

他也对时任“政治作战部主任”的蒋经国先生，以政工制度参与军事体制有所不满，积极争取政工系统退出军团。我想，这可能是与蒋经国埋下冲突之因。再加之他是美国西点军校出身，不是黄埔军校系统，因此所遭遇的麻烦就不是没有原因的了。

他出事后，由国民党元老陈诚、黄少谷等九人组成调查委员会来调查这件事，后来判处“长期拘禁”，不准和外界接触，地点就在台中市向阳路十九号（现改为台中市向上路十八号）。那时候全世界的华人，尤其国际间，像英美国家人士都很为他说话。虽然老蒋先生留他一命，但孙将军一生的命运，和张学良将军一样，终生拘禁就不能免了。

台中市向阳路十九号，后来我经常在那里进出。当时我也不懂其中的利害关系，曾在他的府上多次聚谈。每一次都有一些卫兵在外守候。还好他们对我都很友善，我去探视孙将军时，没有遭遇任何一点麻烦。但是后来我开创了佛光山，几次想请孙将军上山小住，却都遭到国民党指示，叫我不要多管闲事。

其实，据我了解，孙将军对蒋介石是非常尽忠的，因为尽忠报国本来就是军人的本职。我曾听说过，美国驻日的麦克阿瑟将军曾经密会他，要他取代蒋先生，但孙将军不想背叛蒋先生而加以拒绝。这应该是可以断言的。

他做过很多的军职，但是到了后来做“总统府”的“参军长”，他深为不满。他告诉我，哪怕要他做一个小兵他都愿意，但是要有事可做。他竟然不知道参军长要做些什么事情?所以在他做“陆军总司令”后,要他作参军长,他是很难接受了。

他也告诉我,他治军很严,但是他很重视恕道。他性格也很仁慈,他说战争是很残忍的,但战争的目的最后就是和平。他也说,军人要爱民,因为军人就是要保家卫国,假如人民的生命财产都不能顾及,就不够资格领导军旅。

他也跟我谈论在中南半岛和德国巴顿将军一些交游的经过。我尤其记得他曾告诉我第二次世界大战期间,在滇缅与日军作战时,救了英军数千人的事。

一九四二年时,由于缅甸属英国殖民地,北部、东北部与西藏、云南接壤,具有重要战略地位。日军攻占马来西亚后,随即攻击缅甸重镇曼德勒,想要切断滇缅公路。英国求助中国,蒋介石便派遣孙立人将军率领陆军新三十八师前往作战。

那一次战役,解除七千英军的危难,并且救出被日军俘虏的美国传教士、各国新闻记者以及妇女五百余人,称为“仁安羌大捷”。这也是中国远征军第一次在境外取得胜利。战后,英王乔治六世还授予孙将军大英帝国司令勋章。

然而,战争是残酷的,到一九四五年抗战胜利为止,四十多万名远征军中,就有近二十万人埋骨异域。一直到二〇一一年九月,中国迎请阵亡缅甸的国军遗骸,归葬在云南腾冲国殇墓园,并且在骨灰罐上覆盖青天白日军旗,设立“中国远征军抗日将士纪念碑”以兹纪念。我想,飘零异国六十多年的远征军将士,至今终于魂归故土。此时,孙将军若于天上有知,也应该和这些军人一同得到慰藉了。

孙立人将军的元配夫人孙张清扬女士,和我有法系上的关系,这个时候她在台北一个佛堂里修持。她支持的《人生》杂志、《觉世》旬刊，我还曾经去担任总编辑；她鼎力相助的影印《大正新修大藏经》，我也为她出力做环岛宣传。偶尔，我也会到她的佛堂里探望她，她都备办美味可口的素斋宴请，并且叫我把宜兰的青年尽量地带去给她认识。那时候，像慈惠、慈容等女青年都是她的座上客。

孙立人将军与孙张清扬女士

孙立人将军的如夫人，原本是孙张清扬女士的随从，后来为了就近照顾孙将军，便成就他们同居一起，生下的四个儿女都很优秀。长女孙中平，是美国康奈尔大学的博士；孙安平、孙天平、孙太平则分别是大学教授和高级工程师。在他们童年的时候，这许多小朋友都和我游玩过，长大后各奔西东，我也因为法务奔忙，就少有接触了。

一九七九年左右，经过我锲而不舍的努力，终于请到孙立人将军和孙夫人联袂在佛光山朝山会馆光明一号小住了半个月。虽然，我也想促成孙立人将军和政府的高级领导相互谅解，但是那时候的我，人微言轻，也只是一些幻想而已。直到一九八八年一月，蒋经国先生过世，同年五月，李登辉先生才解除孙立人将军长达三十三年的“监护”。

后来，孙立人将军在一九九〇年逝世时，孙张清扬女士曾有意要让他安葬在佛光山万寿园公墓，终因为那时候万寿园还不具规模而作罢；并且孙立人将军在逝世前也已获得平反，他军中的部下

永和学舍早期为孙夫人修行的念佛堂，图为举办生命教育义工老师培训团体照（二〇〇五年十二月二十四日）

多人为他处理后事，舆论也多所赞叹。我想，孙将军一生为国，功劳浩大，虽然个人受了委屈，但中国人所谓“盖棺论定”，到了这时候，也应获得些许的安慰了。

孙张清扬女士于两年后，一九九二年七月，以八十岁之龄逝世在台北永和的佛堂里，我特别前往主持告别式，并且为她题写挽联：“八十年岁月心中有佛，千万人入道尔乃因缘。”

永和的佛堂占地一百余坪，以当时的市价算，应该值得上亿元。孙夫人留有遗言，要交给我建立佛堂。后来我也没有辜负她的委托，现在的永和学舍，就是当初孙夫人修行的地方，经常举办佛学讲座、社教课程。

孙张清扬女士一生护持佛教这么多，我曾经有心为她成立一个小型的纪念堂；但是，我除了拥有他们贤伉俪合影的照片以外，她的遗物我一样都没有。因为在她逝世后的几天，他们的眷属都已经把她的许多东西搬离佛堂，到现在，也不知道流落何处了。

孙张清扬女士一生护持佛教

孙夫人对佛光山也有许多的贡献，尤其她尊敬僧宝，对佛光山年轻的出家人都礼敬有加，只要看到有成就的年轻出家人就欢喜赞叹。假如孙夫人如今还在的话，知道佛光山有几百位的博、硕士，有数所大学、电台、报纸等，我想，她不知道要怎么样的欢喜了。

孙夫人比我年长近二十岁，应该只比我的师父年轻数岁。她以一个在家信徒的身份护持佛教，对佛教的事业全力以赴。由于我也有心奖助对佛法有贡献的人，如赵茂林、张剑芬等，在他们百年之后，我都无条件地安奉在佛光山万寿园公墓。现在他们（包括孙夫人）的后人，都不来闻问，我也只有担任起他们的孝子贤孙，永远为他们奉祀了。

此外，孙夫人还有几件事情很值得我一说。在国民党整治台湾的时候，蒋宋美龄女士三番两次地要孙张清扬女士改信基督教，孙张清扬也多次告诉我，她多次跟蒋夫人直言，叫她做什么其他好事都可以，但是叫她不信佛教而改信基督教，那是万万做不到的。甚至于蒋夫人也以种种好处利益来诱惑，她都不为所动。

在一九五〇到一九六〇年代的时候，佛教受蒋夫人多所压迫，好在有孙张清扬女士能勇敢做护法的长城。至今想来，实在非常难得。

孙夫人的口才很好，在我还没有到宜兰去之前数月，应该是一九五二年左右，她就曾经到宜兰的岳飞庙公开对外演讲佛法。因为她播下了美好的种子，所以后来我到宜兰弘法，在主持念佛会初期，她也多次说服台北的妇女朋友来参加法会共修。可以说，托她之福，有一些好的信仰上的果实也让我来

孙张清扬居士（中间写字者）

收成。

另外，早在我初到台湾还没有和她来往之前，她曾与佛教界张少齐居士合作，在台北成都路开设一家“益华文具店”，后来改名叫“健康书局”，流通许多大陆的佛书。那时候，她知道我落难在中坜圆光寺，曾托人带过四百元新台币给我，这对当时一无所有的我来说，那真是大慈大悲观世音菩萨的赐与。

台北善导寺在台湾光复后，大部分的房舍为台北市政府所征用。一九四七年，孙张清扬女士捐资旧台币一千万元买回，让它重归佛教产业，恢复道场弘法度众的功能，并且成为早期台湾佛教的弘传中心，“中国佛教会”也设址在此。

孙夫人曾试图想将善导寺交由我来住持，但终因我年纪太轻，以及师承不同，而力荐未果。她特来向我说明致歉，我并不以此为意，但是对于她这份知遇盛情，却是永志难忘的。

我三十岁生日的时候(一九五七年)，她在台北市中山北路二段二十九号的“觉世旬刊社”，特地邀约几位朋友，设宴为我祝寿。记得在一张十二人座的大圆桌上，全部都是黄金的器皿，她说她第一次用它们来请客。我一介贫僧，生活简单，对那金光闪闪的黄金餐具，看在眼中，觉得与普通的瓷碗、木筷也没有什么不同。不过，孙夫人的善美好意，我还是非常感谢的。

孙夫人膝下无出，但义子张若虚、义女孙义贞都对她孝顺有加，尤其孙义贞是日本女孩，抗战胜利后没有返回日本，给孙将军收留下来侍候孙张清扬女士。孙义贞也真是不负所望，不但贴心、懂事，而且烧得一手好吃的素菜，当时台北有名的法师，经常都是呼朋唤友到她住的小佛堂赶斋。孙夫人是一个很有量的人，只要是出家人，她都来者不拒，一律供养。因此我们有人就取笑说：“你的这个佛堂真是一个‘地下丛林’了。”

一九五五年，孙张清扬夫人变卖首饰，打电报到日本请购一套《大正新修大藏经》，并且托叶公超先生以航空的方式运回台湾影印，台湾才有了大藏经。当时，佛教界发起影印大藏经，我也应"大藏经印行委员会"之请，随喜担任"影印大藏经环岛宣传团"领队，领导信众环岛宣传。

后来，她又发起开设新文丰佛教印刷厂，虽然她邀约我参加股东，我也出了五千元做常务董事，但是没有数月，大概很难找到专业的经理人才，她便很有舍心地交给一位高本钊居士去经营，而我们也落得喜舍布施了。

高本钊居士，一九三三年出生，江苏丰县人，他热心护持佛教，经常捐赠经典给相关单位。后来，他也把新文丰经营得相当好，曾影印《大正藏》、《高丽藏》、《续藏》等，在佛教、印刷界也多有贡献。这许多，应该都是孙夫人所赐。

文末顺此一提，当年孙夫人介绍黄美之（黄正）小姐担任孙将军的秘书，却因此受后来的"孙立人事件"牵连，与她的姐姐黄珏小姐坐了十年的冤狱，那是正当她们青春貌美的时候，实在叫人不胜感叹。

后来，她们曾经两度来佛光山拜访我，时已六十多岁之龄；我在美国西来寺时，也和她们几次来往。她们的文艺协会偶尔会邀约我做个讲座，或者她们到西来寺聚会，我也乐于出席见面。想到她们过去所受到的遭遇，我总想多一分慈悲给予支持，因此也就乐意随喜出席结缘。但后来的人，大概已无法想及她们过去所遭受的这些苦难了。

现在，黄美之领导洛杉矶的华人文坛，也写了好几本书，每次出版都会签名寄送给我，终因时空遥隔，我只有接受和默默为她祝福。

2011年，怀念孙立人将军、孙夫人这样百年以上的故人，不禁心生感慨，人生真是如佛所说“空花水月”，世间所有的一切，也不过就如一场梦幻而已啊。

浩然正氣

我交往的军中要人

当初何应钦将军传达经国先生的一句话，
我们把它牢牢记住，
并且从佛光山延伸到佛陀纪念馆，
期许未来的树林遍布，
庇荫所有来者。
只是，台湾经常受到台风肆虐，
我们全山大众为了保护这许多树木，
每年都要跟台风作战多次。
所以，佛光山的徒众，
人人也都要像何应钦将军一样，
身经百战，
经得起风吹雨打，
才能莲登九品上将。

一九四九年，我因“僧侣救护队”的因缘来到台湾。在来台之前，家师志开上人就电询当时正在台湾，担任“陆军训练司令”的孙立人将军，因为孙将军是家师创办的宗仰中学的董事，跟家师自有一段因缘，所以就满口答应，表示愿意照顾我们。家师嘱咐我到台湾来要找孙立人将军。但我并不想从军，就没有找他。后来，“僧侣救护队”没有成功，当然也就更不需要找他照顾了。未久（一九五五年八月），发生了孙立人事件，我在上一篇里已有叙述，此处就不再谈了。

上一篇谈过我与孙立人将军伉俪一些往来因缘后，其实我和军中常相往来的朋友很多，此中具有影响力的将领阶层，例如蒋纬国将军，我们后来成为很好的朋友。这段因缘在《我与蒋家的因缘》一文中业已说过，此处不再叙述。现在说到和我因缘比较深厚的，就要算郝柏村将军了。

郝柏村

郝柏村将军，江苏盐城人。盐城和扬州是隔壁，原本也是属于扬州，所以他时常跟我“同乡长、同乡短”。郝将军生于一九一九年八月八日，比我大八岁，他从军的过程，在天下文化为他出版的传记《无愧》一书里都有叙述。

我知道郝将军，是因为一九五八年发生在金门的“八二三炮战”，那个时候他在小金门担任第九师师长。

我正式和他往来的时候，是在他担任“参谋总长”任内。一九八六年四月，国民党召开十二届三中全会，蒋经国先生要秘书长马树礼报告党务，要郝柏村将军报告军事防务，同时也要我发言表示意见。我记得那一天郝将军就跟我说：“今天是三个扬州人的表现。”我自小出家为僧，平常云游四海，自觉自己是个地球人，很少谈论乡亲；郝将军的一句话，让我感觉到乡情也是非常宝贵。

后来，有一天黄南东少将来找我，他说郝柏村将军要邀约我到所有军中的驻地讲说佛法，作为心理的精神建设。过去军营里少有出家人传教，不像在西方国家，他们的军营都有军中的宗教师。现在，郝将军要我到军中去说法，这实在是进步的大事。

我就在黄南东少将的安排下，跟他跑遍了台湾海陆空所有军种的营区，还到金门、马祖，甚至远赴兰屿、绿岛、东沙群岛等，整整花了数月的时间。之后，也走访了各个军校、军团，如位在凤山的“陆军官校”、左营的“海军官校”、冈山的“空军官校”、大直的“三军大学”、北投的“政战学校”以及桃园龙潭的“军中经理学校”等，高魁元上将还颁发给我奖状。那一次在军中传教，因为有关军事机密，在我的文章里面从未提到这件事情。不过在我心中，我感觉

与郝柏村先生于台北“国父纪念馆”合影(二〇一〇年十二月六日)

到郝柏村先生实在是一位治军非常进步而且用心的将领。

一九八四年，美国旧金山发生“江南事件”，江南（刘宜良先生）的遗孀崔蓉芝女士聘请了美国的律师追查此事，一直要求政府赔偿。当时的舆论对蒋经国先生多所误解。其实，蒋经国先生对于此事，实在说他并不知情，只是那时候安全单位的人事牵涉在内。因此，这桩发生在美国的暗杀事件，沸沸扬扬闹了许多年，对政府的名誉当然有所影响。

后来，崔蓉芝女士成为我们的信徒，我劝她能息事宁人，不要伤害台湾尊严。崔蓉芝认为她已花了许多的律师费，不甘愿就此罢休。我问她，假如能补贴一些律师费用，你愿意结束诉讼吗？她点头愿意。

我回到台湾，就前往造访郝柏村先生。承蒙他在办公室接见我，我说明之后，他认为不可。他说，付一点费用是小事，但是这不

一九九一年跌断腿骨，休养期间，郝柏村先生（右二）专程到佛光山探望。左一为余陈月瑛、右一为王金平（慈容法师提供）

就是承认与政府有关了吗？我一听，也觉得他说得有道理。当时他也说，此事与政府无关，与他更无牵连。最后我跟他拜托，假如能够对崔蓉芝方面给予安抚，结束这场纷争，对当局也是好事。郝柏村先生不置可否，只是说他也希望不要伤害到台湾。

我离去以后，不到一个月，听说那时候担任“外交部次长”的章孝严先生把此事摆平了。此中，老报人陆铿先生也从中斡旋，其时，他和崔蓉芝正谱恋曲，大概也给予了些许的帮忙。

之后，我们也时相往来。最令我感动的是，一九九一年我跌断腿骨，经台北荣民总医院替我开刀治疗，出院后我回到佛光山，在开山寮里休养等待复原。郝先生从台北专程到佛光山来探望。在他军务倥偬之际，竟来探视一介僧人的小病，我觉得他虽然是一名将军，实在也是个非常具有人情味的人。

一九九六年三月，台湾展开了首次直选领导人的大选。那时候李登辉一组，林洋港一组，陈履安一组，以及民进党推选彭明敏为一组。当时，每个人都要争取副手，就有人建议，林洋港应争取陈履安做副手，但陈履安一定要林洋港做副手，两个人相持不下。那时候，已经距离公告候选人的日期不远了。

郝柏村先生要我促成林陈配，所以到台北道场访问我，但那个时候，陈履安对于竞选满怀信心，我也知道难以说服。为了促成林陈配，我曾在阳明山林府的客厅和林洋港先生畅谈得失。

后来，终因林、陈二雄都不肯做副手，不得已，林洋港先生只有找郝柏村搭配一组。郝柏村并无参选的意愿，但他性格爱国、念旧，重视情义，只有勉强答应。

当时，我人在澳大利亚弘法，回到台湾后已接近大选不久了。有一天，郝柏村先生亲自到台北道场来访问我，两人小聚，他要我表示意见。记得那一天，因为台北道场也是公共场所，到处都是人来客往，只有把他约到我的书房，简单摆个小桌子，请人下一碗面，并且煮了两道素菜，就当做中餐了。

郝先生是一位非常诚恳、正直而又正派的君子，他知无不言，我也无事不谈，我们两个人就这么恳谈起来。席间，郝上将表示他志不在选举，只是林洋港先生的盛情难却，他也只有勉力以赴了。我对郝柏村将军无私、胆识、无畏的精神，不但不计较得失，并且重视人情义理，尤其豁达的胸襟，令人深为钦佩。

由于最后林洋港说服了郝柏村将军当副手，而陈履安后来就邀请了王清峰女士搭档。就这样，台湾第一次民选领导人产生了四组候选人：李登辉和连战是一组，林洋港和郝柏村是第二组，陈履安和王清峰是第三组，民进党则推派彭明敏和谢长廷为第四组。

这四组人士，我都认识，也都有过交往。坦白讲，说我要支持哪一组，实在太难决定了。后来由于陈履安先生打着佛教徒的招牌竞选，不少佛教徒都投他一票。这可以说是台湾第一位打着佛教徒的旗帜参与竞选的人了。

选举结果由李登辉先生当选，之后他邀约郝柏村先生出任“行政院长”一职。我正为台湾感到庆幸，因为李登辉能有郝柏村之助，国民党的团结必定有益于台湾。但是没有多久，“行政院长”忽然换人，我就感到政治诡谲多变，隐约中似乎已嗅到一股不寻常的气息了。

之后，在一些公共场合，我也有因缘和郝上将同桌会议餐聚。一直到二〇〇九年十月，我邀请原北京市副市长，时龄近八十岁的张百发老先生率领北京青年京剧团访问台湾，有团长名伶迟小秋等百余人巡回公演，并且在台北“国父纪念馆”有一场《锁麟囊》的演出。我想起郝柏村先生酷爱京剧，张百发老先生也是此中高手，就邀约他们两人在《锁麟囊》上演之前，先合唱一曲《将相和》，两人欣然同意。在两岸关系逐渐和暖的时候，这两位政界的高人，能在台北“国父纪念馆”同台对唱一曲《将相和》，可说寓意深远。

王昇

除了郝柏村上将之外，和我有过多次往来的，还有一位王昇上将。

王昇将军，一九一七年出生，江西人。早年蒋经国先生在江西赣南担任行政专员兼赣县县长的时候，他们成为了知交。后来蒋经国先生在国民党政府里的地位节节上升，王昇就成为蒋经国先生的左右手了。

王昇将军身材不高，但是精神抖擞，两眼炯炯有神，言谈处事干净利落。他曾经两次率领多位将军上佛光山参观，我感到他风

时任"政战部主任"的王昇上将(右四),一行人至佛光山参观(一九七七年)

度翩翩,非常亲切。

早在一九五一年,他担任"政工干校"校长时,就曾多次邀约我到北投复兴岗"政工干校"去讲演。当时台湾的各项建设都有口碑,但是军中教育的进步,与各种院校比较,军中学校堪称第一。其时对于"政工干校",军中多有烦言,认为蒋经国先生都用政工治军,王昇将军就是替蒋经国先生执行的人。当然,此中的得失,非我能妄言论断。不过感觉到政工干校的发展,对台湾的军事仍是多有贡献。

在蒋经国先生晚年的时候,不知道究竟为了什么原因,他解除了王昇将军"总政治部主任"的职务,让他派驻南美洲的巴拉圭,远离政治权力中心,这实在出人意料之外。

王昇将军派驻巴拉圭的时候,我也曾到巴拉圭访问。那是一九九〇年代初，国际佛光会在巴拉圭成立协会，由纪文祥先生担任首任会长。后来又有国际佛光会的理事李云中督导、宋永金会长，与当地的信徒合力筹办康宁医院等，想来应该与王昇将军在那边对华人的协助，留下的政绩因缘都有关。一九九一年王昇将军返台，我一直很想去探视，终因那个时候在海内外为佛光会奔跑，就再未谋面了。

军人的个性豪迈潇洒，因此我非常喜欢和军人交往。像上校张毅超居士在“陆军官校”担任教育处处长，虽然不是将军，但那时是为了要随我出家，不愿升任少将。因为升任少将以后，就不容易退役了，后来他就申请退休，出家后法名叫做“慧天”。并帮助我办理东方佛教学院和佛光山丛林学院，制定了很多院规。他在男众学部负责教务多时，也曾经在普门中学担任副校长，为佛教贡献良多。

随我出家的除张毅超处长以外，还有成荫云少将，曾做过旅长，退役之后也在佛光山出家，法名叫“心空”，又有人称呼他“老沙弥”。此人非常聪明，出家未到一个月，一大部的《大般若经》就能背诵六十卷。他的文字老练，本山的龙亭、香光亭、一字亭、卍字亭的楹联，都是出自他的手笔所撰写。

比他们再早一些时日，宜兰“通信兵学校”的校长任之江少将和裘德鉴上校、郭言上校等，都是我在宜兰念佛会的护法，不但参与护教，还参加共修。尤其裘德鉴上校为我担任弘法队的队长，对初期台湾佛教的发展也非常有贡献。

那时候还有杨锡铭、周广猷、朱桥，他们都是优秀的军官，也经常出入念佛会，发心服务。例如，杨锡铭帮我缮写佛教歌咏队的曲本，因为那时候乐谱排版非常昂贵，他花了几个月的工夫为我手工抄写了一本歌谱，现在成为佛光山宗史馆重要的珍藏。

朱桥为我编辑《觉世》旬刊、《今日佛教》，发现他实在具有编

至金门访问，叶競荣将军（左）亲自迎接（一九九三年三月二十二日）

辑的天分，便鼓励他去主编《幼狮文艺》，他可以说为台湾杂志的编辑发展，迈向一个新的境界。

此外，从刘安祺、胡琏、王多年等将军，我们都有相识。在他们驻守金门期间，承蒙邀约，先后曾在军中吃过多次的素宴。我也回报他们的盛情接待，发心在擎天厅讲说佛法，开启军中弘法的风气。后来，“国防部”把金门的军中招待所借给我们作为道场，佛光山于金门落脚弘法，可以说也与前线将军有关。

尤其，驻防金门的叶競荣上将，更是文武兼备。他也多次邀请我在金门、马祖讲说佛法，甚至带我参观军事设施。后来由于他的女儿及外孙女在毛里求斯暴动中遇害，让他对人生感到心灰意冷，提前办理退休，转往商场上发展。我和他多次来往，非常感念他在军中对于佛法不遗余力地推动。他的夫人房艾莉女士也是位虔诚

应邀至金门弘法（慈容法师提供，一九八八年）

的佛教徒，时常在台北道场参与共修，是一个很好的佛化家庭。

在此，值得一提的是沈雪峰少将，一九四九年出生，安徽蒙城县人。沈少将在驻守绿岛时担任典狱长一职，负责管辖绿岛的政治犯。他提倡狱中的同学要有佛教的信仰，因此，在佛光山开山不久，他就在佛光山请了一尊观世音菩萨圣像在绿岛供奉。后来，他也曾邀约我到绿岛访问，了解绿岛受刑人的生活。他每次从绿岛返回台湾的时候，都不忘记前来佛光山探视。

在军人当中，我最感念的就是"第八军团"的司令胡家麒将军了。

胡家麒将军，一九三八年生，江苏淮阴人。最初担任陆军军官学校校长，为人谦和却又不失威严，可以说是一位"儒将"。在他的任内，佛光山普门中学发生山坡地水土流失，感谢他派了上百位军工，花了两三个月，才把那一片山坡地修复完成。

后来，靠近东山万寿园的山坡地又发生严重倒塌，长达数百公尺，看了叫人怵目惊心，不知如何挽救。胡家麒将军再次派遣军中研究大地工程的专家军官和士兵前来抢救，一直做到安全为止。

后来，胡家麒校长调任到"第八军团"的司令，我记得在台北道场也曾跟他见面叙谈，他和夫人也有几次到佛光山访问。胡将军的夫人梁纶华女士与慈庄法师、慈惠法师等，同样毕业于兰阳女中，既是校友，也结为很好的道友。

何应钦

从胡家麒将军护卫佛光山的因缘，倒也可以说一说何应钦将军。

何应钦将军，一八九〇年出生，贵州人。他是抗战时期的陆军总司令，官拜四星上将，武功赫赫，在政府的诸多将领中，他的地位崇高，可以说，除了蒋介石先生是五星上将以外，就要算他是龙头老大了。

我记得，中山高速公路才兴建完成的时候，道路两边广告林立。就在即将通车之前，有一次相关单位邀请诸位老将军们先行试路，顺道南北观光一番。何应钦将军回去之后建议说，两旁广告

国民党元老何应钦将军(左三)莅临佛光山参访(一九七八年十月六日)

招牌有碍观瞻。从此,高速公路的两旁就不许竖立广告招牌了。可见得,何将军的话真是一言九鼎。

何应钦将军对民族的功绩显著,像他代表中国政府接受日本投降等,就不用我再多说了。记得一九六五年台北“国父纪念馆”兴建时,由蒋介石先生亲自主持奠基典礼,主任委员就是何应钦将军。完成后,他约见我们时也多是在“国父纪念馆”。算一算时间,这应该已是三四十年前了。

他在我开山之后,曾多次到佛光山参观,因为是老将军出门,身边都有一些护卫跟随,所以也是阵仗不小。有一次,他竟然代替蒋经国先生传话给我,他说:“经国先生要你在佛光山多种一些树木。”这话我当然认可,只是寺院殿堂一座、两座,只要一两年内就可以建起来,但是树木可不是一年两年就容易成长的啊。

不过到了现在，我终于懂得，四十年前，我在佛光山种植的一棵幼小树苗，经过四五十年后，至今它也能大如伞盖，护覆众人，给人荫凉。现在，紧邻佛光山的佛陀纪念馆，在即将完成时，我不但把佛光山分灯到佛陀纪念馆，甚至佛光山的一些树木，也分株到佛陀纪念馆栽种。

这些树木当中，有许多是从台东、台中、宜兰等地运回来的，我们还替它们取了名字。例如，有一棵台东来的百年老树，虽然经过移植，但它的枝叶茂盛，生命力丝毫不输给其他的树种，我们就为它取名叫“桃花心木爷爷”。而榕树林里的大榕树，是台湾南方的主要原生树群，说来应该算是佛光山的“榕树公公”了。此外，我在佛光山培植了几百棵的菩提树，并且栽种在佛陀纪念馆的八塔旁，它们应该可以承担“菩提祖师”之名；其他，树龄较为年轻的牛樟、茄冬、福木、肉桂等等，就称它们是叔叔、伯伯了。

所以，当初何应钦将军传达经国先生的一句话，我们把它牢牢记住，并且从佛光山延伸到佛陀纪念馆，期许未来的树林遍布，庇荫所有来者。

只是，台湾经常受到台风肆虐，我们全山大众为了保护这许多树木，每年都要跟台风奋战多次。所以，佛光山的徒众，人人也都要像何应钦将军一样，身经百战，经得起风吹雨打，才能莲登九品上将。

二〇一一年八月，我应“文建会”邀请，赴马祖南竿参加“国际和平论坛”，与单国玺枢机主教、台湾红十字总会陈长文会长，各自对“公益与和平”表示意见。承蒙杨绥生县长、连江县议会陈贵忠议长、“司令部”指挥官任季男中将、“政战部”主任吴荣轩少将等，都给予我们热烈的接待。

席间我首先声明：通常一般人看到出家人来，就好像是要跟你化缘的；但我要告诉马祖的各位，我有一个公益信托教育基金，马

应邀出席首次在马祖召开的“国际和平论坛”。与天主教单国玺枢机主教（中）、台湾红十字会总会会长陈长文（右一）对谈（二〇一一年八月二十五日）

祖有什么需要，只要条件吻合，欢迎来争取基金赞助。

接着谈到“和平”，我说：“战争是残忍的，但战争最终的目的是要和平。过去马祖因为战地受苦，但世间没有绝对的事情，而马祖也因为战争闻名于世。”我也提到，一九八九年，我在北京与国家主席杨尚昆先生见面时，他跟我提议希望金门、马祖成为和平公园。我觉得，现在正是军方和地方政府与民众共同建设马祖最好的时机，期盼未来让马祖成为世界和平的示范区。

走笔至此，怀念许多军中的好友，我感觉到他们虽然外现将军身，但实际上都有儒士的性格，甚至拥有一副菩萨的心肠。除了以上提及的，其实还有更多的人士，实在不及一一地记录，只有心香一瓣，祝愿大家平安吉祥了。

企业家与佛光山

数十年来，
由于有吴修齐先生的水泥、
潘孝锐先生的钢铁、
张云冈雀女士的油漆，
张姚宏影和曹仲植居士的坚持发心，
以及万千信徒们的护持，
才能有今日成为世界佛教名胜的佛光山。
所以，
在我心中，
真是有说不尽的感谢了。

在台湾，蒋中正和蒋经国两位领导人，让人尊敬的特色之一，就是政商不挂钩。这确有其重要性，因为政商不挂钩，才不至于造成利用金钱收买权力的弊端。说起来，似乎我也有这样的性格，只不过应该称为宗教和企业不挂钩。当然，我并没有什么权力可以让人和我有利益挂钩，而实际上我也不崇拜金钱主义。在我认为，即使事业辉煌的企业家，也还是要有信仰的情操，才会受人尊重，才能成为真正伟大的企业家。

说到宗教和企业不挂钩，在佛门里，无论是谁，来到大雄宝殿佛前，就没有谁有钱、谁没有钱，谁有地位、谁没有地位的分别；在佛前，大家通通平等，都是佛陀的崇拜者，都是佛陀的弟子。所以说来，我是很对不起当今一些企业家信徒，他们对佛教那么发心护持，而我却没有特别地看待，真是深深感到抱歉。

将名画家李自健手绘的"功德主统一企业公司董事长吴修齐先生"油画赠予吴修齐本人(一九九三年三月十七日)

其实,五十多年前,我在宜兰成立念佛会弘法度众时,台湾社会的贫富差距不比今日,并没有所谓的"企业家"。所以,对于民间的一些信众,能够凝聚力量,共同促进佛教发展,表现"贫女一灯"的精神,至今想来,都觉得非常宝贵。

一直到了四十多年前,我来到佛光山开山,创建丛林,在各方面发展都万分困难的情况下,陆续地,才有一些在经济上具有实力的有缘人与我来往。其中,最初的护持者当属吴修齐居士了。

吴修齐居士,台湾台南人,一九一三年出生。一九六七年我在佛光山启建丛林,最初由佛学院的院舍开始建设起。有一天,他上山来,见到我就问:"你兴建这些教室,一间要多少钱?"忽然间,这句话真是给了我一个灵感:"何不就此对外宣布兴建一间教室的费用,好让那许多一心想要护持佛教事业的信徒能够认捐呢?"

我当时毫不犹豫地就对他说:“五万块钱一间。”当时的五万元,已经算是一笔相当大的金额了。但是实际上,一间近三十五坪的教室,造价却要高达十八万元。事后,替我负责财务的徒众就对我说:“师父,你真傻,认捐一间教室只要五万元,哪里能建得起来呢?”

记得那时候我回答他说:“我知道五万块钱建不起来,但是假如我说的数字太大,没有人肯认捐,那么,我连五万块钱都没有啊!”果真,就在吴修齐先生率先认捐了三间教室之后,第一期工程的十八间教室,很快地,也都被大家发心认领了。

那个时候,台湾人口增加,各个学校的教室不敷使用,经常都要向社会劝募建校基金,过程困难重重,以至于引起大家的批评:“只要说建寺院,大家就愿意出钱,说要建学校,个个都却步。”但是在我的感觉,我们要兴办佛教学院,信徒们并没有退却,反而更加虔诚护持,共襄盛举。

尤其像吴修齐居士,他不但率先捐建三间教室,而且还对我说:“今后你建设佛光山,一定还要使用很多的建材,我再帮你一个忙。”他接着讲:“我的人生观,就是要为社会大众的衣、食、住、行服务。衣的方面,我有太子龙纺织工厂;食,我有生产可口奶滋的可口企业;住,我有环球水泥;行,我有福特六和汽车。现在,环球水泥正好能帮得上你的忙,如果你愿意,比照我们董事的福利,打个折扣就好。长期下来,可能会为你省下不少钱。”一时之间,我竟然也像是做了环球水泥公司的董事似的。因此,佛光山开山之初,所有建筑都是使用环球水泥。由于吴居士的帮忙,确实省下不少的开销。

吴修齐居士不只是一位富有的企业家,他还是一位护持佛教的信徒。他肯喜舍乐捐,尽管我没有向他提出佛光山的建设计划,也会主动向我表达他想要做些什么。例如,佛光山的太子龙亭,就

吴修齐居士的夫人曾昭美女士(中)与西来寺住持慧济法师(美国西来寺提供)

是由他发心兴建。

他不但热心捐建寺院,也热心教育,台南的南台科技大学就是他所创办的。他美丽、贤慧的夫人曾昭美女士,和四位优秀的公子,在他的接引下,成为佛光山的护法者,即使远在美国的西来寺、西来大学,他们都满怀热忱给予支持。

除了建寺办学以外,吴修齐居士还有一件令人赞佩的功德,那就是欢喜印经。他为了报答亲恩,经常印行经书与人结缘,种类繁多,数量都在数万册以上。感于他的孝心行善,当他为印经向我索序时,我也乐于为他撰文。甚至我早期写的《十大弟子传》、《释迦牟尼佛传》、《星云禅话》等,也都无条件地提供给他印刷赠送。

吴居士每年都在佛光山过寿,记得一九八九年,他在佛光山过八十岁寿诞时,特地把台南药专旁的一块农地捐赠给佛光山,表示未来可以作为度众之用。他对我说:“希望可以活到九十岁。”在他说了这一句话之后,我深深地为他祝福,希望佛祖加佑善人,满其所愿,还做了一首打油诗祝贺,并且发表在《皇冠》杂志上。全文如下:

人生六十称甲子，
真正岁月七十才开始，
八十还是小弟弟，
九十寿翁多来兮，
百岁人杰不稀奇。
神秀一百零二岁，
佛图澄大师，还可称做老大哥；
多闻第一的阿难陀，整整活了一百二十岁；
赵州和虚云，各自活了两甲子；
菩提留支一百五十六。
其实人人都是无量寿，
生命马拉松，
看谁活得久？

后来，吴修齐居士在二〇〇五年，以九十三岁高龄往生，也算是所愿成就了。

潘孝锐

佛光山初创时期护持最力的功德主，除了吴修齐居士外，应该就是潘孝锐先生了。

潘孝锐先生，福建福州人，一九二〇年生。光复后来到台湾。由于早年以拆船业起家，所以有“拆船大王”之称。他在我开山期间即经常来山，当时正担任南丰钢铁公司的董事长，最早期台北许多大楼的兴建，他应该是起建者之一，例如：台企大楼、六福客栈等，都是他的作品。

潘先生每次上山，都会找我谈话，但他从不提佛教，而是谈对

与台北丽晶饭店董事长潘孝锐居士(左二)阖家合影(二〇〇三年三月二十七日)

社会、人生的看法。临走时,就会留下一张支票,表示要捐给大慈育幼院。金额从五万、十万到二十万元不等,以当时的价值算,等于是现在的五十万、一百万到两百万元了。

有一次,他和我谈话中提到建寺经费。我说:“建佛光山是很随缘的,有钱就建,没有钱就慢慢来。”他听了以后,立刻从身上取出一颗印章给我。他说:“你把这印章交给一个可以信赖的徒众,需要钱的时候,你就拿它到高雄的银行领取,就算是给你作周转之用吧。”

潘先生的发心、豪爽,以及对我的信任,令我很感动。不过,我从来没有动用过他的这颗印章,甚至从来也没有想要用他银行里的钱来作周转的念头,所以多年后,我又把印章还给了他。

事实上,我生平从不向银行贷款,因为那时候银行对佛教并不信任,认为宗教建设不可以借贷,也就养成我不欢喜和银行往来的性格。

我个人一生既不储蓄金钱，也不在银行存款，佛光山的净财都是交由相关单位处理，我也没有过问。反倒是有时候管钱的徒众，经常来提醒我："师父，没有钱了！"我总是淡然地对她说："明天不就是星期天了吗？你挂念什么？"

三四十年前，正逢台湾经济日益成长，产业外销前景被看好的年代，连我这个不太懂得社会经济的人，也感受到台湾经济如活水般蓬勃发展。那时候，佛光山已成为信徒向往的名胜之地，所以一到星期天，就会有很多人上山礼拜，大部分的人都会添油香。

对此，我也深深地感觉到，其实佛光山真的不是由我们在建筑，而是佛祖在为我们化缘建设。

话说回来，潘孝锐先生的那一颗印章，我虽然没有动用过，却如同靠山一般，助长我的信心，让我坚信佛光山的建设工程，一定不至于会中途停顿。甚至，潘先生不但自愿成为佛光山的后援，还把千金潘碧珍小姐送到山上来学佛，而他的两位公子潘思源、潘思亮，都和我们的沙弥成为要好的朋友。

潘先生对全世界真是抱持极大的关怀。有时候我人在洛杉矶西来寺，他从旧金山来看我，都会向我提出一些建议。例如有一次他对我说："现在有不少大陆青年来到美国留学，由于经济比较拮据，来到异地之后，多半生活困难，我们是否可以共同给予这许多青年一些奖助？"

助人之事，我当然乐于共同成就，便询问他资助的方式。他说："我和你各先提出二十万美金作为奖学金，之后每年从中拨出一万元，奖助五到十个人。"我依他的交代实施，所以早期大陆在美国的青年，也不一定只有留学生，如作家北岛、阿城等，都曾经获得这份奖助。

在给予奖励的同时，他提出一项要求，希望这许多受奖者在毕业的时候，都能和他见上一面。然而，由于他不常在美国，我也不便对学生提出这种要求，也就始终未能做到潘先生所示，心中不免感到些许遗憾。

除了资助建寺、文教之外，潘孝锐先生也热心急难救济。像南投“九二一”震灾、高雄“八八”水灾等，听到哪里有灾难了，他都是第一个打电话给我，告诉我他愿意资助一百万元、两百万元，希望我们能够率先赈济。佛光会不断地向世界各地提供急难救助的义举，潘先生应该也是有很大功劳的。

说到资助建寺，一九九八年四月，佛牙舍利来到台湾供奉，可以说是他最欢喜的事情。在他认为，寺院好比人生的加油站，对人心有莫大的助益。因此曾经多次表达关心，要我找一块好地方来兴建佛陀纪念馆。那时候，也正好承蒙“行政院长”萧万长先生关心，愿意提供政府在某处的公有土地，作为建地之用。但是我一生为国家社会服务，最怕的就是沾国家的光，例如补助款、土地捐献之类的利益，也就没有接受他的好意了。

经过几番考察、斟酌，最后我接受潘孝锐先生的意见。当时正逢佛光山隔壁擎天神公司要下旗关厂，准备返回欧洲，我趁此因缘，尽最大的力量把那一块五十公顷以上的土地接受下来，前后大概花费近七亿元购得。

那个时候，潘先生就率先独资捐献了五千万元。同时，他又号召几位和他同样有心的人士，也各自捐出五千万元。可以说，当初佛光山购买擎天神公司这一块土地，没有感到非常吃力，主要还是承蒙佛陀的加被，和感谢信徒的奉献。

潘先生虔诚信仰佛教，关心佛教事业发展。例如，佛光山初创南华大学、佛光大学时，他不但给予赞助，后来并且定期在每年春季时，为学校各汇上一百万元，至今十多年来，从未间断。这许多企业家如此热心护教，但我从来没有主动向他们开口化缘，这一点，恐怕是没有多少人能做得到的。

现在，潘孝锐先生垂垂老矣，以九十二岁之龄潜居在高雄；偶尔相见，都会想起当年他兴建台北丽晶饭店时，那种英气勃发的风采。他不像商人，倒似一名学者，过去所谓“儒商”者，大概就是像潘孝锐先生这样的人吧。

张姚宏影

说过潘孝锐先生之后，就要提到日月光集团创办人张姚宏影女士了。

人称“张妈妈”的张姚宏影女士，浙江温州人，一九二二年生，我和她的因缘，要从三十年前第一次在佛光山台北别院普门寺见面说起。

记得当时五十岁左右的她，有一天晨起爬山之后，便来到道场和我见面谈话。她鼓励我到美国建寺院，并且表示要赞助三十万美金。那个时候，美金兑换台币大约四十多块钱。三十万美金，我连想都没有想过，更别说看过了，所以一度我还在想：这会是真的吗？不过，见她眉飞色舞、神采飞扬地诉说着在美国建寺院，以及在美国发展佛教的看法，着实也令我大为感动。

虽然在美国建寺弘法是我久远的志愿，但也得等实力具备了，才好前往。说来真要感谢当初张姚宏影女士的鼓励，我才有勇气早早前往美国建设西来寺。尤其，最初我们以三百万美元作为预算，但是后来竟然追加到三千万，工程面临极大挑战。好在有张女士以及美国一些信徒如：游象乾、游象卿兄弟，陈居、陈正男、邱全春、沈仁义、李锦兴等人的捐助，才得以渡过难关。

于西来大学颁赠日月光集团创办人张姚宏影荣誉博士学位(一九九九年十月八日)

尤其难得的是,张姚宏影女士不但大行喜舍,也善解人意。她为了说服我接受这笔捐赠,特地对我说,这是她母亲遗留下来的财产,为了纪念母亲,才做此功德。同时希望邀我前往关岛一访,并且捐献那里的一栋花园洋房,作为布教所之用。后来,我也确实因为受她护持佛教的发心感动而到了关岛。

张女士的事业遍及世界各地,我们一行抵达之后才知道,原来关岛飞机场是她的建筑作品。不只如此,就连中东的沙特阿拉伯,也有她投资的事业。乃至最初她在台湾汐止兴建"伯爵山庄"时,也希望我到那里选一块地建个道场,以便在山庄社区里弘法传教。她的发心,一时之间,还真让我应接不暇。

我虽然行事果断快速,但基本上,我是一个没有资本的人,所以对于一切事业的成败,总要思前顾后。几经考量,我接受了她在关岛的房屋，后来将它变卖，再加一些费用，建设成现在的关岛佛光山，作为当地弘化道场。

那时候，由于张姚宏影女士经营事业顺利，经常鼓励我做这个、做那个，像台北的墓园，她也鼓励我，说佛教可以投资，但我建寺院都来不及了，哪里还会去想建公墓呢？

不过，在我建设佛光山时，倒有个中心主旨：希望每一个人的生、老、病、死，都能在佛光山获得圆满的解决。因此，我陆续办了育幼院、养老院、医院、万寿园等。这当中，万寿园的建设，也正好和张姚宏影女士当时的理念不谋而合。

回想起当初在建设佛光精舍（养老院）的时候，正值壮年的张女士尽管只是来山一游，刚巧从旁边经过，她也欢喜地说："我预订两间房。"所以佛光精舍至今都还留有她的房间，只是她从来也没有住过。

除了参与佛光山的建设，有一次张姚宏影来找我，说："师父，听说你要办大学，我捐你五千万！"随即就要把钱交给我。

我说："不行！等到我要建的时候才跟你拿。"

过了一段时间，她又来了，她说："我承诺要给你五千万元办大学，现在我要把钱交给你。"

我依然说："不行，政府还不准我办大学。"

她一听，讶异地问："真奇怪，我想捐献，你怎么不要呢？"

我说："张居士，我若拿了你的钱，隔了一年，你来问我：'大学呢？'我交不出来啊！甚至你以后每年都来问我：'大学呢？'后面的责任，我负担不了啊！"

从此，她不再同我提起这笔捐献。一直到一九九三年佛光大学真正动土时，我才接受她的五千万元作为建校基础。

所以，对于信徒的净财捐献，我们这些为社会服务的宗教人士，也不是轻易地就能处理得来，总要各种因缘具备了，才好妥善运用。

当然，五千万是一笔可观的数目，但是用在办大学上，还是显得短绌。至今，南华和佛光大学，光是各项硬体所费，早已超过七十亿元以上。但是，张妈妈的率先响应和支持，给予我们从事教育工作者的鼓励，其力量可就不能同日而语了。

尽管我们知道大学的开销是长远的，需要不断地填补大量资金。但我自己的个性一向不忍心接受大笔功德，毕竟信徒赚钱也很不容易，我总是希望布施者在不自苦、不自恼、不后悔的原则下，能有细水长流的发心。所以，我就发起“百万人兴学运动”，每个人每个月只要奉献一百元，就可以护持大学的各项建设。

原本我以为集百万人的发心，三年有个三十亿元，应该就有能力办一所大学；哪里知道，佛光大学安基以后，困难才真正开始。营建署三番两次地对山坡地的开发、土地的买卖，多所为难，手续之繁琐和时间之拖延，就连找来时任“内政部长”的吴伯雄先生帮忙，也仍无奈于法令程序，必须依法办理。

此时，“百万人兴学运动”已经展开二三年了，所有的信徒见到我都是问：“大学呢?”在我庆幸免于张姚宏影女士一个人捐资五千万的询问压力后，现在，倒要接受每个月捐款百元的百万人士对大学的殷切期盼，我也只有无奈苦笑了。

刚好这个时候，嘉义有一位黄天中先生，计划要兴办大学，已经有了土地，并且也有了执照，只差没有经费盖房子。由于这个地方不像宜兰山坡地必须办理水土保持才能动工，为了对百万的兴学委员有一个交代，我们便接收土地，着手建设，以便让信徒们都能亲眼看到大学的兴建。

从接手南华大学开始，到正式开学，前后只有八个月的时间。

当“教育部”聘请的专家在过年期间，前来勘察校地时，其中一位委员还语带怀疑地说：“你们真的是秋天要开学吗？一所大学要开办，至少要有一万三千坪的楼地板面积，现在，你们连一砖一瓦都没有，真能做得到吗？”

感谢当时“教育部”张国保秘书的协助和信任，他当着大家的面说：“我们就相信佛光山可以做得出来，姑且给他们一个机会吧！”

想到有着万千信众，像张姚宏影女士一样的信任和支持，即使遇到再大的困难，我们也要坚持做出来给大家看。后来，果真在那一年的秋天，南华大学正式启教开学了。

张姚宏影女士护持大学之外，由于和我往来多年，知道信仰传承的重要，所以当他们的宏璟建设要成为上市公司的时候，张女士特地在台北香格里拉饭店举办一场公开讲座，要我前去讲演。我一时间竟然不知道怎么说话，才能合乎上市公司的需要。

不过，想到信徒平常那么真诚地护持，现在有了一点要求，我实在要去关心。尤其，她告诉我，这家公司是由她的大公子张虔生负责，如果我去讲了，或许能让她的信仰有了传承。听她这么一说，我当然是更要去了。

记得那一天，我以“财富”为题和大家讲说：“财富，有现前的财富，也有未来的财富；有有形的财富，也有无形的财富；有私有的财富，也有公有的财富；有一时的财富，也有永恒的财富。我想，当今的企业家们，看财富不应只看金钱，其实慈悲、智慧、忍耐、平安、健康、人缘、勤劳也都是财富。”

话一说完，台下一片掌声响起。此后，张居士每次提到这件事情，都还津津乐道。

后来，随着时代的进步，张姚宏影女士将事业发展的注意力，转移到半导体，她要我替她新设立的公司取名字；我想，既然是发展电子科技相关产业，就不妨取名“日月光”，她一听便欢喜接受了。在公司尚未建设完成时，筹备处曾在高雄佛光山普贤寺临时挂牌，她并且在此住过一段时期。经过将近一年的时间，日月光开始发展，才搬回楠梓的工厂。

随着时间的推移，现在，“日月光”已经是世界半导体的龙头老大了。

张云罔雀

除了张妈妈，还有一位与佛光山结缘的女企业家，那就是张云罔雀女士。

张云罔雀女士，台湾高雄人，一九二六年生。她是著名的“虹牌油漆”生产商——永记造漆公司老板张添永的夫人。张先生是一个老实的男士，所以公司大部分的业务，都是由夫人张云罔雀在为他料理。

张女士虽为女性，但有男子汉的气概风采。当时，她和十几位女士组成姐妹会，当中，她的身材最为高大壮硕，年纪却最轻，以三十岁左右的女企业家之姿，成功经营虹牌油漆，在全台湾的机场、车站，到处都能看到他们顶尖、亮丽的形象广告。

虹牌油漆的业务迅速发展的时候，也正是佛光山开山建寺之初，承蒙她满腔热心，一口答应佛光山所需的油漆，全由“永记”供应。纵使佛光山从一九六七年五月十六日启动建设，至今没有一天停止工程；但四十多年来，她始终履行承诺，所提供油漆的价值，早已不只上亿万元了。

尤其，佛光山所需的大量油漆当中，接引大佛的金身所漆，可说非比一般，它必须经得起日晒雨淋。为此，张云罔雀特地派专人到日本研究，采用最新技术，加以改良，让油漆在接引大佛身上的

接引大佛落成，颁奖给永记漆行老板娘张云罔雀居士，感谢她供应全山建筑用油漆功德（慈惠法师提供）

金光色彩，至少维持数十年而不褪。

她是一位智慧型的女士，为人豪爽，重视承诺，佛光山多次把卡车开到她们的工厂搬运油漆，她从不说二话。她在佛光山的发心，逐渐传闻在外，教界无有不知，就有寺庙去向她化缘说："你何必只有捐给佛光山呢？我们其他的寺庙也需要护持啊！你难道不能额外地给我们一点帮助吗？"

对布施有见地的张女士，就对他们说："我们做生意的人，赚钱也不是那么容易。就像种田必须选择良田一样，我们也要评估一下这块田地的优劣，再决定是否播种。收成的结果，也是我们所关心的啊！"

她接着又说："佛光山是一块良田，我们希望种下的这一点功德种子，将来可以成就佛教人才，光大佛法，让世间人都能享受佛法的

永记漆行老板娘张云罔雀居士与东方佛教学院第一届毕业生合影

利益和欢喜。当然,其他的寺院,只要你们做出成绩,成了良田的时候,我们必然也会知道的。”张女士的高论,一时之间人人传颂,几乎成为所有布施功德的人所共遵,咸认这是应该具备的正知正见。

世事无常,张添永、张云罔雀夫妇都已相继逝世,不过他们的子女非常争气,不但把事业发展得有声有色,而且至今仍继承他们伟大父母的遗愿,给予佛光山大力护持。现在永记造漆已经改组为上市公司,他们也只是股东之一,但仍然尽量地将所持股利,用来与佛光山结缘。甚至,他们在江苏昆山设立的工厂,也帮忙为佛光山在宜兴重建的祖庭大觉寺提供油漆,那一种特有的印度红,漆在大雄宝殿的梁柱上,让所有前往参观的领导和大众,无不印象深刻。香港凤凰卫视总裁刘长乐先生,日前参加佛光山与各宗教界共同举办的“爱与和平祈福大会”时,还特别告诉我说:“宜兴大觉寺的那些梁柱,明亮照人,真是让人叹为稀有!”

现在，张云罔雀的儿子张德盛、张德贤先生，又协助油漆佛陀纪念馆礼敬大厅的门柱，连工钱都不要我们支付；甚至她的媳妇张欧淑满女士，也特地选了多幅我写的“一笔字”，把字留给儿女，把钱捐献给公益基金。我想，张云罔雀女士在天有灵，看到她信仰的传承已经得到效应，也会感到欢喜欣慰吧。

曹仲植

在功德主群中，生命线创办人，早期以代理“红牛奶粉”闻名的台湾慎昌行创办人曹仲植先生，现在已经一百多岁了。我和他一直到现在都还经常碰面，看到他那种乐观的性格，不禁感觉到信佛的长者，真是让人赞叹和尊重。

曹仲植先生，一九一一年出生于江苏常州。我和他的结缘，应该是在一九六〇年代。那时候，佛光山还没有开山，当时曹先生没有信仰，只是由于深爱太太，也就勉强地陪她进出寺院。有一天，我到北投一所佛寺，才要进入佛堂，曹仲植先生也来了，比我们先到的曹夫人，远远地看到我们一前一后地走进佛殿，就提高声量对我说：“师父，你要叫我先生拜佛啊！”

我一看曹先生是那么样一位西装革履、风度翩翩的中年绅士，心里想：我怎么好叫他拜佛呢？我即刻回应他的夫人说：“曹先生不一定要拜佛，他可以行佛！”其时，我也不知道我怎么会说出这一句话。但曹先生一听大喜，对着他深爱的妻子说：“你听！师父叫我‘行佛’，以后我行佛就好了！”

“行佛”这个名词，那时候在佛教界里还没有流行，大家只是信佛、求佛、拜佛、念佛、学佛，并不知道什么叫作“行佛”。但是曹先生却能懂得“行佛”的意思。自从我说那一句话后，数十年来，据我所知，曹先生在全世界布施的轮椅，已经不只一百万辆以上了。

与曹仲植伉俪在泰国佛统塔前合照（慈容法师提供）

为了引领社会大众共同行善，他还发起一个“相对捐赠”的办法，全世界人等，都可以向他提出捐献轮椅给相关团体的意愿，提出者只要捐出一半的钱，他就支付另外一半，来补足缺额。总之，他以喜舍为乐，对于每个月捐出去几万台轮椅，感到乐此不疲，经常欢喜地告诉我，他又捐出多少万台了。

一直到现在，世界各地也都还有人不断向他索取轮椅。虽然，他早就年老退休，事业也交给儿孙去管理了，不过，他依然欢喜行佛，从不推托。

曹先生除了自己行佛，他也热心护持佛教的弘化事业。我办“人间卫视”，他就捐助“人间卫视”；我办《人间福报》，他就捐助《人间福报》；我建美国西来寺，他就捐助美国西来寺。总之我做什么，他都发心响应。但是现在我做什么，不敢再告诉他，怕他这么老了，又要大老远地跑来参与，实在太辛苦了。

但他曾对我说：“行善可以让人长寿。所谓‘乐捐’，也就是快乐欢喜地捐献，欢喜的人，怎么会不长寿呢？”所以，他现在已经百岁以上，依然健步如飞，我年岁差他多年，也自叹不如他呢。

由于曹仲植先生对社会的热心捐助，我们同时在一九九九年获得“国家公益奖”。尽管获得最高的荣誉，不知为什么，看到他在台上领奖时，没有一点喜悦的表情，反而感觉些许沉重。不过，话说回来，当时我自己也是如此。大概像“胜不骄、败不馁”的心情，总觉得这也没有什么，为社会服务，本来就是我们应该做的，不需要由谁来肯定吧！

因为曹先生的因缘，每次在电视上听到红牛奶粉的广告词说：“我是红牛，不是黄牛！”就让我想到，佛光山的僧信二众，有很多的“红牛”，没有“黄牛”（不兑现）。

数十年来，由于有吴修齐先生的水泥、潘孝锐先生的钢铁、张云罔雀女士的油漆、张姚宏影和曹仲植居士的坚持发心，以及万千信徒们的护持，才能有今日成为世界佛教名胜的佛光山。所以，在我心中，真是有说不尽的感谢了。

辜振甫、赵廷箴

说过上述几位企业家后，要特别一提的，就是辜振甫和赵廷箴先生二府家族与佛光山的因缘了。

我和辜振甫、赵廷箴二位，不但有过多次见面往来，我和他们的家庭眷属，也多有来往。只是我生性简要，长居寺院，不常到信众家里访问，但是辜家、赵家二位府上，我确实都有数次想要前往谈话的记忆。还记得，在一九九七年辜老先生过八十岁寿诞时，全家相聚在台北道场，我们一同在佛前为他们全家祝福。

辜振甫先生在台湾是世家，提到“台湾水泥”，哪一个人不知道辜振甫先生呢？自从辜先生受政府委任到上海参加“辜汪会晤”之后，在海峡两岸就更加名闻遐迩，无人不知，无人不晓了。

海峡交流基金会董事长辜振甫伉俪与其子女、儿媳、孙辈等，于佛光山台北道场欢度八十岁寿诞。与著名学者余秋雨先生一同祝福（一九九七年一月二十三日）

辜振甫先生，鹿港人，一九一七年出生，大我十岁。他担任过台湾工商协进会的理事长，时间长达三十三年，并且以他的德望，获选为永久名誉理事长。在台湾，“和信集团”是辜家的家族事业之一，所谓“和信”，寓含“谦冲致和，开诚立信”之义，这八字诀，正是辜振甫先生创业的基本精神。

一九八七年，辜先生是“三民主义统一中国大同盟”的负责人，当时我也担任会中的常务理事，曾在圆山饭店等地和辜先生有过数次圆桌会议。辜先生是恂恂儒者，讲话声音不大，但都是要言不繁。记得我在会议中有数次发言，认为以“三民主义”统一中国，应该不难；因为孙中山先生过去曾主张“容共”，和共产党也都是很友好的往来，共产主义在世界上已经经过检核，假如不必太强调党性，强调人民的福祉，以“均富思想”来作为，我想两岸都能接受。

我也曾在会中主张要让两岸的文化、教育先来往。尤其要开放“探亲”，过去为了国共之争，多少死伤，多少人离乡背井、夫妻

海峡两岸关系协会会长陈云林先生一行人来山拜访，辜严倬云女士（我左侧）陪同接待（二〇一一年二月十四日）

离散，两岸的政党，应该对人民要有一些同理心，让两岸探亲来往。

后来，两岸确实由蒋经国先生，于一九八七年七月解除戒严令，同年十月并开放探亲，让两岸的人民自由来往，那真是值得大书特书的好事。

辜振甫先生后来成为两岸的特使，一九九三年他和大陆的汪道涵先生，先在新加坡进行第一次的"辜汪会谈"；五年之后，一九九八年在上海举行"辜汪会晤"，促进两岸的和谐关系，达成了"九二共识"。

可惜由于台湾的政党轮替，李登辉先生强调台湾意识，后来到了民进党，就将"九二共识"推翻，使得两岸往来的时间又延长了多年。不过，在经济方面，台商纷纷往大陆投资，彼此互惠，也可谓是海峡两岸发展中的盛事了。

辜先生的夫人辜严倬云女士，一九二五年出生，福建福州人，是民初担任"北京大学"第一任校长严复先生的孙女。她相夫教子，可以说是台湾的"模范母亲"。此外，她也参与"妇联会"，蒋宋美龄夫人离开台湾之后，"妇联会"的主要工作就落在她身上，成为"妇联总会"的主任委员。

辜严倬云老夫人热心参与政治服务，如国民党的选举，她总是

辜振甫先生阖家。前排左起辜振甫、辜严倬云，后排左起：辜成允、辜怀群、辜怀箴、辜怀如（辜怀箴提供）

率先表态支持。近年来，大陆有些妇女团体在台北访问的时候，辜老夫人总是介绍他们前来佛光山一游。二〇一一年二月，海峡两岸关系协会会长陈云林先生访问佛光山时，辜老夫人也前来欢迎接待，弥补前海协会会长汪道涵先生无法来台的遗憾，也算是完成辜老未竟的心愿。

辜振甫先生育有二子三女，两个儿子都在他的"中信"和"台泥"分任要职。三位女儿中，大小姐辜怀群女士留学美国，爱好文化艺术，刚好和辜老的兴趣相投。辜老于一九八八年成立"辜公亮文教基金会"，推动艺术及文化教育，一九九一年则由辜怀群接任执行长。

一九九七年，"中国信托公司"在台北最精华地区建了一座

"新舞台"艺术表演厅,因为辜老先生爱好京剧,有时在新舞台粉墨登场,一出诸葛孔明的《空城计》,自娱娱人,其乐也融融。而佛光山举办的各类活动,举凡佛光山梵呗赞颂团、人间音缘、公益基金各种奖项颁奖等,也会跟他们商借"新舞台",以专业的经验与我们多所接触。

二女儿辜怀箴女士,留学美国,许配给赵廷箴的大公子赵元修。这当中的因缘,据怀箴告诉我,她和赵元修认识的时候,他们的家人就对她的名字产生趣味。因为赵元修父亲的名字"赵廷箴",母亲的名字"朱怀芳",两夫妻的名字各取一字,正是她的名字,所以他们认为其中必定有因缘,因此就促成赵元修和辜怀箴的姻缘了。

辜振甫先生的亲家赵廷箴先生,一九二一年出生,苏州人。佛光山开山之初,承蒙他捐了四百万新台币,成为护法功德主。据说,王永庆先生最初经营事业的时候,就是与赵廷箴先生一起创业,后来王先生成为台湾第一号的企业家。

一九八五年时,赵廷箴先生创建美国"华美化学公司"(Westlake Chemical Corporation)。之后,又投资马来西亚石化工业,创建"大腾化学股份有限公司"(Titan Chemicals Corp. BHD),成为马来西亚第一个也是最大的石化集团,并且成为上市公司,得到政府的奖励,甚至马来西亚最高元首,在一九九八年颁赠拿督绅士(Datuk P. J. N.)荣衔给赵廷箴先生。而二〇〇五年美国化学传承基金会暨创办人俱乐部(Chemical Heritage Foundation/Founders Club),也颁赠赵廷箴先生"石化传承奖"(Petrochemical Heritage Award),表彰他对全球石化业发展的贡献。

赵廷箴先生在新加坡的时候,我也曾经和他相见畅谈,论及如何恪尽社会的责任。他有一次跟我说:"感谢你们法师,专业做慈

赵廷箴先生阖家。左起：赵宗如、赵元德、沈允、赵宗辰、辜怀箴、赵元修、赵廷箴、赵宗弘、詹允华、詹查理、詹允中、赵元熹。地上左起：赵宗仪、朱怀芳（中坐）、赵宗慧（辜怀箴提供）

悲事业，像我们在家人士，会赚钱但不会做善事，由你们代我们做一些乐善好施、救苦救难的慈善事业，真是我们最盼望的事了！”

赵廷箴先生的夫人朱怀芳女士，从五十年前就是台北华严莲社的信徒，对佛事法会非常熟练，对于素食料理也非常有考究。后来虽旅居美国，但全家长年茹素。

我在美国弘法时，辜怀箴女士率领家族子女于得州休斯敦皈依三宝，成为佛光会休斯敦协会的创会会长，也是佛光祖庭宜兴大觉寺的信徒总代表。其夫婿赵元修先生也钻研佛学，曾在美国、马来西亚、新加坡多次公开的举行佛学讲座，和父亲赵廷箴先生两人乐于慈善，他们对于社会的服务，都有口碑。

至于怀箴的一子二女，公子赵宗弘，大小姐赵宗仪学习建筑，曾在南美洲巴西佛光山如来寺，对“如来之子”参与教学发展，贡献良多；二小姐赵宗慧是伯克利护理的硕士，专致于对老病之人的服务，听说十余年来乐在其中，都没有换过职业。

辜老的三女儿辜怀如女士，与嘉新水泥创办人张敏钰先生之子张安平共结连理，夫妻俩爱好文学、音乐，安平曾将他的诗作送给我，我便以一笔字“平安如意”回赠给他。二〇〇九年，怀如的公公，嘉新水泥创办人张敏钰老居士九十九岁冥诞时，于佛光山台北道场举办一场佛事，讽诵《金刚经》一部，当天有亲人家眷和同事一百多人参与。

辜、赵两家对佛光山的弘法事业，帮助甚多。尤其数年前，二公子辜成允先生告诉我们，剑潭古寺的董事会议中提到，希望将古寺转为一座正信的佛教道场，后来董事一致通过，决定交由佛光山管理。每年还补贴数百万元作为装修、发展费用，供给佛光山在那里弘法度众，服务社会。

又如一九九七年，佛光山在台北成立“佛光卫视”（现改名“人间卫视”），翌年元旦正式开播。辜家经营的“和信”，正是那时候台北无线系统业者重要的龙头老大，和“东森”各执牛耳，分庭抗礼。我们卫视的节目可以在全台各地从卫星下线，让各地民众得以收看得到，都要感谢“和信”系统给予我们的协助。

我也曾一度想聘请怀箴担任“人间卫视台”的台长，后来实在因为她长居美国，交通多所不便，因此改由她的哥哥辜启允协助，然而启允以盛年之时，与世长辞，令人不胜悼念。

辜家在台湾护持我们的道场，赵家在美国休斯敦也护持佛光山的分院中美寺。从购地开始到现阶段的建筑，中美寺今日的发展规模，大部分的经费都来自赵家的支援。而继“扬州讲坛”于大

与美国休斯敦佛光山中美寺信徒总代表赵元修先生、佛光会休斯敦协会会长赵辜怀箴女士、新任住持隆相和尚合影(二〇〇九年十一月十五日)

陆造成热潮后,二〇〇九年,在辜怀箴女士大力奔走下,“中美文化讲坛”也于中美寺开讲。先后邀请到白先勇、于丹、叶笃行、龙应台、胡乃元、林朝亮、心定和尚、依空法师等,分别就文化、艺术、佛学及医学等题为当地华人和西方人士讲说。

值得一提的是,同年十一月,佛光山宗务委员会礼请南京栖霞山住持隆相和尚,晋山升座为中美寺住持,还是我亲往主持的典礼。我一生不怕给人,对我来说,这是“得人”,是大陆佛教走出去的契机,也是我和大陆佛教法缘的延伸。为此,赵元修先生发心捐赠一千万美元,继续护持中美寺的工程,引起热烈回响,一时,带动了当地的佛教。

二〇〇五年,辜振甫先生以八十九岁高龄逝世,安葬前一天,暂厝于佛光山万寿园圆满厅。对于辜老一生对社会、对佛教、对大众的贡献，佛光山上千名僧众及佛光会员迎灵，讽诵《阿弥陀经》，送他最后一程。辜老先生安葬于屏东高树，距离佛光山路程十余分钟，所以他们虽长居台北，但每次家族来祭拜辜老时，都会到佛光山参礼，促成诸多的来往。

而赵廷箴先生于二〇〇八年，以八十八岁寿龄逝世。我最感念的是，由于赵廷箴先生广修功德，成为美国明尼苏达州的梅约医疗中心（Mayo Clinic）的捐助者。因此，二〇〇七年正当我在美国弘法时，因身体微恙，元修和怀箴就邀约我到梅约医院长住十天，作全身的健康检查。

据说梅约医院拥有四万名员工，俨然成为一个小镇。我感佩于他们服务的精神，曾经撰写《梅约医院检查记》一文，于二〇〇七年八月的《讲义》发表。后来闻说院方表示感谢，因为自从此文发表后，求诊的华裔患者不断增加，而他们也非常愿意为求诊者服务。

辜、赵二家，三个世代的好因好缘，可以说是“诸上善人聚会一处”，我期待佛教的发扬，能像他们这样世代传承，继续绵延，普利社会上每个家庭。

赖维正

当初因为“一书之缘”而认识的企业家赖维正先生，想来也已相识二十余年，这二十余年来，他和夫人李美秀始终一师一道，护持佛光山，令人感念良多。

赖维正先生，一九五〇年生，台湾员林人，高大庄严，自有一股王者的气势。长年经商旅居加拿大的他，早年阅读过我的著作《心甘情愿》后，就发心购买了数百本赠与他的员工，还特地举行《心甘情愿》读后考试，成绩优异者，奖励他们到日本观光，借以激起员工的阅读热诚。

与赖维正全家合影

除了鼓励员工外，他本身也非常精进用功，工作之余，就是阅读我的著作并抄录笔记，将阅读内容当作教材，为孩子们上课讲解。我对于赖先生的认真，不只印象深刻，认为佛光山有这样解行并重的信徒，让我感到无比欣慰。

此外，赖维正先生的夫人李美秀，多年来夫唱妇随，参与推动各种佛教文化教育事业，只要是佛光山所举办的大小活动，皆可看见他们两人忙碌的身影穿梭，进而也带动了妹妹李美惠、妹夫叶逢源护持佛教。由于赖居士他们两夫妻长年发心，在二〇〇七年成为佛光祖庭大觉寺第一任的信徒总代表。

二〇〇九年三月，佛光山成立"三好体育协会"，推广全民体育活动，并以"做好事、说好话、存好心"的三好运动为主旨，冀以净化社会风气，经由各项运动竞技来接引青年学佛。赖维正先生成为最合适的会长人选，曾经是球员的他也不遑多让，当下应允承担会长之职。

有了赖维正担任会长，"三好体育协会"会务逐渐开展，多次举办国际篮球比赛，像是二〇一〇年及二〇一二年的佛光杯国际大学女子篮球邀请赛，参赛队伍跨越国际，计有加拿大、日本、马来西亚等国家代表队，以及北京大学、南京航空航天大学、南昌大学、大连理工大学、台湾师范大学、佛光大学等海峡两岸大学一同参与，切磋球技。

对于出任会长一职，赖维正总是十分谦虚，他不只一次向记者表示，自己担任会长是以“无所求”的心态面对，并常常强调佛光杯是属于大家的，比赛有声有色，是所有参与者集体创作的成果。他总是客气不敢居功，但他对球员的照顾备至，却是大家有目共睹的，因而球员们总习惯昵称他“赖爸”，可见球员们对他的亲近及依赖。

除了参与弘化利生的活动外，赖维正更是事业有成，他的贸易公司二〇一二喜逢三十周年庆，我以“有品名牌”一笔字聊表我的祝贺之意。他欢喜表示，这是我对他最好的鼓励，并说：“家师星云大师倡导的‘三好’——‘做好事、说好话、存好心’，以及‘四给’——‘给人信心、给人欢喜、给人希望、给人方便’，依循此道，无论经商、待人处事必然成功。”可见得，赖维正不只跟随我多年，学佛多年，更是真正实践行佛的最佳佛光人代表，我也足以宽慰了。

除了和我因缘深厚的企业家外，也有一些社会的企业家来到佛光山。例如，大约一九八一年左右，有一次，台塑企业王永庆先生上山拜访。我和他两个人就坐在一间小客厅里，整整谈了四个钟点。过程中，他没有提一句台塑，我也没有说一句佛光山，就只海阔天空地谈对各种社会问题的看法，主题还围绕在捐献眼角膜这件事情上。后来我才知道，原来他想要创办长庚医院。

尽管王永庆先生有“台湾经营之神”的称号，我和他也有过这么一面之缘，但是数十年来，我们从来也没有想过要向他开口化缘，让他帮助我开山建寺或创办学校。

又例如：震旦行的陈永泰先生，承蒙他有心要在佛陀纪念馆捐献“地宫还原”展览厅，虽然几次辞谢，想到他的夫人陈白玉叶女士，生前捐赠许多佛教珍宝文物的发心，即使我不贪心，最后也只有不拂逆他的好意了。广达企业的林百里先生，多次上山来问道，在台北也会谈过，但我们的话题只涉及禅坐和美术，我也从来没有向他劝募过。其实，企业家们到佛光山来，他们不怕我化缘，我已经感激不尽了，哪里还能真的和他们化缘呢？

与震旦文教基金会董事长陈永泰伉俪合影（二〇〇〇年）

其实，佛光山的功德主，何只区区数人？正如佛陀纪念馆功德碑墙上记载的“千家寺院、百万人士”，如：巴西的斯子林、张胜凯，澳大利亚的刘招明、陈秋琴夫妇，菲律宾的陈永年，泰国的余声清，香港的陈捷中、蔡蝴蝶夫妇，首泰建设的罗李阿昭，宝成集团的蔡其瑞，以及白清栋、陈林云娇、游胜文、战淑芬等等企业家；我不但要把他们的名字刻在墙上，而且还要把他们的发心，刻在所有佛光山徒众的心上，让大家永远记得这许多护持佛教的功德主。

名记者陆铿的性格

陆铿到了晚年，即使已经年高八十多岁，

还是活跃在新闻第一线，

可以说是乐在其中，而且乐此不疲。

甚至在他生命最后的时刻，

因为患了老人失智症（阿兹海默症），

已经忘记了所有亲友，

但不能忘情的，还是新闻。

据崔蓉芝说，他曾经几次半夜起来，

急着往外走，赶着要去“采访新闻”，

生怕迟到，漏了大新闻。

可见在他的脑海深处，

潜藏的新闻感，是怎么样也打倒不了的。

我从青少年时期，就非常关心佛教的动向与前途。记得五十多年前，有一次伏案笔耕时，一时有感而发，就在一篇《佛教需要什么》的文章里写下：佛教需要建一所大学，需要成立一个电视台，需要办一份报纸。

转眼几十年过去了，当时所立下的这些目标，所幸都能一一实现。如今佛光山在海内外建立了四所大学，也成立了“人间卫视”，并且创办了《人间福报》。尤其这些年来，我也一直在各报章杂志上撰文发表，与很多新闻从业人员多所接触，我对从事新闻工作的所谓“报人”，他们不但满足社会大众“知”的权利，甚至用舆论的力量维护社会公理，一直都为我所敬佩，所以我也很欢喜与他们相交、往来。

提起我与“报人”的关系，当中最为深交的，可以说就是陆铿先生了。

右起：唐德刚、陆铿、张佛千、本人、刘绍唐、心定法师、崔蓉芝、洪美珍（一九九六年七月二日）

陆铿先生，云南人，一九一九年出生。二十岁便投身新闻界，是中国最早的广播记者，第二次世界大战期间远赴欧洲采访，成为中国驻欧的战地记者；抗日战争胜利后，时年二十六岁的他，升任南京《中央日报》副总编辑兼采访主任。

一生以追求“新闻自由”为志向的陆铿先生，前后五十八年的记者生涯中，他采访过艾森豪威尔，也访问过胡耀邦。尤其他为了揭发孔宋弊案，几乎招来杀身之祸，如他告诉我的：幸得于右任先生力保，才留下一条小命。

但是性格耿直、敢言敢说的个性，仍为他招来多年的牢狱之灾，先后进过两次监狱，入狱长达二十二年。出狱之后，他到了香港，在中文大学和树仁学院新闻系任教，一九八一年与胡菊人合办《百姓》半月刊，之后又到美国纽约创办《华语快报》。

我因为非常敬重他的耿直，觉得他是个很有风骨的新闻记者，

带领历史学者唐德刚教授(左三)、《传记文学》发行人刘绍唐(左二)、陆铿(左四)及著名楹联家老报人张佛千教授(右一),观赏佛光山百人碑墙(一九九六年七月二日)

因此曾在“旅美华人奖学金”中,以三千美元资助他。但他并不因此表示感谢,我也知道,凡是有节操和志向的人,并非你奖助他,他就会跟你交往,不过我也只是想表达一点心意而已,并不是想交往这许多人士。

后来在一九八七年,他应一家报社邀请,到洛杉矶讲演,我约他到西来寺吃素斋。他谈起在美东的生活并不十分得意,我就建议他找个地方安住下来,好好专心写回忆录。

他欣然同意,也深感欢喜,于是我把距离西来寺不远的一间十分宽敞的房子,提供给他一个人独居。由于他一生交游广阔,朋友很多,在他住到西来寺期间,各界人士也常到西来寺访问。

西来寺本身也是一个对外开放的地方,并不计较来者的身份、信仰,所有来客,随他便饭,他们也没有怪我们怠慢,大家相处甚欢。当中,名记者戈扬女士、名经济学家千家驹先生,都因他的关系而住到西来寺;历史学家唐德刚先生,也因为他的介绍,后来与我友好;《传记文学》发行人刘绍唐先生,也因他而访

与香港永惺法师(左二)会晤以八十高龄于西来寺皈依佛教的经济学者千家驹(右一),及新亚洲文化基金会董事长范止安(右二)(一九九三年八月二十七日)

问佛光山。

陆铿先生是一个基督教徒,他没有排斥佛教,我也没有嫌他是基督徒。在西来寺遇有法会,他也参加,甚至跟着礼拜。他虽然是个很有个性的人,但对信仰也颇为宽宏,并不很计较、执着。他对中国共产党很有信心,认为共产党今后对中国必定有所作为,只是对少数一些人物稍有批评。

我曾经想过,像陆铿这样,是个自恃很高的人,尤其他信仰基督教,一生最大的兴趣是政治新闻;而我是个佛教的出家人,我以弘法利生为本务,我认为做人要有尊严,但不能傲慢。

可以说,我们是两个生活背景完全不同,而且个性大异其趣的人,怎么会相识、相交几十年,而且无话不谈呢?我想最主要的是,他的人生历练丰富,见闻广博,平时并不容易找到谈话的对象。但他与我往来,不管谈到过去的历史,谈到现在的时事,甚至对大陆各界的人士，我都约略知道，都能和他附和，因此他把我当成知音，是他谈话的对象，自然乐于和我交往，而我也正好可以从他那里，知道一些政治新闻。

他时常把很多政治秘辛毫不保留地告诉我，可惜我对政治不是十分感兴趣，所以随听随忘。不过在我们相交多年当中，他也帮我做了一些事情，最值得回忆的是，一九八八年第十六届“世界佛教徒友谊会”大会在西来寺召开，当时我很希望把台湾与大陆的两岸代表，一起请到会议桌上，共同出席会议。

但是最初大陆方面不准我让台湾代表参加，我当即说道：那不能，我在台湾居住那么多年，我不能不给台湾参加，我希望两岸都能同时出席。后来双方又为代表团的名称问题僵持不下，眼看着会议召开在即，大陆派来的五位代表明旸法师、真禅法师、明哲法师等人，也都已经到了西来寺会场，但因为没有得到有关方面同意，不肯出席。

最后在开幕前一天，我又重申当初发出邀请函时就已言明的意思，我希望出席的单位以所属团体来识别，不要冠上国家名称，以避免会议染上政治色彩，所以建议海峡两岸还是沿用“中国佛教协会”和“中国佛教会”的名称。

在协商过程中，陆铿帮我折冲樽俎，居中斡旋，他的中英文都好，所以对于名称改来改去，都能应付裕如。最后决定，中国佛教协会的英文译名用“The Buddhist Association of Beijing, China”，“中国佛教会”为“The Buddhist Association of Taipei, China”。

这样的协议总算获得两岸一致同意，问题圆满解决，隔天开幕时，海峡两岸代表终于史无前例地共同出席在“世界佛教徒友谊会”中，并获得现场来自三十多个国家地区、八十几个佛教团体的五百多位与会代表，报以热烈掌声。

与吴伯雄(右二)、宋楚瑜(左三)、陆铿(左一)于佛光山台北道场合影(二〇〇〇年十二月二十二日)

陆铿对此非常得意,他形容这次的突破,为两岸往来所建立的形式,就叫做"星云模式"。隔天各大报媒体也引述这段话,赞誉这次会议,是比"奥运模式"更成功、更具意义的"星云模式"。

由于在此(一九八八年)之前,两岸隔着一道台湾海峡,彼此互不往来,一边高叫"反攻大陆",一边声称要"解放台湾";而今借由"世界佛教徒友谊会"的召开,两岸能够友好地在一起开会,可见政治上没有永久的敌人,还是可以互相促进友好的。

因为这次会议的成功召开,翌年,也就是一九八九年,赵朴初居士就邀约我到大陆访问,那时台湾蒋经国先生也在两年前解除戒严,准许老兵回大陆探亲,所以我便在阔别大陆四十年后,因为赵朴老的因缘，首度回到大陆弘法探亲。

当时我们以“国际佛教促进会大陆弘法探亲团”的名义前往，事前筹备工作就交由陆铿处理。因为他是新闻记者，虽然旅居海外多年，但曾多次回大陆访问，对政府相关人员也非常熟悉，所以有关台湾方面的事务，就交由慈惠法师负责，美国方面则由他出面邀约傅伟勋、唐德刚、王亦令等人随行，这当中本来还有杜维明、余英时，后来因为他们时间不方便，只好作罢。

我们的弘法探亲团分为正、副二团，副团有五百人，主团七十二人，团员中有经济学者，有企业家、政治人物，以及文人、记者等，如台湾的姚家彦、张培耕、卜大中、周志敏等多人随团。我们分别从台湾和美国出发，在香港会合，然后飞抵北京，承蒙赵朴老与姬鹏飞先生，亲到机场迎接。

在为期一个多月的行程里，感谢国家主席杨尚昆与全国政协主席李先念分别与我会面，并在北京人民大会堂以国宴款待全体团员。尤其李先念主席要我在人民大会堂对大众公开演讲，我觉得这应该是为佛教争取发展空间，也是促进两岸和平交流的一个很好机会，于是我借机表达对中共宗教政策的看法。

我建议中共应落实宗教政策，园林和文物单位应退出寺院，“文革”时破坏的佛教道场和古迹应该修复，要把寺庙交还给出家人主持。我除了恳切地告诉中共领导人：“共产党人不信宗教没有关系，但一定要懂宗教。”

我也建议杨尚昆先生，我说大陆应该废止“不放弃以武力解决台湾问题”的政策，这是好战的观念，在当今社会已经不能被接受了。杨尚昆先生说：这不是针对国民党而设，只是怕未来其他党派会有不利于两岸和平的言行，所以不得不预先防范。

我当时一心只想到，两岸的未来，唯有靠双方多沟通、多了解，才能和平共处，也唯有和平共处，彼此共尊共荣，才能得到双赢。所以我希望两岸能开放高阶层人士互相访问，我甚至面邀李先念先生到台湾访问，记得当时他对我说："我来不及了！"

之后，我又分别应邀在北京大学以及中国社会科学院等，做了数场讲演。我想，此行所以能受到大陆如此隆重招待，尤其这是两岸开放后，台湾佛教界第一次公开前往大陆弘法，能有因缘为两岸和平交流尽一点心力，这都是受益于陆铿之助，以及赵朴老的影响力。

此外，这次大陆行，除了回江都老家探望母亲，同时也回母院栖霞山，见到雪烦法师、明旸法师等许多过去的师长、同参，也到大陆各名山大寺走访，见到许多高僧大德，这是我离开大陆四十多年来第一次感受到，两岸实际上乃是一家人也。

陆铿先生由于先后帮我筹办世界佛教徒友谊会，以及到大陆弘法探亲事宜，跟我的友谊无形中更加促进，所以他经常把自己的往事故事，以及他为争取新闻自由的理念，向我倾诉。

陆铿一生最大的志愿，就是当记者，他对报道新闻的狂热，从几件事可以看出。

其一，在陆铿先后二十二年的牢狱岁月里，即使入监当了犯人，他仍不改记者本性，在监狱里还是想方设法地要采访新闻，因此监狱负责管教工作的一个干部，曾批评他说："陆铿犯的记者职业病，是无可救药的了。"

另外，一九五一年大陆发动"镇压反革命运动"，据闻当时陆铿被指控，说他代表大军阀阎锡山接收云南。这样的罪名随时都有可能被拉出去枪毙，但是尽管大祸临头，陆铿想到的是：杀他的时候，看热闹的人一定很多，届时新闻标题要怎么下呢？他苦想了半天，终于想出一个"万人争看杀陆铿"的标题。他对此满意极了，自己还暗自得意了两天，由此也可以看出陆铿这个人率真、洒脱的一面。

陆铿一生钟情于新闻，为了追新闻，他可以说天不怕地不怕，因此得名“陆大胆”。至于他又号“大声”，这是一九四三年国民党元老，也是大书法家于右任为他证婚时所赐的号。

陆铿到了晚年，即使已经年高八十多岁，还是活跃在新闻第一线，可以说是乐在其中，而且乐此不疲。甚至在他生命最后的时刻，因为患了老人失智症（阿兹海默症），已经忘记了所有亲友，但不能忘情的，还是新闻。据崔蓉芝说，他曾经几次半夜起来，急着往外走，赶着要去“采访新闻”，生怕迟到，漏了大新闻。可见在他的脑海深处，潜藏的新闻感，是怎么样也打倒不了的。

陆铿生前曾充满信心地说，他下辈子还是要当记者。因为对新闻的狂热，加上直爽坦言的个性，并数度入狱。他的一生不是记者就是囚犯，不是囚犯就是记者，不但概括了他的大半辈子，也是他人生经历的如实写照。

后来，他也因为采访“江南事件”，因而与江南的未亡人崔蓉芝女士建立友谊关系，曾经住在西来寺，之后再到旧金山与崔蓉芝同居。由于“江南事件”事关国民党声誉，也影响蒋家声誉；而其时崔蓉芝已在西来寺皈依，我就劝她千万不要伤害政府，甚至我说，蒋家的人与此案无关，他们是无辜的。

后来她也听我的劝，愿意与台北和解，我曾为了此事，特地拜访郝柏村先生，也承郝先生与我会面谈话，不久就有章孝严（当时尚未认祖归宗）访美，这个问题就慢慢解决了。

崔蓉芝女士是一个很善良的女人，她在江南去世后，自己带着一个孩子，实在说，也很难找到可以依靠的人，正好热衷新闻的陆铿，因为采访江南案而和她结识，彼此萌生爱意，并决定携手共度

与陆铿先生、崔蓉芝女士合影(一九九八年十一月三十日)

晚年。

多年后,崔蓉芝女士也以佛教仪式,把江南迁葬在安徽黄山,当时卷入这个是非的蒋孝武先生也已往生,汪希苓、陈启礼等人也都获得了释放,而崔蓉芝女士也已原谅了他们。她当时还把江南安徽墓园的照片寄给我,并且说从此要重新过自己的生活。我觉得发生“江南案”这样的历史事件,是个遗憾,但最后能如此圆满落幕,也是值得欣慰的事。

陆铿先生和我往来,对我影响最大的,应该就是透过他,把许家屯先生介绍到美国西来寺暂住的这件事了。

此事发生于一九九〇年五月初，当时我正在澳大利亚南天寺筹备建寺事宜，忽然接到陆铿的电话，他说，你的同乡许家屯先生现在到了美国，可否请你帮他一个忙，给他找一个暂时居住的地方。

我一听许家屯先生，立刻回想起一九八九年访问大陆时，回程路经香港返台之际，承他特地在香港湾仔华润大厦，邀约李嘉诚等三十多位工商界人士作陪，为我们接风。在当时大家都认为这是统战工作，我也不以为意。不过，现在许家屯突然远走美国，这些政治上的是非得失，我可能不懂，但站在佛教立场，一个曾经跟我有因缘、而今落难的人，不管什么关系，基于人道，不给予一点方便，就不近人情。

因此，我当即告诉陆铿，我说在西来寺不远处，有一间房子，可以提供给许先生和他的随从人员暂时居住；为了此一突如其来的事故，我也提早从澳大利亚返洛杉矶与许家屯见面。

许先生其实也很豪爽、乐观地说：他不会背叛国家，也不会出卖共产党，他只是想暂时旅行、休息一下，在适当时间还是会返回中国大陆。我也觉得他是有所苦衷，所以不得不外出暂避风头，顺便旅行、休息。

许家屯在西来寺期间，他不想招待记者，也不与民运人士来往，我觉得他的立场很对，所以也给他一些安慰、鼓励，从没有叫他到台湾。就如过去邓小平先生说："不要搞一些小动作！"我觉得确实不要搞小动作。所以大家的想法可以说都是一样，我们都不愿意造成政府的对立，或受到伤害。

但其时许家屯名义上虽是新华社香港分社社长，实际上是大陆派驻到香港的高级领导，他曾做过江苏省的省委书记，也曾当过共产党的中央委员，在共产党中的地位很高。现在忽然一下子失踪了，没有人知道许家屯究竟到哪里去了？这可真是"兹事体大"，于是举世的记者都在到处疯狂地追踪。

当然，纸是包不住火的，后来就有传言说他在西来寺。我想，这应该不是西来寺放出去的口风，而是许家屯在他的住所，与当时正在飞机上，准备到墨西哥访问的杨尚昆主席通电话，大概告诉了他人在哪里，所以一时中外记者，几乎每天都有上百人在西来寺进进出出，都是希望能找到许家屯先生的踪迹。

时间大约过了二十天，因为记者每天日夜询问，我想许家屯在西来寺也是饱受压力，就对他提起，我说：你是否干脆对外发个声明，让大家知道你在这里，就不至于让记者每天追踪。另外我也建议他，给中国驻美大使朱启祯一个报告，告诉他，你现在是个什么样的情况。

许家屯先生欣然接受我的意见，第二天朱大使从华府飞来与他见面，我特地辟室让他们长谈，在座的还有驻洛杉矶总领事马毓真先生陪同。后来许家屯就托我对外发表，代他作了四点声明：

一、不泄露党和国家机密。

二、不寻求美国的政治庇护。

三、不接触民运人士。

四、不招待记者公开发表谈话。

当天记者会非常圆满，我心里想，洛杉矶总领事馆应该给我一张感谢状，感谢我处理得当，没有让许家屯与美国接触，也没有让他去台湾，应该算是对大陆做了一件很有贡献的事。

哪里知道，在记者会结束后，大部分的人都已散去，这时有一位电视记者正在收线，他随口问我：星云大师，您对北京某领导人的看法如何？我回答说：我不认识他，我不知道！

这时在我身旁的陆铿先生主动接腔说：这个问题我来回答。说完，即刻就对这位领导人作了一些批评。

我知道陆铿这个人的个性，对人往往过分批评，我当时就觉得他说话不妥，但随念一想，记者会已经结束，他的话也不是正式发言，所以也就没有再多做解释。但当我与陆铿走出记者会时，在长廊上我就说：你说话过分坦率了！我说，我们记者会从头到尾都很和谐，我也希望可以给许家屯留个回去的后路，为什么要讲得这么难听呢？我接待他，临时安顿，还是希望他回去，我没有政治意图，我只有人道思想。

陆铿这时也承认，他的个性确实冲动了些！我虽然已经预感到可能大错已铸成，不过还是希望那位电视记者不要传出去。只是很不幸的，陆铿这个不当的发言还是传了出去。

事实上，事情并没有那么简单，因为这是在美国，美国向来就是个言论自由的国家，所以不是我想制止就能制止的。但是后来北京方面一直对此事不谅解，于是后面一连串的误会就此发生了，就是因为陆铿的一席话而已。

后来陆铿完全没有事业，大概只是靠撰写文章，拿点稿费过日子，这当中香港的《信报》应该对他帮助很大，而我也每个月提供一千美元，给他一些生活上的补助。

二〇〇〇年时，我在台湾准备创办《人间福报》，当时他很感兴趣，但我并不希望他来参与，因为他的性格耿直，加之偏重政治性的言论风格，与我主张“和谐”的宗旨有距离，我不希望我所创办的报纸，报道的新闻都是造成斗争，激发对立。

但是他很关心我怎么办报，一再问我筹办得如何，有些什么构想？我告诉他第一版将以“奇人妙事”为主。他一听，极端表示反对，并大声地跟我说：你办报纸，第一版不刊登政治新闻，怎么弄个

《中国时报》创刊五十周年庆假圆山饭店举行，创办人余纪忠（中）及夫人余蔡玉辉女士（左）亲自接待（二〇〇〇年十月二日）

"奇人妙事"，这怎么能和其他报纸竞争？

但我知道，政治新闻我们比不过其他报纸；既然比不过人家，不如另辟蹊径，走另外的路线，树立自己独特的风格。我想，"奇人妙事"新奇，妙趣横生，也能引人入胜。

事后事实证明，温馨有趣的"奇人妙事"，果然在报纸创刊后一炮打响，读者反应很好，甚至慢慢地也带动台湾各媒体，纷纷走向这种温馨、具有人情味的报道风格，成为带动媒体的一股清流。

后来因为我很少到美国，闻陆铿罹患老人失智症（阿兹海默症），我也派旧金山佛光山住持依照法师常去照顾他，但是人生无常，在二〇〇八年六月二十一日，他终于走完坚持一生的新闻路，与世长辞了！

在陆铿往生后，新闻界的朋友纷纷为文悼念他，有人赞誉他是“永远的首席记者”，有人说“只要哪里有陆铿，哪里就有新闻”，甚至新闻界前辈卜少夫更誉称他是“海峡两岸第一人”。他的著作有《麦帅治下的日韩》、《人间佛教的星云》、《陆铿看两岸》、《别闹了，登辉先生》，《陆铿回忆与忏悔录》等。

在陆铿往来的很多朋友当中，与他相处十分友好的卜大中，也是我的好友，一九八七年卜大中奉《中国时报》之命，为美国特派员，后来我与他交往，长谈多次，也同去访问大陆，在台湾《人间福报》早期也承蒙他给了很多宝贵的意见。

《人间福报》在二〇〇〇年四月一日创刊，如今已迈入第十三年，承蒙读者爱护，给《人间福报》极高的评价，认为内容清新、健康，具有教育意义，是一份适合全家人一起阅读的报纸，甚至与《联合报》、《中国时报》，并列为台湾三大报。

其实说到《联合报》与《中国时报》，创办人王惕吾与余纪忠先生，他们都有正派办报的理念，所以都经营得有声有色。我一向都很敬重他们，与他们也有所往来。

记得二〇〇〇年《中国时报》五十周年庆的时候，我除了应邀写了一篇文章，并且还到圆山饭店道贺；当天余纪忠先生也亲到门口接待。我与王惕吾先生，则时常在台北荣总见到面。后来这二位老报人往生后，他们的追思法会都由佛光山承办。

尤其王惕吾先生的告别式，我还前去主持，为他拈香祝福。后来他的公子王必成先生送了一个红包给我，我告诉他：“人和人来往，金钱可以表示谢意，感情可以表示谢意，道义可以表示谢意，如果能超越金钱、超越感情、超越道义，另外结一点佛缘，不是更好？”

想到我在台湾，能与这两位受到大家推崇的新闻前辈结一点善缘，应该也是人生很有意义的事。至于其他还有很多新闻的报人，虽然我和他们也有一些因缘，只是都是一些琐碎的事情，也就不值得在此一一记录了。

我与张培耕其人

一九七一年，当我再办大专青年夏令营时，
当时正逢开山，经济拮据，也买不起寝具，
张培耕就帮我向军方借了上千条毛毯；
夏令营的课程中，需要外出旅行参观，
当时也没有交通工具，
他又向军营借了三十辆军用卡车，
让我省下很多费用。
所谓“朝中有人好做事”，
那时因为有张培耕的支助，
在夏令营举办期中，
也曾得到蒋经国先生的关心，
指派宋时选先生亲临指导，
实感无比荣幸。

世间上，任何团体，任何事业的推动、发展，都需要有青年。有青年，才有动力，有青年，才有未来。所以，在我一生弘法的过程中，一直很重视接引青年学佛的工作，我觉得佛教需要青年，青年也需要佛教。

说到青年，就让我想起曾在“救国团”服务多年的张培耕先生，他是江苏如皋人，一九二七年生，出身务农之家，从小刻苦自励，勤奋好学。来台后，自一九六一年起服务于“青年救国团”达十二年之久，曾长时间担任总团部青年活动组的专门委员，负责承办规模庞大的寒暑假青年自强活动；后来担任南区知识青年总部总干事，很受当时“救国团”主任蒋经国先生的倚重。其兄张力耕先生，是台湾省农林厅主任秘书，兄弟两人才华横溢，同样服务公职，传为佳话。

我与张培耕先生结缘，主要是因为他

与张培耕(左一)及友人合影(萧碧霞师姑提供)

知道我喜好文学,编过杂志,并与青年多所往来,因此也就不以为自己官高位重,而乐于与我这样一介出家人来往。

回忆当时,正是一九六一年左右,大专青年暑期训练在蒋经国先生领导下,如火如荼展开。有一天,我跟张培耕建议说,在很多的战斗营活动中,如果能有一些禅学的研究,也能充实战斗营的内容。

他一听,即刻接受我的意见,于是向上级建言,得到"救国团"执行长宋时选先生的首肯,便鼓励我办暑期禅学营。

在那个时代,"青年"两个字是很敏感的字眼,青年集会更是一大禁忌,大家都不敢碰触,不管什么人碰了,都有企图危害政府的嫌疑,所以没有人敢办青年活动。但此时开明的张培耕先生,甚至更开明的宋时选先生,觉得也实在有这个需要,就鼓励我办禅学营,后来我把它定名为"佛光山大专青年佛学夏令营"。

与在美国行医的皮肤科医师沈仁义（右一）阖家合影，沈医师为当年第一届大专青年佛学夏令营的学员（一九八八年）

自从第一届大专佛学夏令营顺利开办以后，活动就此延续下来，几十年来不但汇聚了不少青年的力量，也培育出不少杰出的人才。例如在美国的外科名医沈仁义医师、高雄长庚医院院长陈肇隆，以及在日本的牙医林宁峰医师，他们在我云游海外弘法时，偶有身体不适，都得其帮助；林医师甚至还担任国际佛光会日本东京协会会长，一直成为当地佛光山道场的护法。

正由于大专佛学夏令营的举办，首开大专青年参与佛学研究的风气，对佛教的青年化，以及之后大专院校佛学社团的纷纷成立，都起了很大的作用。

不过在当时，虽然有宋时选先生的鼓励，但我还是不敢贸然举办，于是就跟张培耕讲，请他向“救国团”借用几支旗子，让我挂在山门口，表示这个活动与“救国团”有关。

当时“救国团”是蒋经国先生所领导的团体，有了“蒋经国”三个字为背景、靠山，还有什么不能做的呢？所以几支“救国团”的旗子往山门口一挂，就等于“姜太公在此——百无禁忌”！

果然活动开办后，所有治安单位、警察宪兵、安全人员都不敢来干扰。我觉得这一刻不但是佛教史上的一个转折点，也是我自己弘法路上的一个重要起步，因为由此让我得以走入青年这一环。

说到青年，早在一九五三年我初到宜兰弘法时，有好多通讯兵学校的官员学生都来参加讲座、共修，当中有三位年轻的上尉杨锡铭、周广猷、朱桥，他们被称为通讯兵学校的“三剑客”。

此中杨锡铭写得一手好字，宜兰的第一本《佛教圣歌集》，就是用他的手稿影印的；周广猷擅长绘画，慈爱幼稚园教室的壁画、海报等，都是由他设计、手绘；朱桥的专长则是编写，所以我任用他为《莲友》通讯的编辑，后来更向当时宜兰“救国团”团长杨尊严推荐，请他到宜兰“救国团”编《宜兰青年》杂志。

虽然这只是一份简单的宣传小册子，但经过朱桥一编，就变得美不胜收。直到一九五七年，我又邀他帮忙编辑《今日佛教》月刊。那个时候佛教杂志有《台湾佛教》、《菩提树》、《觉生》等，版面编排都很古板，一般读者接到后，看与不看都不觉得重要；《今日佛教》不但穿插图片，而且跨页的标题醒目耀眼，尤其艺文性的内容可读性高，一时在杂志界脱颖而出，令人有耳目一新的惊喜。

当时“救国团”台北总部看到《今日佛教》版面设计新颖，就邀约朱桥去主编一份大型杂志《幼狮文艺》。朱桥获邀后商之于我，我当然替他高兴有这么一个一展才华的好机会，就叫他即刻答应。

果然朱桥没有辜负我的期望，他编《幼狮文艺》距离现在已有五十多年，那时候可以说石破天惊地为杂志编辑树立了焕然一新的风格。尤其这是代表政府提拔青年的“救国团”所编的杂志，在朱桥的才华展现下，与李敖主编的《文星》及雷震主持的《自由中国》，同样引人注目，成为台北书报摊上最醒目的钻石。

今日回想起来，我和张培耕认识之前，已和“救国团”结下了这么一点因缘。不过我在台湾弘法，还是感谢因为张培耕的关系，获得“救国团”的助力很多。

一九七一年，当我再办大专青年夏令营时，因招收的学生人数相当多，当时正逢开山，经济拮据，也买不起寝具，张培耕就帮我向军方借了上千条毛毯；夏令营的课程中，需要外出旅行参观，当时也没有交通工具，他又向军营借了三十辆军用卡车，让我省下很多费用。

所谓“朝中有人好做事”，那时因为有张培耕的支助，在夏令营举办期中，也曾得到蒋经国先生的关心，指派宋时选先生亲临指导，实感无比荣幸。

后来李钟桂女士担任“救国团”主任，曾邀请我到松江路“救国团”总部演讲，我想到过去与“救国团”结下的诸多因缘，便欣然应邀，借此聊表回馈之意。

张培耕在“救国团”服务长达十二年，他从宜兰“救国团”到担任高雄市团部的负责人，完全靠着实力而受到蒋经国赏识，是蒋经国的亲信干部之一。

只是平时喜欢登山体验人生的张培耕，在一九七六年，也就是他五十岁那一年，于一次攀登玉山途中，忽然胃出血，靠着两位原住民轮流背他下山，经过两天两夜才抵达平地就医，所幸得以挽回一命。从此让他更加看淡世情，便毅然辞卸甲等公职，要求我在佛光山分配一个工作给他。

当时佛光山刚开山不久，法务有限，何况他在社会上已有很好的工作，他所服务的“救国团”与党、政、军，同为“四大班子”；我想

率领佛光山泰北弘法义诊团至泰北，同行者有电视纪录片《大陆寻奇》制作人周志敏、庆生医院蔡永梅副院长、医师公会胡秀卿医师、张培耕居士与慈惠、慈容法师等人（一九八八年三月四日至十三日）

一个小庙，实在养不起大菩萨，不过看他对三宝十分虔诚、恭敬，就说：你来当我的秘书好了！他欣然接受。

其实我的秘书也没有什么工作，因为我对外并没有什么交往，只是办了一份《普门》杂志，就请他当主编。他一编数年，我们合作无间，我觉得他勤于工作，勇于任事，对佛教也十分护持、热心，我也多方得其帮助。

后来他又帮我接办普门中学。普门中学的前身是蒋经国先生在江西创办的“正气中学”，一九四九年迁移到冈山。到了一九七七年时，大概是经营困难，便交给我接办，我把它改名普门中学。

记得开学当天，正是“赛洛玛”台风侵袭台湾！在此之前，承蒙教育厅配合，在一个月之内就把学校转移手续办好，让我得以赶上招生，所以普中是“接受于风雨之中，承办于仓卒之间”。

普门中学原本应该请张培耕担任校长，但因为他只做过训导主任，没有校长的资历，不得已只好请留学日本的慈惠法师任校长，他任副校长，实际负责校务。

五年后，慈惠法师辞职，另有任用，就由张培耕介绍一位王廷二先生继任校长。之后的几年之间，我担任“中华汉藏文化协会”理事长六年，张培耕当秘书长，负责各项会务，对本会贡献很多。

此外，他还跟随我率领“佛光山泰北弘法义诊团”，到泰北美斯乐、金三角、热水塘等偏远地区弘法义诊，同时成立佛光山信徒援助泰北难民村建设功德会，由他负责在美斯乐当地兴建诊所等事宜。

他也曾经跟随我到金门、马祖弘法，甚至筹组“国际佛教促进会弘法探亲团”前往大陆弘法探亲。直到一九九一年，我创办国际佛光会中华总会，请他担任文书秘书，与慈容法师共同筹划，对佛光会初期会务的推展，多所着力。

国际佛光会中华总会是在一九九一年二月三日，假台北“国父纪念馆”召开成立大会。当天，李登辉先生特颁贺电，“行政院长”郝柏村亲临指导，历任“内政部长”许水德、吴伯雄、邱创焕，以及“国防部长”陈履安、“中央社”工会主任钟荣吉、台北市长黄大洲等，均莅会祝贺。

想到过去“中国佛教会”每次开大会，要想请个科长光临都不容易，经常是三请四请也请不到；想不到我在一九九一年初成立的一个佛光会，承蒙大家赏光，现场可谓冠盖云集，在当时也是一大盛事。

张培耕家居高雄，佛光会会务皆在台北，他南北两地奔波，实有不便。当时我也感觉佛教的团体，还是需要有一位长于事务且娴熟法务的出家众负责，对信徒比较有向心力。因此获得大家体谅，就请留学日本而长于社会福祉的慈容法师担任秘书长一职。

那个时候张培耕先生年纪也慢慢大了，尤其在一九九四年左右，几年之间他于荣总开刀数次，健康不复如前，之后就长居在高雄。当时我除了帮他购买房舍，同时助他出版纪念全集。尤其他生平有个心愿，就是成立“中华少年文教基金会”，因为需要保证金一千万，我请了多位信徒赞助，每人一百万，帮他完成心愿。

在东沙群岛弘法。张培耕（左一）、心平法师（左二）随行（一九九〇年一月五日）

后来我经常出访，忙于佛光会务，也不知道他的基金会是否顺利成立？但几年后，也就是二〇〇五年，忽然听说他病发逝世，我特地到高雄市立殡仪馆，为他主持告别仪式，他的灵骨也奉安在佛光山万寿堂。

张培耕与夫人詹静江女士育有三子，都是一表人才。回忆起一九七五年张培耕在佛光山皈依，直到二〇〇五年往生，期间我们合作二十多年，如他所说，彼此“相知、相识、相处，先是朋友，再是道友，最后成为师徒”。

他曾于一九七九年发表一篇《以二十年时间“读”一个人的感想》，表达多年来在台北“国父纪念馆”听我讲演的感想；临终前，仍积极完成三万多字遗作《以五十年的时间读一个人》。想到人间一切都是缘聚缘散，怀念和张培耕的一段因缘，也是非常稀有。

努力向前

星云

让体育在佛教生根

每年农历七月供僧法会，
佛光山举行一场“无量寿杯篮球赛”，
这是佛光山一年一度的“奥林匹克运动会”，
山上各单位及别分院徒众各组球队，
彼此较量一下。
只是这球赛并没有对外公开，
纯属于师徒时间，
让大家可以尽兴参与。
总之，打篮球纯粹为了运动，
大家也就乐此不疲，
不论刮风下雨，持续二十几年，
未曾间断过。

我一生没有什么嗜好，假如勉强要说有什么兴趣，那就是最欢喜“体育运动”了。我认为体育不但可以救国、强身，还可增进品德，体育看起来是斗争，实际上是教育人要懂得尊重、团结，懂得认错。体育活动里有很多美德，所以许多年轻人实在很需要体育来训练自身，这与我们在佛教里面参禅、念佛、打坐有同样的意义！

回忆童年，约三四岁左右，遇到天气热，半夜就会跑到后院的池塘里游泳；因为家乡就在扬子江的淮南运河边，到了六七岁，胆子变大了，就到运河里游泳。十岁时，我虽不懂得什么蛙式、自由式，但知道自己的水性很好，不但能浮在水面上睡个午觉，也能潜水十分钟、二十分钟。

当时老家住在运河的北边，若要采买一些日用品，就必须搭船到河的对岸。我经常奉大人之命前往采购，但搭船过去，摆渡的人都要跟我收钱，为了节省开销，我就干脆游过二百公尺的运河，将购买到的菜、米等日需物品顶在头上，再踩着水游回来。所以，我从小最大的乐趣就是游泳，不但游出欢喜，而且游出高超的技术，尽管小时候家境清寒，物质生活贫乏，但精神世界却是无比的丰富。

少年出家以后，从江都水乡一下子进入栖霞山村，顿时与水绝缘，这是最痛苦的事情。不过，一二年后，习惯了丛林的生活，也就忘记游泳这件事了。直到来台湾后，有几次前往澎湖弘法，禁不住汪洋大海的吸引，也曾经跃入海中一展身手，庆幸自己还能记住这水性。但后来，感觉到出家游泳实在不庄严，也就忍痛放弃了。

再说到当初在大陆，十六七岁正是青少年意气飞扬的时期，但在栖霞山佛学院里，老师要我们眼观鼻、鼻观心，学习做个庄严威仪的出家人，不准我们好动。我心里面想，所谓教育，不就是要德、智、体、群、美五育并重吗？虽说佛教里也不是不重视体育，比方有朝山、行脚、经行、绕佛，可以算是运动，但都太过文雅，这对于一个活动力正盛的青少年而言，是不容易满足的。难道换个形式就不可以吗？

不过，我喜爱运动的性格未曾因为环境而有改变，慢慢地，就把兴趣从游泳转移到乒乓球上。当时常住、学院都不允许我们打球，只能偷偷地进行，有好几次还被师长发现而没收了我们的球具。

然而，乒乓球还是显得不够刺激，所以我们就改打篮球。对于打篮球，我们也是无师自通，当时只有广场，没有其他设备，于是就自己到山上砍树，制作篮球架，并且找来对篮球一样有爱好的同学，在山门口就打起球来了。

因为太过活跃，终于被师父知道了。佛学院以不守规矩为由把我开除，我也不灰心，心想：没有关系，师父开除我，自觉依自己的程度也能升学到焦山佛学院就读，于是就告别栖霞到了焦山。

佛光山开山之初，与丛林学院师生们于东山篮球场一起打篮球

虽然焦山位在长江的中心，我也不敢下水游泳，但我对运动打球的热爱，始终如一，丝毫未减。

来到台湾后，我在新竹青草湖灵隐寺“台湾佛教讲习会”担任教务工作。心想，应该让学生有一些体育运动，便鼓励学生打乒乓球、排球。但学生们平时没有运动的习惯，见到球也不敢打。记得有一次，我传一颗排球给一位学生，他竟然后退躲避。我想真是冤哉枉也，非常感慨：过去自己学生时代喜好打球，老师不准学生打球；现在我做了老师，鼓励学生打球，学生却不敢打球。是我错呢？还是谁错呢？

直到开创佛光山之初，我和沙弥们一起在东山设了一个简易的篮球场。每天下午四点半打球时间一到，全山大众不分僧信老少，不分人数多少，也不管你要加入甲队、乙队，或是谁上谁下，随各自的欢喜，都可以上场打球。

热爱打篮球

投篮

在这期间也创下很多特别的纪录。例如:有大慈育幼院六七岁的小朋友上场参与,也有佛光精舍七十有余的老人披挂上阵;有人上了球场,从头到尾固守本位,不走一步;更有一百多人同时在场,甚至曾经有五人的球队与八十余人组成的杂牌球队一同上场比赛,结果五人小组赢了。当时,经常是球场上战况激烈,场外却忘了计分,这是一个不计输赢、不需裁判的球场。

尤其,每年农历七月供僧法会,也会举行一场"无量寿杯篮球赛",这是佛光山一年一度的"奥林匹克运动会",山上各单位及别分院徒众各组球队,彼此较量一下。只是这球赛并没有对外公开,纯属于师徒时间,让大家可以尽兴参与。总之,打篮球纯粹为了运动,大家也就乐此不疲,不论刮风下雨,持续二十几年,未曾间断过。

多年的打球经验,让我们的沙弥队打出一点名堂。曾有多次都是临时组队与成功大学、陆军官校、师范学院的学生对打。虽然沙弥们年纪小,但体力、耐力却都超过这些大学生们。他们经常才上场没多久,便要求教练换人。反观佛光山的沙弥,奔驰全场,自始至终没有人喊累,或要求下场休息,最终也都能赢得胜利。

倡导"净化人心七诫运动",国际佛光会中华总会与"法务部"、《中国时报》、台北市篮球之友协会、黑松股份有限公司、佛光山文教基金会联合主办篮球义赛,由我开球(一九九四年五月二十八日)

记得一九九四年国际佛光会为了倡导"净化人心七诫运动",举行篮球义赛,其中,由佛光山的沙弥组队跟台北的"立委"对仗一场,并且邀请傅达仁先生担任主播。沙弥们没有教练,也没有队长,最小的年仅十六岁,个个瘦长,与平均年龄四十岁、体重七十公斤的"立委"相比,差了一大截,而且是首次参加正式的公开比赛。但沙弥们面对身经百战的"对手",身手矫健,毫无惧色,各方面表现纯熟迅速,越打越勇,让现场观众频频叫好。

比赛中,不论哪一方进球,全场就掌声如雷,傅达仁先生一面播报评述,也忍不住说:"转播过上万场的球赛,没有比今天更有意义的了!"最后,我还是招呼沙弥们,对"立委"们要表示一点尊重,手下留情。终场才以六十比六十二,小输二分给"立委"队。

在篮球场上,我也与不少社会人士结缘。例如:中华篮球队总教练刘俊卿先生,曾经带着球员上山礼佛、坐禅,和我们切磋球技。

我也从佛法的观点，讲述一些篮球的人生哲理，引发他对佛法的向往。后来他真的在佛光山皈依三宝了。

其实，人要经常运动，才能增强体魄，就像水必须经常流动，才能保持清洁。因此，我年轻时就主张佛门应该要有篮球运动。我认为打篮球不是什么犯戒的事情，甚至对于打篮球，我有一套想法。

首届大专佛学夏令营于佛光山举办，期间安排篮球比赛(一九六九年八月)

比方，打球要仁慈，不可以伤害对方；要勇于认错，犯了规矩，教练的哨子一吹，就要赶快举手承认；要有团队精神，顾虑别人，不能单打独斗；要争取时间，因为场上的时间是以秒计算，不容许你犹豫，必须即刻决定是带球上篮还是远射等等。我觉得篮球运动里有“六度”的精神，可以训练一个人的健全人格。好比我在一九六九年，佛光山首次举办大专佛学夏令营的时候，就在课程中，特别安排了篮球比赛，借由球场上运动精神的提倡，来对治青年许多不健全的毛病，进而培养良好的习惯。

想起当年因为对篮球运动的热爱，虽然后来在宜兰弘法，常要带着青年到各地布教，也就没多余的时间去想体育运动，但是对于各种球类赛事还是会注意。像从早期的“三军”（大鹏、陆光、海光）球队、七虎队、中兴队等，到中华代表队的贾志军、傅达仁、王毅军、陈祖烈、赖连光、唐雪舫等人，个个球技出神入化。他们在球场上斗志昂扬，奋力拼战，多次打败韩国、新加坡、泰国、日本代表队，实在振奋人心。这些消息，我也都了若指掌。

只是，身为出家人，每一次的比赛，也不敢到球场上看球，只能从报纸上获悉情况，但对于每一个球员的名字、动作，我都能从字里行间，看出他们的妙处来。

渐渐地，有了电视转播，可以收看国际比赛，虽然当时自己还买不起电视机，遇有篮球赛的实况转播，就想种种方法，借故到某一位有电视的信徒家中拜访，球赛开始时，正好可以观看。等到后来稍有能力可以购买电视机时，其实最大的动机，也是为了收看新闻和球赛。

每季开赛，当中华队与对手比赛，我都是带着兴高采烈的心情，满怀希望的观看球赛；但中华队总是先胜后衰，经常以几分之差落败。基于爱国的心理，每次看完球赛都叫人垂头丧气，实在受不了中华队输球的滋味，几次以后，就把兴趣转移到棒球上。

特别是中华少棒队在美国威廉波特比赛时，正值台湾时间的半夜，经常牺牲一夜不睡觉，就守在电视机旁看实况转播，为小将们打胜仗，感到兴奋欢喜。我也曾经在佛光山设过一个不是很标准的棒球场，邀约弟子们一起打棒球。甚至，也曾被球击中，几乎瞎了眼睛，还仍然不减打球的兴趣。

从少棒队到青少棒队，再到青棒、成棒，在棒球蔚为全民运动的年代，也造就出许多棒球明星，如：涂忠男、李居明、郭源治、李来

一九七二年世界青少年棒赛，冠军“美和青少棒队”与“中华青少棒队”至佛光山参访，给予勉励

发等。

我还记得中华少棒赛首次在威廉波特比赛时，《中央日报》记者连续三天在副刊撰写了赛事的报道，场内场外记事，生动的内容，让人读来就像身历其中。报道里的文字活泼，充满趣味，让人会心一笑，紧张时，让人捏把冷汗，记载之详实，笔法之细腻，至今印象深刻。现在我办的公益信托“全球华文文学奖”中，设立了“报道文学”项目，或多或少也受了这篇报道的影响。

而当年在屏东美和青少棒担任总教练的董荣芳先生，他是佛光山信徒，又是丛林学院的体育老师，在出访参赛前后，也都会带着球员来佛光山礼佛，求佛加被，所以我就与棒球结了美好的因缘。

此外，台湾球队里的教练和球员们与我认识的也不少，例如：

与普门中学女子篮球队于佛陀纪念馆合影。李亨淑教练（左一）、“三好体育协会”会长赖维正（后右三）、李美秀（前左二）伉俪（二〇一二年十二月三十一日）

兄弟象、味全龙、统一狮、时报鹰等。时报鹰曾上山来问我要如何才能把球打好，我告诉他们，不是光用“力”打就可以，还要用“心”打，心力要加强，可参禅打坐增强心力；二〇〇八年北京奥运女子举重四十八公斤级铜牌选手陈苇绫，就曾在佛光山打坐参禅。

总括来说，在我数年的观察当中，不管什么体育竞赛，中华队的球员并不是技艺不如人，只是拼劲不够。再加上政府并没有一套完整的制度保障，使得选手们为了生存、发展，只有投身效力于其他国家地区的队伍，或是自求多福，不禁令人惋惜。

基于对体育的热爱，从年轻时，就希望佛教能有一支“归佛篮球队”，借着“以球会友”与各地选手联谊，间接地把佛法传遍世界。如同天主教曾经也有“归主队”，他们征战天下，为天主教增加不少光荣与信徒。

这个心愿一直到普门中学女子篮球队成立后，才终于实现。由于我也希望这些球员将来能够打入甲组资格，所以从国中开始，我延请曾经掌管台湾职业女篮台元队兵符的韩籍教练李亨淑，来担任普门女子篮球队的总教练。

不负众望，从二〇〇三年、二〇〇四年起，普门中学的国中、高中部女子篮球队先后成军。隔年立即报名参加全台高中篮球联赛（HBL），与平均球龄至少五六年以上，甚至十数年的队伍比赛。二〇〇八年起，连续打败北一女中，首度打进 HBL 女甲组四强，打破过去四强皆由台湾北区球队独霸的惯例，并且荣获第三名。接着，在隔年一举夺得甲组后冠，写下 HBL 赛事以来，成军时间最短即抱走冠军杯的纪录，当时《联合报》以头版新闻，大篇幅报道这支生力军，并且赞誉普门女篮是最有礼貌的队伍。

由于我没有大学球队，最初的球员在高中毕业以后，一旦升上大学之后，就不是我的球员了。想到海外对于球员的成长，都是有计划的在训练，不像台湾的球员，许多都只是业余的选手。因此，我们又成立了佛光大学女子篮球队，让这些优秀球员可以直接升学，李教练也带领这许多毕业生进入佛光大学，一面继续训练。

二〇〇七年佛光大学荣获 USA 甲二级冠军，隔年便进入甲一级的前八强队伍。为了加强队员的经验，有机会便安排球队前往东北大连、南京，以及韩国、马来西亚等地进行移地训练，与各代表队切磋球技。曾在二〇〇八年的移地训练中，以十分的落差打败新加坡国家代表队。

二〇一〇年，邀请日、韩、加拿大、马来西亚以及香港、台湾等六个国家和地区八支劲旅，在宜兰佛光大学开战，同时邀请久未露面的傅达仁先生作全程转播。过程中，我们的女篮队连续打败加拿大、马来西亚、日、韩等国家代表队，虽然最终败给师大女篮队获得亚军，不过在我心中，球员奋勇的表现，他们已经拿到冠军了。

为了增加佛光女篮的经验，二〇一二年佛光杯大学女篮邀请赛，佛光大学邀请了南京航空航天大学、大连理工大学、南昌大学、北京大学、台湾师范大学、台北市立教育大学、台湾体育大学等海峡两岸多所名校参加。

最后由北京大学获冠军，佛光大学获亚军，我想这一次的友谊赛，两岸球员流汗、切磋，学习到很多，举办两岸大学女篮赛，很多人都在关心哪一队会胜利，篮球场上当然有胜负，但是海峡两岸的球队，输赢并不是最重要的，我们更重视友谊，两岸的友谊胜利才是最大的胜利。中华总会荣誉总会长吴伯雄也认为，佛光杯播下两岸女篮友谊、和平的种子，让彼此更加了解。

为了替我们的女篮队加油，意外促成了一个特殊的因缘。弟子永光、觉培等人，在北、中、南区发起组织近三千人的“佛光啦啦队”，举凡在女篮队出赛的时候，便轮番前往为球员们加油打气。这群平均年龄五六十岁以上的阿公、阿嬷，以高昂的精神、整齐的节奏念着“唵嘛呢叭弥吽”，一度成为各家媒体争相报道的对象，也写下啦啦队历史发展上的新页。

不少参与的老太太，起初不太敢喊叫，后来受到现场热烈气氛的感染，每个人都觉得自己忽然年轻起来，不但活力充沛，甚至原本腰酸背痛的毛病，经过一场球赛下来，腰也不酸、背也不痛了。大家直呼，都是运动的好处。并且纷纷表示，以后儿孙们想运动打球，他们不再反对了。

“佛光啦啦队讲习会”由国际佛光会中华总会北区协会主办，有来自北县市、基隆、宜兰等地区的佛光啦啦队小队长四百余人，齐聚宜兰佛光大学培训，这支醒目的佛光红衫军，展现热情活力，令人刮目相看（二〇一〇年五月十六日）

由于女篮队和啦啦队的表现，让我们想到，可以成立一个以推广全民体育运动，净化社会风气为宗旨的协会，并且借着各项运动竞技活动，接引青年学佛。于是在二〇〇九年，佛光山通过“内政部”核准，正式成立了“三好体育协会”，并由赖维正居士担任会长。

除了女篮队以外，普中女子体操队的因缘也可一说。一九九四年，邻近佛光山的大树国小体操队员，获得全台比赛总冠军后，却面临毕业流失，以及没有固定训练场地的困境。他们的体操教练王品义先生在多方奔走访查后，看中位于佛光山大慈育幼院五六楼的普中小礼堂。我知道，体育人才的培养相当不易，必须长期向下扎根，透过一贯、专业的训练，才不致产生断层或流失的现象。经普中董事会通过，提供补助选手们的升学计划，以及培训教育经费，因而有了一支“普门中学女子体操队”。

这些选手也不负大众期望，至今已经有十余位选手多次入选台湾代表队。多年来，不断在各种竞技体操锦标赛中获得个

普门中学女子体操队，于佛光山如来殿表演徒手后空翻（二〇〇五年八月二十五日）

人、团体组冠军，包括高低杠、跳马、平衡木等，捧回数十面以上的金牌。二〇〇七年，还在香港竞技体操比赛暨国际邀请赛中取得冠军。可以说，普中体操队的成果相当丰硕，我也感到非常欣慰。

除了在台湾推动运动外，二〇〇〇年，南非南华寺与国际佛光会合作，在当地推动“非洲希望工程计划”，其中一项就是开办周日小学，提供七到十六岁的孩子衣、食、玩具等，并且针对他们在音乐、体育方面的天分，举行各项培训活动。同时，为避免孩子们下课后在街上游荡，便组织“南华足球队”，透过经常性的训练，与其他队伍进行友谊赛。

接着，在二〇〇三年，巴西如来寺的“如来之子”（Sons of Tathagata）也成立了青少年“佛光足球队”，每年应邀到大圣保罗各

二〇一二年“三好杯”亚洲职业男篮挑战赛于义守大学体育馆开打,以名誉会长的身份为首场球赛开球(二〇一二年九月二十四日)

二〇〇三年由巴西如来寺及巴西佛光协会所合办的如来之子教养计划，成立青少年足球队，称为佛光足球队。每年应邀到大圣保罗各地参赛，汲取经验亦屡获奖项

地参赛汲取经验，屡获奖项。之所以成立，最初是因为如来寺住持觉诚法师发现，贫民窟的孩子经常结伙行乞、偷窃、吸毒，于是与佛光会发起，每周发给等价二十元美金的米、菜、油，让孩子们安心念书，同时培养烹饪、农务、机械等方面的专业，让他们拥有一技之长，学习自食其力。后来又发现，足球是每一位巴西孩子擅长且喜爱的运动，因此希望透过足球，加强他们的道德教育，逐渐远离吸毒、赌博。我也期待，未来他们有因缘能够代表台湾，在世界足球大赛中扬眉吐气。

由于大家知道我对体育运动的热爱，二〇〇八年由北京主办的第二十九届奥运会，我以中华台北奥运代表团总顾问的身份出席开幕式。当天，看到来自世界各国的菁英选手，以雄伟的英姿入场，十万群众开心喜悦的呼喊。那一刻，我由衷地感动，感受到体育运动真是魅力无穷。

总之，这一路走来，从对体育运动的热爱，到护持体育选手、护持体育运动，希望佛教参与体育，也能为教争光！

我的军中行

记得我初次到“空军官校”讲演的时候，
我说送给你们六架飞机，
讲的就是六度波罗蜜。
我到“海军官校”里面说，
赠与你们一条军舰，
就是谈观世音菩萨的慈航普度。
我到“陆军官校”里面讲八正道，
因为军人又叫丘八子，
因此我对他们说：
“你们丘八子，要行八正道。
所谓的八正道，
就是八条正当的人生观。”

我这一生没有当过军人，是幸福呢？是遗憾呢？很难说。当初我要来台湾之前，孙立人将军曾经对家师志开上人说："佛教也需要救国，不论是军人，或者是僧伽，他们二者对国家的任务是没有差距的。假如你愿意让你的徒弟到我的部队来从军，我保证十年内，就可以让他升到少将。"当然，我的师父不会希望我去当什么少将，甚至于总司令，他只希望我做好一名僧侣，将来做一位法王。

一九四九年，我参加了"僧侣救护队"，希望可以到战场上救护伤兵，贡献一己之力，可是后来也没有成功。我们这批救护队有百余位僧侣，从大陆乘船来到台湾的基隆，可是却没有寺院愿意收留。这也难怪，由于台湾人害怕我们这些外省出家人里，潜藏有大陆的"匪谍"，会惹来麻烦，于是我们只好一路行脚，再做打算。途中，救护队的成员接二连三陆续离队，最后眼看也不成队了，大家只好各奔前程。所以，我这一生当中，从没有摸过枪，也没有打过靶，但是我知道，枪炮子弹是没有长眼睛的，那可是人命关天的事情。

回想幼年的时候，正值抗日战争，我经常看到国民党在征兵。每当军队有需要人，他们就抓兵。只要是年轻力壮者，不管在路上、在家里，只要一发现，直接就把人抓了带走，强迫从军去。我想，一个国家这样子的侵犯人权自由，最后就算是胜利了，我不知道人民的幸福究竟在哪里呢？

就我所知，一开始通常是县政府下令，譬如要有二百个青年从军，就说要有人自愿参加，要不然就花钱买人代替。之后，又换成是乡公所，因为乡里也需要有军队，同样要派人去当兵。我想，在民国初期军阀割据的时代，所谓的兵源，大概都是这样子的强迫从军吧。

这些中国青年军是悲哀的，当了十年八年的兵，倘若侥幸没有阵亡，等到老了没有体力，退役下来，由于什么技能都没有，往往生活艰难。据闻，抗战胜利后，由于军费浩巨，陈诚参谋总长实施裁军政策，一下子裁撤了几百万军。这几百万的军人，他们平时只晓得为国家打仗拼命，现在忽然被裁撤，叫他们到哪里生活呢？不得已，只有投奔到共产党的军营里。当年国共内战，共产党在大陆取得最后的胜利，这当中虽然有多种的原因，“裁军”不能不算是一种原因。

我来到台湾之后，想要在台湾把和尚做好，当然明白“弘法是家务，利生为事业”，这是最为理想的。一九五〇年初，我虽然在佛教学院里面教书，但是所发挥的能量有限，这时我就想到，我应该到工厂里面去传教，到监狱里面去布教，到学校里面去弘法，甚至于到军营里面去说法。尤其，要让佛教从山林走入社会，从寺院走入家庭，从僧侣走入到信众。

芸芸众生当中，更重要的是青年，所以我撰写文章，强调佛教需要青年，青年也需要佛教。在社会上，就业的情况一般是“粥少僧多”，不容易找到工作，但是在佛教中，却是“饭多僧少”。在佛教这个广大的天地里面，可以供应青年人尽情发挥，让他们扬眉吐气，升华人格，升华道德。

诸佛菩萨脸上都没有胡须，没有皱纹，可见得都是青年的佛祖、青年的菩萨，可是来寺院礼拜的人，却都是老公公、老婆婆。我希望信徒能够青年化，可是谈何容易啊！不过，在一九五二年，我终于有了一个机会，宜兰的马腾居士，代表宜兰信众写信到新竹的“台湾佛教讲习会”给我，希望我到宜兰弘法。

宜兰究竟在哪里？我搞不清楚。就在秋冬之际，宜兰大安商行的负责人李决和居士，他在“中国佛教会”见到了我，热忱地邀约我前往宜兰讲经。李决和居士的那种善良、诚恳，让我不能不感动，于是答应他到宜兰去。

那时候，马腾居士是通讯兵学校的上校，李决和居士则是中医师；他们一个外省人，一个本省人，我想，我到了宜兰之后，必定会有人护持我，与我相呼应的，所以，我就在一九五三年的元月欣然前往。到了宜兰之后，我看到庙虽然很小，只是龙华派一个叫“雷音寺”的斋堂，但是那里的居士，如林松年、郭爱、谢锦、张如标、李珠普等人，都对我很热忱拥护。因此，我在第一年就展开了度化青年的工作，成立了文艺班、歌咏队、学生会及弘法队。此外，我还想要到军中去弘法。

当时“通讯兵学校”的教官皈依做信徒的，为数不少，像裘德鉴上校、郭言上校，都是军中负有重责的人，连“通讯兵学校”的校长任之江上将,也邀约我到他们的学校去说法。他们真是很勇敢,因为那时候出家人到军中弘法还没有先例,可是我已经带着青年人,以唱歌、演戏等方式在军中说法了,这是我踏入军营的第一步。

后来,驻扎在宜兰左近的部队,看到我在"通讯兵学校"说法,跟着也请我到他们的部队里面去说法。只要他们有所请,我都一一答应。我的想法很简单,军人身边通常无家无眷,比起僧侣来,可说是更加孤单寂寞,心灵空虚,假如能对他们施与一点心灵上的辅导,他们必然成为佛教的信徒。就这样,从台湾本岛,甚至金门、马祖、澎湖、绿岛、东沙群岛等,都有我军中行的脚印。

直到一九六七年,佛光山开山之后,几乎每个月,都有军方单位来向我们索取小佛像的纪念品,有时是一个师,有时是一个团,常常一要就是几千个。虽然那只是塑胶化学制品的小佛像,不会很贵,但是要那么多做什么呢?

后来我才知道,只要有部队要调派到金门战地,就会有士兵开始恐慌、逃亡,不愿意上前线去。假如这些部队,能够事先给予他们精神建设,甚至随身携带着小佛像,那么他们在出征时,想到有佛祖庇佑护身,就能够安定心情。这些前线的军人,离乡背井,时刻面临失去生命的危险,他们精神上的空虚,内心里的压力,其实更是需要有信仰来给予他们保护支持。我也想,只要肯得接受佛教,虽然我没什么经济力量,不过那些几毛钱一个的塑胶小佛像,我很愿意用来广结善缘,就算几万个也不要紧。

这样一来,佛祖就在军队里散发了他的威力。信仰虽然是内在的,但是可以激发人外在的力量,只要信仰就有力量。其实,宗教的信仰就是精神的武装,就是心理的建设。不管是什么党的军队,都应该要信奉佛教,我只想做一个传教师而已。

过去,我知道在美国有基督教的随军牧师,后来又听说韩国也

一九六二年，前往金门诵经祝祷，左三为本人

有随军的法师，称为“军僧”（军中布教僧），他们为营中的官兵解决烦恼，提振士气，这真是让我大为惊叹。我觉得，不管是什么宗教，只要能在全民的心中，尤其是在军人的心目中建立起地位，那么必定能让他成为一名勇敢无畏的优秀军人。

我想起十余年前，台湾发生“九二一”大地震，军队有数十万人次投入救灾的任务，据说实际参与挖掘罹难者遗体、寻找尸块的官兵就有五千人，这当中有很多其实还是未识人间疾苦的年轻阿兵哥。他们忽然一下子就得每天面对这些惨不忍睹的死亡现场，心中的恐惧害怕可想而知，甚至还有人因此惊恐得夜不成眠。当时，佛光山派了许多的法师前往灾区，除了为亡者诵经以外，也为生还者及救灾的军人们祈福，给予他们佛法上的开示，安抚他们的心情，并分赠念珠、大悲咒水及“唵嘛呢叭弥吽”六字大明咒，祈求佛力加被，让他们有心灵的依怙。即使看起来坚强的军人，难免也有惊惶无依、心灵脆弱的时候，这时就像幼童需要有慈母来抚慰、鼓励，让他们再度产生勇气及力量，谁是他们的慈母？就是佛祖啊！

我们常说“军爱民，民敬军”，因为军人不一定只是打仗，他们还是人民的保姆，为民服务、解决危难，故而受民敬爱。一九七〇年，台湾电视公司曾播出一部有关军人的单元剧，叫做《勇士们》（Combat），是描述二次大战美军与德军在法国前线交战的战争片。我记得勇士们里面的领导人，是一位叫做桑德士的班长，他看起来一点都不像军人，完全是一个慈悲的菩萨。剧中，他对于教堂的护卫，对于文化的保存，对于人民的安全，都是不畏生死地奋勇保护。有一次，为了救出一位幼小的儿童，他眼看已经有十几位弟兄牺牲了，毅然决定只身潜入敌营，最后终于让哭泣中的幼童重回母亲的怀抱，那一幕真是令人感动，也让我领悟到，真正的军人不只是冲锋杀敌，不只是讲究匹夫之勇，真正的军人应该仁慈、爱心、厚道，是人民的保护者。

由于我将佛光山建设在南部的高雄，而高雄又是南部军队的营区，就像“空军”在冈山、“海军”在左营、“陆军”在凤山。因此，佛光山的佛学院里，都有海、陆、空的军人来担任老师，当然他们也邀请我到军中去布教。

记得我初次到“空军官校”讲演的时候，我说送给你们六架飞机，讲的就是六度波罗蜜。我到“海军官校”里面说，赠与你们一条军舰，就是谈观世音菩萨的慈航普度。我到“陆军官校”里面讲八正道，因为军人又叫丘八子，因此我对他们说：“你们丘八子，要行八正道。所谓的八正道，就是八条正当的人生观：正当的见解（正见）、正当的思想（正思）、正当的语言（正语）、正当的行为（正

在金门为军人们说法(一九八八年四月三日)

业)、正当的经济(正命)、正当的精进(正勤)、正当的意念(正念)、正当的禅定(正定)。”

有一次,我到“士官学校”讲演,台下听讲的就有五千人,我看到那么多的人,黑压压的一片,真是吓了我一跳。尤其中段以后,许多人的面孔根本都看不到,我觉得这样子的讲演,能收到效果吗?台上台下会有共鸣吗?想到我对信徒开示的时候,信徒会给我回应,有时是一个点头,有时是一个微笑,有时甚至是一阵的掌声鼓励。可是在军营里就不是这样子了,台上台下不仅少有互动,而且听讲的兵士表情都很严肃,最令我困扰的,讲桌都会放一大盆花,大到让我根本无法看到前两排的听众。后来我才知道,原来在军中有一个不成文的规定,就是讲桌盆花的大小,是依照演讲者身份的高低来定的。我听了很意外,自己不过是一个和尚,竟然能有这样的礼遇,可见佛教真是已经深受军方肯定了。

我到军营中布教，并不是想散播什么战术，其实我根本就不懂什么战略，也不懂得骁勇杀敌，只希望大家都能做个安心自在的好人，国民党的军队如此，共产党的军队也应该如此。我曾听说，当初共产党的军队在大陆，对人民秋毫无犯，我就想起少年时很欢喜看的历史小说，书上都有“义军”、“王师”这一类对军队的赞美之词，当时我就预料到，那许多军阀的部队不会是共产党军队的对手。

从古代的历史来看，周武王为什么能够打败纣王？汉高祖为什么可以歼灭暴秦和西楚霸王？还有唐太宗东征西讨，后世为何称他是“贞观之治”的贤君呢？正因为他们的军队纪律优良，被视为是解除百姓痛苦的“王师”，所以古代常以“箪食壶浆，以迎王师”，来形容老百姓对于他们所爱戴的军队，是如何的热烈盼望及欢迎。

战争或许是不可避免的，但是真正的战争，不是摧残文化，还要保护文化；不是杀人生命，还要保全人的性命；不是攻城掠地，而是扩大慈悲的影响。两岸不要再兵戎相见，应该携手创造和平，这才是人民之福啊！

我上述的军中行，并不止于此。一九八九年“国防部”下了一道命令，要让佛教前往军营布教，可是军方那许多军种的单位，一时不容易在佛教里找到适合的人，因此又来找到我。由于这一次是奉“国防部”的军令，因此由好几位上校、中校陪同，例如“国防部”政三处处长黄南东上校、许义重上校、赵山林中校等，领导我到各处军营去讲演。

这次讲演的范围，不再限于“三军”官校，或者是作战部队，其他像是军中的辎重部队，或是管财政的经理学校，还有负责表演的艺工队等都有，军种可以说扩大开来。此外，地区也不局限在台湾

在马祖的南竿、北竿、东引等地,为军民举行皈依典礼及佛学讲座(一九八九年五月六日)

本岛,我还前往战地的金门及马祖,例如在金门的擎天厅,马祖的南竿中正堂、北竿中正堂、东引介寿堂等,我都做过多场的讲演。即使不是演讲厅,就算在山区、露天或者就地而坐,我也能宣说佛法。这回军中巡回讲演下来,我坐过吉普车、坦克车,乘过军舰,也搭过军机、直升机,甚至还在海底的潜水艇里开示过。

说起金门,我曾经到金门弘法多次,一九八九年此行巡回到金门弘讲,是我近三十年来第四度到金门了。回想一九六一年我初次到金门,对于王多年将军当时的宴客方式,我至今觉得非常值得效法。他的上菜方式很简单,就是等宾主同在一个大圆桌坐定之后,先上一大碗汤,喝了以后,紧接着就一大盘的面上桌。等大家都吃过了以后,又是一道汤,再来一大盘炒饭、二道菜,就结束了一餐。我觉得这个比蒋经国、蒋纬国先生后来提倡的"梅花餐"还要

应邀于金门擎天厅讲演佛法(慈容法师提供)

简便。我素来注重“简食”的人生观,对于“吃”,我觉得实在不需要那么铺张浪费,所谓“朱门酒肉臭,路有冻死骨”,这是不好的社会风气,贫富应该要拉平一些,才是最为理想的。

我除了在金马战地说法以外,也到过军种特训班及军方管制监狱去布教。例如我去过绿岛,在绿岛监狱做过我很沉重的说法,随即又到兰屿为励德训练班上课。我告诉他们:人要对自己的行为负责任,不必怨天尤人,既然犯了错就要勇于认错。在训练期间,可以培养自己的忍耐力,学习吃苦、受委屈,将姿态放低,为人服务,才能广结善缘。我也慰勉他们,能够在这样未经污染的清净地里,修身养性,也是人生的另一番境界。

应邀至东沙岛弘法，驻防官兵介绍“水耕蔬菜”的生长情形（一九九〇年一月五日）

此外，我还前往素有“南海屏障”之称的东沙岛说法。那一天，我听闻同行的许义重上校，荣获军方“绩优参谋奖”，可是为了陪同我到东沙群岛听我演讲，不惜放弃上台受奖的荣耀，足见其闻法之热诚。我在东沙岛吃过军方自行培植的水耕蔬菜，觉得很有意义。东沙岛缺乏土壤，蔬菜无法生长，就将菜种植在像棋盘大小的方盒内，盒内只有水没有泥土，称为“水耕蔬菜”，这在当时还被列入参观景点之一。此后，蔬菜再也不必仰赖台湾空运，岛上就可自给自足了。

一九九〇年，“中华战略学会”的理事长蒋纬国先生，有一次集合了好多的军人，希望我能谈一谈“佛教与战略”这个主题。我没有顾及蒋纬国先生的好意，一上台就说，佛教没有战略的思想，但是佛教有慈悲的教义，那我们今天就来谈谈慈悲吧！我说，慈悲

受蒋纬国先生(右二)邀请前往“中华战略学会”演讲,讲说“佛教与战略”(一九九〇年七月二十六日)

没有敌人,慈悲比道理重要;有理走遍天下,无理寸步难行;慈悲受人欢迎,对立则处处树敌……

除了军中的巡回演讲外,后来我还定期到军营里去授课。像台中的成功岭,军方聘请我为教授之一,因此每年二梯次或三梯次的大专青年集训班,我都前去为服役的青年学子们上课。班主任宋恩临中将还颁给我“嘉惠学子”的牌匾,感谢我多年以来,始终风雨无阻、不取酬劳的义务授课。

由于升学主义的影响,我看到这些大专兵可以说是“眼镜兵团”,一个个集合时都是先找眼镜再拿枪,据说一万八千名的大专兵里,就有百分之七十六的人戴眼镜。因为听讲的人数众多,只能透过大屏幕,为这些受训的大专学生开示。我以六点来期许这些年轻人:学习吃亏、人我互调、终有一天、不断改心、转身回头、心甘情愿。看到他们精神抖擞、聚精会神的聆听态度,我觉得很值得现在的学子们来效法。

之后我在成功岭对面的一座小山上，也就是大竹围，建立了佛光山第一个别分院——福山寺。从一九七五年福山寺动工之后，我常常站在未完工的福山寺山门，遥望着成功岭，对大家自信地说，我们的佛教成功在望啊！虽然福山寺在建设上，历经相当多的苦难，但是我们的人间佛教运动，实际上已经开动，真是成功有望了。

其实，不只是福山寺的工程一路多舛，像佛光山万寿园与普门中学早期，台风时期经常发生边坡崩塌，好在有前“陆军第八军团”胡家麒将军，热心地协助我完成修复工程，终于解决了长久之患。胡将军是佛教徒，他特地派了研究大地工程的学者专家，以及工兵营的青年军官们上山，没有花费佛光山的钱，率先运用了非常新颖的“加劲格网”设计，那时候还不曾有人使用过，就这样助我完成了边坡重建，这在当时是很了不起的工程。

想到昔日军方对佛教护持的情谊，我就想到，过去曾经有好多的老兵，想把他们的战士授田证捐给我，还有青年军人希望将他们的抚恤金、保险金，留给我领取。此外，像普门中学的洪中坚教官，每当军方有将领、司令来山参访时，都会陪同接待。佛光山有他们这许多人服务奉献，真是给了我许多的资源及援助，实在感念他们的隆情厚谊。

由于我在军中弘法结下了很多因缘，不少的将领官兵都因此来佛光山参访，甚至军事首长如郝柏村上将、郑为元上将等都曾来过。像是一九七四年，我记得元宵节刚过不久，“联合勤务总司令部”的郑为元上将，陪同“立委”参礼佛光山，同行的还有“国防部”副部长冯启聪上将、主任袁行濂中将，以及“立委”臧之骏、蒋肇周、赵佩、张瑞妍、黄信介等六十余人。

同年的十一月，美军协防司令施奈德中将来访，他随同世界各国驻台人员访问团一行五十余人，来佛光山参观台湾的佛教盛况。

访问团中有菲律宾、越南、韩国、巴拿马、约旦、哥斯达黎加、多米尼加、中非共和国、泰国、乌拉圭、沙特阿拉伯、尼加拉瓜、哥伦比亚等驻台人员，还有“外交部次长”蔡维屏及台北市长张丰绪夫妇等十余位官员陪同，真是一时之间，冠盖云集，都汇聚在佛光山了。我为他们随缘开示，由慈惠、心定及美籍空传法师（普鲁典法师），分别以日、英、西班牙语翻译。

最让我印象深刻的，是在一九七五年的时候，金马前线百余位军官集体朝礼佛光山，并请示佛法，这真是为佛教带来新的局面啊！那时候“国防部”还事先通知佛光山，征求我们的同意。我以不忘初心、不请之友、不念旧恶、不变随缘等佛经的四句话，勉励众人：“为社会效力要不忘初心、要做社会的不请之友、对同袍要不念旧恶、要有不变随缘的性格。”

我记得有一位台湾“警备司令部”的总司令，他来佛光山礼佛，由于我一向对来山参访之人，都秉持着“来者是客”的理念，总是厚待这许多的来访者。因此他也很感谢我的招呼，一再对我说，你一定要到台北来，让我好好感谢你，请你吃饭……甚至还说：“你出访，我可以替你办出境证！”我心里想，我又没有犯法，出境证按照规矩来办理就好了，何必一定要总司令亲自出面呢？不过，他的盛情可见一斑。正因为我们厚待这许多的访客来宾，所以一些不了解佛光山的外人，就认为我是一个“政治和尚”……没有关系，无论什么名称都不要紧。

回想在大陆的时候，蒋介石先生曾以三千银元资助太虚大师环球弘法，也安排他前往军中弘法。在台湾，我则是第一个到三军官校各种兵团及离岛布教说法的和尚。由于我几度在军营巡回演讲，“国防部”有感于佛法确实在军中发挥了净化人心的功能，特地颁奖给我。其实，台湾的佛教更应该感谢现今已担任资政的郝

应邀至军中宣讲佛法，为期一个月（一九八九年十二月十九日）

柏村先生，当初因为有他肯定佛法的教化功能，才让佛教走入军营，佛法的弘传才有了飞跃性的突破，因此才有着军装的军人礼佛、皈依三宝，成就这许多陆、海、空、宪兵等官兵的学佛因缘。

想到这些军人们的皈依，说来也很动人。像有一次，我在金门擎天厅演讲，演讲过后，应他们的请求举行皈依三宝大典，当我看到金门前线的军人们，个个穿着军装，虔诚渴盼地请求皈依，我看了实在感动。也曾经遇过，有一个连的部队，一看到我都跪下来，说："我们要做佛教徒！"想到那些在雨中、在泥浆的路上，跪求皈依佛陀座下的身影，那样至诚恳切求法的神情，真是让人动容啊！

当然，作为一个佛教徒，并不是只有皈依就好了，还要将佛法运用在生活里，不只是信佛，还要学佛，最后进而要行佛，做佛所作，行佛所行。马祖防卫司令官叶競荣上将告诉我，我开示时说了一句"你大我小"，让他受用至今，于是他时常以"你大我小"来期勉军中弟兄，作为人生的惕励格言。军营中也时常播放我的佛学讲座录影带让官兵们观看，还要定期交心得报告，可见他们精进闻法的学佛态度。

学佛到底有没有受用，就看自己不良的心性改变了多少？因为学佛，就是向佛学习，学习佛祖的慈悲与智慧，这样无形中就能渐渐变化气质。有鉴于此，一九八六年，郝柏村上将来山访问，特地邀我前往军中弘法，因此我在五月时，应邀到军中监狱布教，讲说“解脱之道”。后来在一九八七年七月，我再度接受邀请，由自强小组的沈雪峰少将陪同，到新店、岩湾、泰源、绿岛、凤山明德、台南六甲等军中监狱，作了一系列的讲演。

我在旗山八军团看守所，看到这些失去自由的受刑人，我心想，如果他们都跟着我出家，重新做人就好了。我告诉他们，世间的一切要靠自己，想要得到幸福，就要付出努力；凡事不要只想着自己的私利，能处处替人着想，世界就不一样了。我也鼓励他们，将来重获自由的时候，可以到佛光山来找我，我很乐意帮助他们重新开始。

军营里虽然有军纪的约束、军法的惩戒，可是都不及发自内心的自制力。从我到军方监狱“明德班”与“励德班”的教化经验来看，如果能够多借重佛法思想的启示，对受刑人的感化收效更大。我欣慰军方已懂得借助及运用佛法的教化功能，来改善军中的风气及人心。其实，不只是军中需要有佛法，社会也需要有佛教的辅助来教化，佛教同样也需有社会的护持来弘传。

想到军人的服兵役、受军训，都是在人生最精华的黄金岁月，如果在军中能有佛法的信仰，就能在一片肃杀、刚硬的战备之地，注入佛光法水的慈悲柔和；有了佛法的悲智与活力，就能融和钢铁纪律的无情冷冽，让心灵得到抚慰、依靠，也增强自信心，真正担负起军人的重责大任。

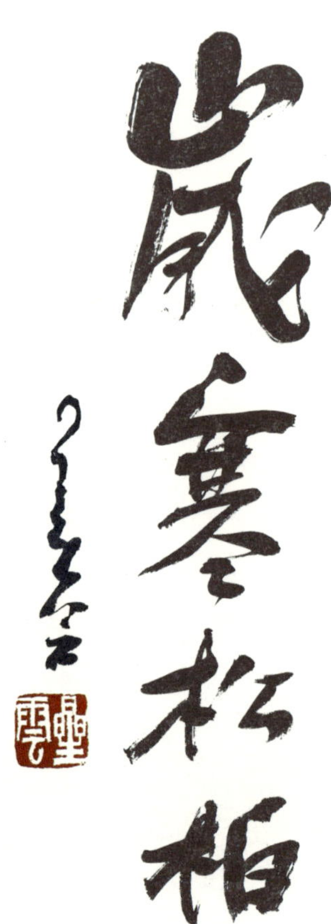
歲寒松柏

我办大学等社会教育

当初佛光大学这块校地，

费了五年的时间整地、水土保持等工程，

地上一砖一瓦都还没有盖，

就已经花去新台币十亿元了。

自知个人没有力量，

不过我想，凭着诚意与愿心，

希望能够效法武训办学的精神，

以托钵的方式筹募功德善款来办学。

于是我发起“百万人兴学运动”，

发动百万人每个月捐助一百元，

只要连续捐三年，

参与的人都是大学的“建校委员”。

我十岁的时候，卢沟桥事变发生，蒋介石宣布抗战到底，我也参加了儿童抗战的行列。记得那时候，社会人士组织一个抗战班，我也参加这个班，还学会了当时抗战的歌，如："只有铁，只有血，只有铁血可以救中国。"还有："起来！起来！我们万众一心，冒着敌人的炮火，前进！前进！前进！"那大概就是我参加社会教育的开始了。

后来出家，十年中没有和社会接触，一直到我快要离开佛教学院前，中国抗战胜利了，还记得，我参加庆祝抗战胜利的游行活动时才十八岁，站在爱国爱民的立场，总觉得国家兴亡，匹夫有责，不能不表现自己的良知，为社会奉献一些力量。我来台湾前，短时间曾担任南京华藏寺的住持，寺里原先就办有一所华藏学校，一间织布工厂，不过这些都是原先就有的，我并没有放在

于一九五六年在宜兰所创办的慈爱幼稚园

心上。但为社会服务、办社会教育的想法一直存在心中。

初到台湾时，社会上受到政治压迫的力量，也就是所谓的“白色恐怖”，谈到活动、谈到青年，就如谈虎色变。但是，我觉得本诸良心，爱护社会与民众，有什么事情不可以做呢？

所以我就从宜兰开始筹组“儿童班”，向政府立案筹办“慈爱幼稚园”，向“教育部”登记“文理补习班”，倡导文艺，组织“文艺写作班”，鼓励青年唱歌、弘法等等。只希望每一个活动，能让受到白色恐怖影响的民心得到开怀、解放。

后来，蒋经国先生不愧是一个先知先觉者，他为了台湾，提出以寓教于乐的方式，成立一个“青年救国团”，在每年的寒暑假，举办许多科学性、文艺性的活动，让青年都来参与这些正当、正常、健康的娱乐活动，所以名为“救国”，实际是救心运动。

在我个人的人生字典里，教育分有好多种类。所谓佛教教育，有僧伽教育、居士教育、儿童教育、慈善教育；在社会教育里，如一

宜兰慈爱幼稚园第四届毕业典礼(一九六一年七月二十一日)

般的学校教育、职业教育、妇女家事教育,以及各种职业训练班等。

在宜兰除办幼稚园教育外,我还举办“幼稚园师资训练班”,训练过好几百名的幼教人才,所以后来全台湾各地幼教师资,都有来自我们幼教师资训练班的老师。当时的慈爱幼稚园,说来可怜,只有两间教室,因此,我另外建了一个临时的办公室。不过在我的幼稚园里,儿童的秋千、滑梯、浪马,举凡儿童玩的玩具,我一概皆有,甚至于我还有一个小型的动物园。因为那个时候,幼稚园的小孩,年纪太小,不大愿意上学校,但是我的小小动物园里,有猴子、兔子、松鼠等好多动物,他们感到有趣,想要跟动物玩耍,就会安于就学了。

我第一任的园主任是张优理小姐(慈惠法师),但开办未及半年,因为慈爱幼稚园跟雷音寺是在宜兰的北门口,林家祖庙是在南门,为了儿童的上学方便,又在林家祖庙里设立分院,请吴素真小姐(慈容法师)担任园主任。不久,苏澳水泥厂也想办幼稚园,再请慈容法师前往担任园长,园主任一职就由张慈莲小姐接任。

其时,高雄佛教堂信徒们也希望设立幼稚园,我一概照办,就请慈容法师协助创办,一时,台湾的幼稚教育就开始蓬勃起来,台中、员林到处都有我们训练的幼教老师,在各地主持幼教工作。

我自己没有读过正规的社会学校，但我很喜欢办学，尤其，在寺院丛林的僧伽教育，养成我非常爱好帮助别人的心胸。又因为我觉得佛教能帮助人的，第一优先的就是“教育”，因此，我就更坚定地办起社会教育来了。

除了办幼儿教育以外，我也办各种的职业补习班。如烹饪补习班、洋裁补习班、花道班、妇女的家事班等等。总之一句，我自己虽浅陋，但是我希望我们的社会要提升，尽量地给大家都有机会受教育，能在社会上出人头地。同时，我也提倡每一个人要有五张执照，例如：驾驶执照、教师执照、护理执照、水电执照、律师执照，因为有执照，才能方便就业；有职业，才有美好的生活。

这个时候，我也慢慢知道，我这个出家人和社会脱离不了干系，这大概就是我心甘情愿走上社会教育的先声了。

当然，办了一些简易的教育机构我并不能满足，所以就集合信徒陈秀平邀约南亭法师、悟一法师共同在台北中和乡办理一所“智光商工职业学校”。现在，陈秀平、悟一法师、南亭法师都已经作古了，智光学校的原创办人只剩下了我一个，我不知道现在智光的董事会，是否还知道我们当初创办智光学校的那种苦心和愿力？

我一面在台北创办智光学校，一面在想，办教育还是要有自己的干部，而这一切，必须要从佛教学院来办起；但我没有地方办学；当时，信徒和我建立一个他们自己要修行的“寿山寺”，在高雄寿山公园内，我也不管他们怎么想，就商之于他们，让我先来办佛教学院吧！一九六五年，“寿山佛学院”就应运而生了。

在开办佛学院初期，也有些信徒不愿意，他们恐怕我没有办法负担财力，都警告我：“师父，你要办佛学院会没有饭吃！”但我不为所动。佛学院开学以后，只有一班学生二十四人；随后又招第二期二十四人;接着招收第三期二十四人,另外,也有不少是没有经过考试前来听课的旁听生。

那个时候,确实是办佛学院没有饭吃,不过,我已经预备好要到殡仪馆念通宵佛事。我是不做经忏佛事的,但是为了佛学院,我去念通宵,会有多一些钱可以补贴教育费用。我就邀一些要来做旁听生的学生,你们也要跟我们一起念通宵,我才准许你们不经过考试而来旁听,大家也都乐意,因此就解决了我的经费问题。

我心想,要办教育,师资最重要,我办寿山佛学院的初期,为什么青年们好像挤窄门一样,纷纷要来读寿山佛学院?因为我有优良的教师。例如:会性法师、煮云法师、圣严法师、慈霭法师,还有,专研佛教的军队六十兵工厂附设医院院长唐一玄居士;担任海军轮机长的方伦居士,对于禅、净、唯识等都有所深入;高雄女中教务主任戴麒老师帮我教授国文,成功大学阎路教授帮我上自然科学。

办这种小型佛教学院因为不需要立案,因此许多寺院大都是办办停停、停停办办的情形,或者以三年为一期,三年课程结束再招收一期;但我发愿要一年一年招生,比照社会一般学校的教学体制,有上下学年、有寒暑假等,将佛教教育长期地办下去。从寿山佛学院改为东方佛教学院,从东方佛教学院改为丛林学院,一路走来,每年大约有百名青年学子入学,至今五十年以上,弦歌不断。

然而,光是有优良的师资还不够,必须还要有发心,以及任劳任怨的行政工作人员。最初,由慈庄法师为我担任教务主任,慈惠法师为我担任训育主任,这五十年来,曾经担任过院长的有慈惠、慈容、依恒、依华、慧开、满谦、慧传、心培、慧宽、永固,一直到现在的永光、慧得,以及发心的老师们等,延续到今日。

“东方佛教学院”为赵恒惕先生所题

这五十年来，除了办寿山佛学院以外，由于各地纷纷建立别分院，也陆续办起分部，例如：在澳大利亚南天寺有南天佛学院，在美国西来寺有西来佛学院，以及香港佛学院、印度佛学院、菲律宾佛学院、马来西亚佛学院、巴西佛学院、南非佛学院等。甚至，在台湾宜兰设立兰阳佛教学院，彰化设立福山佛学院，嘉义设有圆福学园，在台北设有台北女子佛教学院，基隆设立基隆女子佛学院，在台北设立“中国佛教研究院”，还有台北石门的北海道场有男众佛教学院及沙弥学园等。

办佛教学院等于跟师范院校一样，所有的学生吃住都免费，还要帮助他一些零用金，但是所谓“德不孤，必有邻”，信徒看到教育的成果，渐渐也都热心赞助起来。像现在丛林学院设立的奖学金，大概不只两百种以上吧！所以每年这许多奖学金，帮助佛教学院解决许多疑难的问题。不过，我也建立制度，除了吃、住由佛光山

“正气中学”于一九七七年由佛光山接办，更名为“普门中学”

供应以外，如果达到两百人以上，就由常住每个月拨款一百万元，作为学院的行政费用。

在佛光山开山之初，我并不因办了僧伽教育就自我满足，对办社会教育的想法仍然热情不减。除了台北的智光商工以外，教育厅一位朋友要我接办冈山的正气中学。正气中学，原先是蒋经国先生在江西办的学校，一九六三年在台湾高雄县冈山设址复校，后来他们无力续办，商之于我，我把正气中学迁来佛光山，就是现在的“普门中学”。那正是一九七七年“赛洛玛”台风来袭的时候，我从开始招生到学校开学，不到一个礼拜的时间，真如诸葛孔明一般，“办学于风雨之际，接任于危难之间”。

普门中学创校至今三十余年，所幸历任校长，如慈惠、慧开、慧传、王廷二、依淳、陈迺臣、叶明灿、林清波，到现任的校长萧金荣，

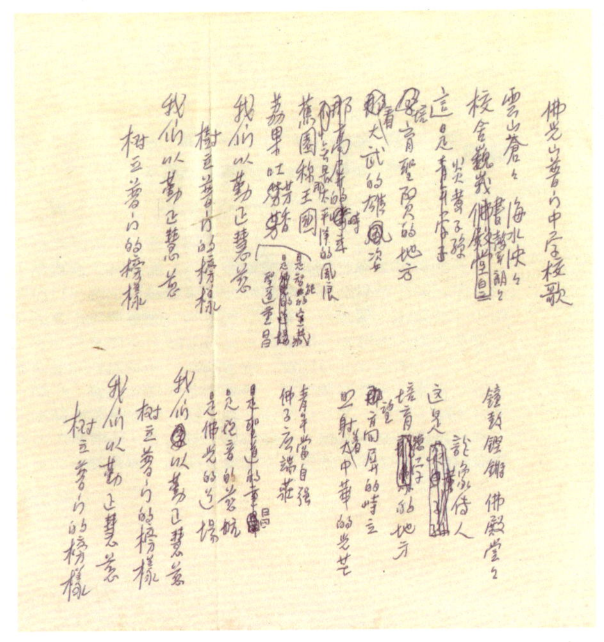
佛光山普门中学校歌

云山苍苍 海水泱泱

我们以勤正慧慈

树立普门的榜样

钟鼓铿锵 佛殿堂堂

照射出中华的光芒

我们以勤正慧慈

树立普门的榜样

为佛光山普门中学所写的校歌手稿（一九七七年）

以及所有的老师们对学校都有很大的贡献，如今已绿树成荫，桃李满天下了。

普门中学办学三十多年来，我们不知道投资多少，从来没有一个董事们拿过一块钱路费，所有的点滴都归于学校，甚至于包括佛光山常住，还要常常地补贴学校的费用不足。建校期间的费用不算，光是后来迁移学校，就花了五亿元买土地和新建校舍。除了普门中学，在埔里的均头中小学、台东的均一中小学，甚至宜兰头城第一所公办民营的人文小学，也都是抱着这样的理念，继续为社会服务。

我对于办教育充满热忱，为了提升信众对佛学的认识，也依人间佛教走出去的理念，我就提出“寺院学校化”作为各道场弘化的

创设"电视佛学院"

方针。哪里建寺庙，我就叫他们办"都市佛学院"，让在家信徒也有机会接触佛法因缘，为了人间佛教的普及，在台湾由北到南，在台北、基隆、台中、嘉义等各地设立了十六所社区大学。甚至后来创办电视台，我也叫他们开设"电视佛学院"节目，希望"让家庭成为学校，客厅就是教室"，以多元化的内容，透过电视媒体，让佛法普及人间，帮助每一位观众开启人生智慧。

二〇〇四年，我们也利用网络媒介开设"天眼网络佛学院"，希望打破传统教育地域上的限制，提供另一族群人士接触佛法的因缘。此外，在报刊上，虽然没有实际的佛学院，但我也鼓励他们要开办"纸上佛学院"，带动其他媒体，希望社会大众都能身做好事、口说好话、心存好念。我知道，要改变社会恶劣的风气与贪欲的人心，必得从教育上来给予净化，至于成果多少我也不计，只求努力以赴。

后来，有鉴于社会形态的改变，许多所谓的单身贵族，有心想到佛学院读书，但是因为超过学院入学的年龄，于是我又在一九九四年设立了“胜鬘书院”。以四个月为一期，以旅行行脚方式参学，让他们可以到世界各地云游，扩大心量，放宽视野，拓展见识，以及重新思考生命意涵，进而能够找到自己人生的价值和方向。

对于社会教育，六十年前，我就一直存有办大学的想法。但是，我的运气并不是很顺利，在台湾开放民间可以办大学的时候，我没有力量；等到一九七〇至一九八〇年间，觉得自己稍微有一点力量可以担负的时候，政府又不准私人兴办大学了。在台湾，我没有办法设立大学，于是我就从美国开始，就这样，我在洛杉矶办起“西来大学”了。

西来大学从一九九四年申请到I－120（学生入学许可）可以招生的认可执照，到现在，总算学校的进步获得认可，成为美国西区大学联盟（WASC）的会员，也可以说是美国第一所由中国人创办且获此殊荣的大学。

另外，我也办了很多中华学校，当中最有规模的有美国西来学校、澳大利亚中天学校等，西来学校拥有十余间教室、数百名学生，在西方国家办中华学校，西来寺算是第一家了。

感谢洛杉矶的信徒们，如陈居夫妇、陈正男夫妇、张庆衍夫妇、万通银行吴履培两兄弟，潘孝锐先生还和我共同成立“西来大学奖学金”，对学校的帮助都很大。历年来，也造就不少硕士生、博士生，尤其对韩国和中南半岛的佛教国家，可以说协助他们培养人才，应该算是最有贡献了。

历任的校长，有：陈迺臣、黄茂树、兰卡斯特，以及现任的吴钦杉等教授，大家都是一时之选，西来大学不但让很多善心的信徒发

佛光山于一九九一年创办的西来大学正式成为美国大学西区联盟（WASC）会员（二〇〇六年二月二十三日）

心，西来寺的大众也经常将法务所得，点滴归公，都捐了给西来大学。这二十年来，已捐了数千万美元了。

最初办西来大学时，建地房屋大约要三千万美元，一时，哪里能筹得？好在佛法真有不可思议的因缘。一九九〇年春初，台北普门寺举行"梁皇法会"，因为参加人数相当多，故分两个梯次进行，每梯次六百人，计一千二百人礼拜，我也应他们所请，到台北给予信众鼓励。

记得当时法会已经开始唱诵了，我独自一个人在他们的办公室，刚好坐在一个练习书法的徒众座位上，就想，我也来写几个字吧！忽然跑进了一位老太太，塞了十万块在我的口袋里，她说："这是给你的，你可不要给佛光山！"

这又不好推拒，我就把顺手写的一张字“信解行证”送给她。哪知道她拿到佛堂里面去跟大家炫耀说：“这是大师写给我的！”大家说：“我们也要！”她说：“这是十万块钱的！”那许多信徒都是经济相当不错的家庭，听了以后，十万块钱哪里能吓倒他们，你有十万块，我们也有，大家纷纷拿出十万块钱，叫我替他们写字，总共写了两天，一千多人，就有将近亿元作为西来大学建校的基金，真是善因妙果！后来我一直追忆这一位老太太叫什么名字，却怎么都想不起她的名字来。

二十四年前，也就是一九八九年，澳大利亚卧龙岗市市长佛兰先生，曾发起将现在南天寺的那块土地捐给佛光山；二〇〇〇年，住持满谦陪着卧龙岗市的市长乔治·哈里森（George Harrison）一行人到佛光山参观，没多久，我就接到消息说，他们已经得到市议会议员三分之二以上通过，要将八十英亩的土地捐给佛光山的南天寺，希望我们能在那里办一所大学和美术馆；土地捐赠仪式就在南天寺进行，由满谦和满信在律师的见证下完成了手续。经过七年的规划，二〇〇七年，由我和驻澳大利亚台北经济文化办事处的代表林松焕、卧龙岗市长代表大卫·法摩尔（David Farmer）等贵宾代表共同主持安基典礼。

南天大学是佛光山继西来大学、南华大学、佛光大学后兴建的第四所大学。我想，过去有很多国家到台湾办了很多大学，如辅仁大学、东海大学、东吴大学等，如今，承蒙澳大利亚政府愿意给我们一个机会建大学，让佛光山有机会得以回馈世界。

然而，在境外办大学，不是我真正所愿，为什么我不能在台湾办一所大学呢？有些信徒知道我的意思，也纷纷表示支持。

例如，日月光集团的张姚宏影老菩萨，曾经拿了五千万的支票给我说：“这是捐给你办大学的。”

澳大利亚南天大学奠基仪式，与驻澳大利亚台北经济文化办事处代表林松焕、臣龙岗市长代表大卫·法摩尔等贵宾安基（二〇〇七年十月六日）

我说："不行，我现在还没有开始办，我不能接受你的捐款！"

她说："你现在不接受，等到你开始办的时候我没有钱了怎么办？"

我回答她说："话虽如此，但是我接受了以后，这个办学校的因缘不是那么简单，你会一直常来问我：'学校呢？'、'大学呢？'我实在负担很沉重。"

因此，我始终不接受她的捐款。后来她说："我替你存到银行里，随你什么时候要就去领。"

此外，高雄县余陈月瑛县长在一九九一年的除夕，她就住到佛光山上来，告诉我说："明天早上过年假，我带你去找办大学的校地。"

佛光大学鸟瞰图

余陈月瑛带我看的那块土地，就是现在高雄师范大学的校址。之前，在我选那一块地的时候，我请了高雄市议会所有的议员出席，跟他们商量。这一块校地，他要我三万块钱一坪；一个学校有三十公顷，光是个土地就要数十亿元，我哪里能办得起大学呢？

后来，礁溪乡乡长陈德治先生打电话给我，他说："大师，听说你要办大学，我礁溪这里有校地，你也在宜兰有缘分，可以到宜兰来办吧！"

他热情殷殷，多次要我前去探勘校地。实在说，也看不出这块校地的地貌，因为整片都是土山丘陵，高低不平，但是我也不管它，既然人家肯得提供了，我就说："我们就决定在这里设校了！"

这块校地共五十公顷，只要三亿元就可以承购。但是必须到政府申请，准许我们设校后，我才能付款。宜兰县政府里有一位国民党的财务科长，坚持说："现在价钱不能决定三亿，等你申请到了以后，再看那时候市价如何，才能定夺。”

“假如学校申请准许了，从三亿涨到三十亿，我怎么办呢?”我跟他争论。

后来感谢当时宜兰县游锡堃县长承担责任，他说：“假如不如法让我来不如法，你给他批准！”

当初宜兰佛光大学的这一块校地，请黑石土木公司开发，费了五年的时间整地、水土保持等工程，地上一砖一瓦都还没有盖，就已经花去新台币十亿元了。

自知个人没有力量，不过我想，凭着诚意与愿心，希望能够效法武训办学的精神，以托钵的方式筹募功德善款办学。于是在一九九六年初，我发起“百万人兴学运动”，发动百万人每月捐助一百元，只要连续捐三年，参与的人都是大学的“建校委员”。但是，由于校地环保工程一直迟迟不能落实，建校旷日废时，信徒不断地问我：“师父，大学办得怎么样了?”一直感到难以应对。

刚巧有一位黄天中先生，他在嘉义大林镇要设立一所大学，执照都有了，就是没有资金建校，他商之于我，希望我来接办。当时，整片校区唯一的建筑物，才刚刚拆下模板。由于宜兰的校地整建困难，我一心急于想对信徒有个交代，就想：“好吧，就先从南华开始设校吧！”

从建校到开学，只有八个月的时间，连“教育部”都怀疑：“你能开学吗?”我说：“我能。”所幸，中兴工程公司和钰通建筑公司为我们辛劳，南华大学终于在一九九六年八月如期开学，并且由龚鹏程先生担任首任校长。

为了回馈社会、帮助学生，我提出前四年免收学杂费，成为当时台湾第一所不收学杂费的私立大学。在启教典礼的同时，我们也举行万人园游会，吸引了数万人潮前来观礼。因为我知道，这是

与所创办的四所大学校长、ANHN 第十届亚洲新人文联网与会学者于佛光山传灯楼素斋谈禅。左起为南天大学人文学院院长约翰·洛克斯顿（John Loxton）、南华大学校长林聪明、慈惠法师。右起为香港中文大学人文学科研究所所长熊秉真女士、西来大学校长吴钦杉、佛光大学校长杨朝祥（慧延法师摄，二〇一二年十一月三日）

一所初办的大学，还没有力量和其他的学校竞争，又地处偏僻地方，如果没有一点特殊的优惠，是无法吸引青年学子来入学的。

又再三年，花了十年时间的佛光大学开发案，终于获得批准，我们先建一栋教学大楼预备招生工作，在二〇〇〇年，“佛光人文社会学院”获准成立，三年后因为优异的办学成绩，经“教育部”通过改制为“佛光大学”。

关于“百万人兴学运动”这一件事情，大家现在走进佛光大学校园，沿着右边上山的路上有一道碑墙，上面刻着百万位信施的名

出席南华大学建校十五周年校庆开幕。沈尤成(左一)、陈顺章(左二)、刘招明(左三)、陈淼胜(左四)、心培和尚(右四)、慈惠法师(右三)、游次郎(右二)等(二〇一一年三月十六日)

字以表纪念,希望所有前来就读大学的莘莘学子,都能用一颗感恩惜福的心学习。

我倡导百万人兴学,我也有口号说:“把智慧留给自己,把大学留给人间,把功德留给子孙,把欢喜留给大众。”后来三年期满,实际的建校工程并未完成,不过可爱的信徒,发心的人士都继续每个月百元支持,现在学校已经举办过十周年纪念了,还是有人持续赞助。

确实,办一所大学是不容易的,每年大学董事会都要贴补建校和经常费三亿元左右,佛光山也是给这许多学校的开支费用追得

宜兰佛光大学百万人兴学功德碑墙。高六米，绵延近一公里，于二〇

（接背面）

焦头烂额，所幸每次都能顺利过关。

现在佛光大学由杨朝祥担任校长，他原先担任“教育部部长”，二〇〇八年出任“考试院”的“考选部部长”，后来受我的邀约，他辞职转任佛光大学校长。对于校务的推动多所着力，校誉日进，受到全校师生的爱戴与肯定。

现在，佛光大学被誉为是世界上最美丽的学校。尤其，白天上课，经常云雾缭绕，坐在教室里，师生好像腾云驾雾一般。能在云里雾里上课，也别有一番诗意。

到了晚上，天朗气清时，山下兰阳平原的百万灯火，像极了一颗颗的珍珠，仿佛一伸手就可以捞起来，真是蔚为奇观。有人说，佛光大学是五星级的大饭店，但我倒不想做五星级大饭店，五星级的学校、五星级的大学，才是我的所愿啊。

南华大学已经开办十几年了，感谢“教育部”政务次长林聪明先生，在二〇一三元月二十一日前来就任校长，我相信，未来林校长必定会有一番作为。

数十年来，总计我创办的社会教育，有西来大学、南天大学、南华大学、佛光大学，以及各级的学校，高中、国中、小学、幼稚教育等。《楞严经》有云：“将此深心奉尘刹，是则名为报佛恩。”我将我的身心奉献给教育、文化、慈善事业，也算是我报答佛恩于万一了！

我与天主教的神职人员

记得有一年除夕，
单枢机主教上佛光山来，
我邀请他一起在法堂围炉，食用面点。
我对他说：
“明天初一，我到高雄向您拜年。”
他立刻说：
“不可！不可！
我只有一个人在，没有人倒茶给你喝！”
我说：“怎么会只有您一个人啊？”
他说：“过年，大家都回去了。”
我就想到，我们彼此都是宗教人士，
平时信徒群众很多，
但是到了过年，就成为孤独老人了。

六十几年前，我初到台湾，这里的宗教大都以神道教为主，即使是佛教，也是斋教或日本佛教。当时各宗教的领袖，有以章嘉大师为首的“中国佛教会”，有以于斌主教为首的天主教会，有以白崇禧先生为首的伊斯兰教协会，他们都是“国大代表”或“总统府”资政，经常在蒋介石身边出入，都可以算是政治上的显赫人物。

遗憾的是，在这些宗教教会里面，除了几位理监事以外，并没有会员，各宗教之间也没有彼此往来。当时我就想，如果宗教之间可以联谊合作，不要互相排斥，就如太虚大师过去曾发起组织“中国宗教徒联谊会”的理想，必能为社会尽一份心力。

我个人对于宗教之间的交流，一直很有心想要促成。早在一九五二年，“中国佛教会”在台湾复会，我被推选为“中国佛教会”常务理事。那时我才二十六岁，自觉上

《联合报》邀请我及罗光总主教举行“跨越宇宙的心灵”座谈(一九八九年三月十日)

无片瓦,下无立锥之地,居无定所,哪里能承担常务理事的责任?实在愧对佛教。尽管如此,我与各宗教人士却时有往来,尤其和天主教的主教们保持友好。

于斌枢机主教过世(一九七八年)之后,领导天主教的责任就落到罗光主教的身上。当时他是台北总教区总主教,也是辅仁大学的校长,而我与他相识,则是在佛光山刚开山不久的时候。

有一天,他独自到山上参观,我在放生池边看到了,便主动上前招呼。当时佛光山还没有一个较好的客厅可以接待,我们就坐在放生池旁的“香光亭”,畅谈天主教与佛教的关系。这次会谈之后,他邀请我到辅仁大学讲演,并带我参观辅大的校史馆。后来佛光山要建设“如来殿”,我也效法他们在二楼成立了“佛光山宗史馆”。

罗光总主教于民国前一年（一九一一年）一月一日出生在湖南衡阳的天主教家庭。他是罗马传信大学（Pontifical Urbaniana University）的哲学及神学博士，曾在传信大学教授中国哲学多年，此后又担任台湾驻教廷的宗教顾问。一九六一年就任台湾台南教区首任主教，成立碧岳神哲学院。五年后，他升任台北总教区总主教，成立台北主教公署、耕莘护校及三峡天主教公墓等。

记得在一九八九年，《联合报》曾邀请我们在台北耕莘文教院举办一场“跨越宇宙的心灵”座谈。当天我到达现场时，罗光主教也到了，我问他：“等一下我们的对谈要怎样进行呢？”他回答我：“各说各话。”这一句话使我茅塞顿开。他讲他的天主教，我讲我的佛教，不必计较，无须辩论，就能皆大欢喜。他不愧是长者，对这样一个局面能有这么好的处理方式。经过了这次对谈之后，我和他始终维持着友好的宗教情谊。

另有一次，天主教主教公署召开一场宗教徒领导人会议，共有十大宗教的代表参加。这些宗教代表平时很难得共聚一堂，为了表示友好，会中就有人提议“三教同源，五教一家”，获得现场不少人士的共鸣。当时罗光主教是主席，我担任主讲，我在一旁轻声问他：“假如把这五个宗教的教主供在一起，你拜得下去吗？”他说：“我拜不下去。”

这让我想到一个宗教的成立，要有三个条件：教主、教义、教徒。教主，好比是爸爸，每个宗教都有各自的爸爸，你的爸爸不会是我的爸爸；教义，等于大学里的科系类别，可随个人的喜好自由选择；教徒，即每个宗教都有信仰他的教徒。教主不必同，教义也不必一样，但教徒可以彼此做朋友，互相往来、联谊，共同为社会服务奉献。所以宗教家的往来，是很正常的事情。

基本上，我很赞成宗教之间要和谐、尊重，彼此要包容、交流；宗

看似神父，实为佛教徒的教友，来自 Light of the Christ Monastery，到美国佛光山西来寺拜访（二○○○年七月十六日）

教之间，应该寻求“同中存异，异中求同”。“同”者，宗教都是劝人为善，目标一致；但是在“同”的当中，也有“不同”，即各个宗教各有教义，彼此说法也各有不同，因此不可一味地说它们都是一样。

还有一次，罗光总主教和我以主席团成员的身份，共同出席省政府主办的宗教会议。会中，罗光总主教当着大家的面说：“为了配合时代趋势与需要，希望大家多学习佛光山的人间佛教。”由此可见，罗光总主教胸量之广大。

罗光总主教对佛教的研究，在所有天主教人士当中，可以说无人能出其右，因此在佛光山台北道场落成（一九九四年）时，我们举办了一场为期四十九天的“生命的活水”系列讲座，特别邀请他来主讲“佛教与我”。他说，研究佛学令他受益良多，甚至鼓励天主教徒也可以参禅打坐。

在罗光总主教八十六岁那一年，因病住院于台北荣民总医院，我专程到病房去探望他。当时他戴着氧气罩，不方便说话，就写了一段话给我：

> 深谢道驾，我患气喘病已在院四个月，现在渐渐好转，您现在法身健康如何？法师扬佛六大洲，到大陆真辛苦，在台湾大家所景仰，我只是写了几册书。
>
> 罗光　一九九六年五月三十日

罗光总主教的一生，从十八岁开始写作，对佛教、儒家、神学等宗教哲学思想多有研究，著述丰富，他曾送我《简说佛教哲学》、《中国哲学思想史》等个人著作。此外，在很多政治场合里，我也常看到他代表天主教出席，可以说，他对学术、宗教与政治，有着很大的影响与贡献。即使到了晚年卧病在床，仍可让人深深感受到，他就是这么一个谦虚，又处处为人着想的长者。

在那个时候，除了罗光总主教，我和天主教光启社的丁松筠神父，也时有往来。丁神父是美籍人士，大约在四十年前就来台湾服务。最早他在辅仁大学教授“人生哲学”，也经常在电视上主持节目、拍纪录片。

过去我们在台北道场举办“生命的活水——佛教与我”讲座时，曾邀请他来主讲，他觉得天主教和佛教是有缘的。有一次我们对谈，他跟我说：“如果你生在西方，你可能会是一个神父；如果我长在东方，我也可能会是一个和尚。”不禁感到人生的因缘真奇妙，因为出生地不同，也能各自成就不同的宗教身份，然而我们的心都是一样的。

佛光山台北道场举行"生命的活水——佛教与我"四十九场讲座，邀请各界名家讲说。天主教丁松筠神父也在讲师之列（一九九四年二月十日）

还有一位出身于阿尔及利亚教区的安霖泽（Francis Arinze）枢机主教，也和我建立了友好的宗教情谊。

一九九三年，安霖泽枢机主教以梵蒂冈宗教协谈委员会主席的身份，和天主教高雄教区的单国玺主教、教廷驻台"临时代办"尤雅士等人，在马天赐神父的引荐下到佛光山拜访。为了尽地主之谊，我们在麻竹园法轮堂举办了一场欢迎会。

会中，安霖泽枢机主教提到，他们对佛光山以国际化、现代化推动人间佛教，带动世界宗教潮流，印象特别深刻。我也善意地回应他，在所有宗教当中，佛教与天主教有很多相似之处，两者的宗教包容性都很大；为了全心奉献社会，都抱持独身主义；双方宗教仪式及灵修生活方面，也都很类似。

谈话中，我感受到他所散发出的宗教神采，尤其一身黝黑发亮的皮肤，不禁让我想起民间供奉的妈祖、王爷。我幽默的说："台湾信仰王爷的风气很兴盛，如果您去各地的神庙，说不定人们会将您

安霖泽枢机主教(右七)与单国玺枢机主教(左四)到佛光山进行宗教交流,于大雄宝殿合影(一九九三年)

视为王爷呢。”他听了之后,立刻爽朗地笑了起来。

安霖泽枢机主教后来参观陈列馆,问了很多问题,如:“为什么菩萨的耳垂特别长?”我说:“因为菩萨可以听得见任何声音。”他看到观音圣像,很兴奋地问菩萨的名称,我告诉他:“观音菩萨好比圣母玛利亚,她的慈悲和智慧受到广大人民的赞美和景仰。”看到千手千眼观音菩萨,更是好奇地问:“为什么中国的佛像有那么多只手?”我说:“手多,什么事都可以做。”当他看到“华藏世界”里,层层叠叠的影像和重重无尽的灯光时,不禁发出惊叹的声音:“简直太神奇了!”我当初设计“华藏世界”,是以《华严经》的“须弥纳芥子,芥子藏须弥”的理念建构而成,没想到让所有来参观的人都留下深刻印象。

临行前，安霖泽枢机主教还邀请我到梵蒂冈访问，我除了表示感谢，也请他代我们向教皇致意，并邀请教皇来台湾访问。两年后（一九九五年），天主教和佛教，在台湾有了第一次的正式对谈。

当时，天主教梵蒂冈教廷所属的“宗座宗教交谈委员会”，决定要在台湾召开“第一届天主教与佛教国际交谈会议”，台湾驻教廷官员戴瑞明先生受托前来拜访，询问这场会议在佛光山举办的可能性。我们不但免费提供场地、食宿，以及一切合乎国际水准的会议设备，并布置了一个临时礼堂，作为天主教人士每日祈祷及举行弥撒之用。

四天会议的主题，主要是探讨“佛教与耶稣宗教的异同”。与会的各宗教代表有安霖泽枢机主教、佛光山住持心定和尚，以及来自日本、斯里兰卡、泰国、美国、意大利及台湾等国家地区二十余位佛教与天主教的知名学者、宗教徒。

开幕当天，有“内政部”黄昆辉部长、高雄市长吴敦义先生等三千多位观察员出席；发表论题涵盖“人类处境与寻求解脱”、“终极实相与涅槃经验”、“佛陀与耶稣”、“个人灵修与社会参与”等层面，促使两大宗教之间，有更多的交流与了解。会议后，并由天主教教廷发表此次会议的宣言。

有了这次的合作因缘，两年后（一九九七年），我在安霖泽枢机主教、台湾主教团总主教单国玺，以及戴瑞明先生的陪同下，率领徒众慈庄、慈惠、慈容、慧开等人到意大利罗马教廷，与天主教教皇约翰·保罗二世见面，教皇还邀请我在他的私人书房里谈话。

会谈中，我提出佛教与天主教之间，应可再加强宗教交流，乃

在梵蒂冈与约翰·保罗二世对话。左二为单国玺枢机主教，右一为安霖泽枢机主教(一九九七年二月二十八日)

至扩及于教育资源及宗教图书、学术交流等建议，都得到教皇的认同与支持。后来媒体称我们这次的会面，是“跨世纪前瞻性与建设性的宗教对话”，因为它具有东西方两大教团，共同为世界宗教融和及世界和平跨出第一步的历史意义。

此外，他们还邀请我们到意大利的和平之城，阿西西市“圣方济各修院”参观。我们到了以后，受到修会会长及神父们的热情接待，并亲自下厨招待我们。在那段期间，我们也和“普世博爱运动组织”及当地的伊斯兰教领袖对话，加强了这次宗教交流的意义。

由于这些美好的互动因缘，促使我在二〇〇六年到欧洲弘法

在梵蒂冈圣彼得大教堂，与教皇本笃十六世晤谈（二〇〇六年六月二十一日）

时，再次率团到罗马梵蒂冈访问。当时我们一行人在驻教廷官员杜筑生的陪同下，到梵蒂冈圣彼得大教堂与教皇本笃十六世会面，彼此交换意见，并赠以佛光山宗务委员会为我制作的弘法五十年影像专辑《云水三千》。

而在所有天主教人士当中，与我因缘最深的就属单国玺枢机主教了。

单枢机主教大我四岁（一九二三年生，河南濮阳人），与我有四五十年的交谊，精神修养比我高，总是对我非常礼让。我创建佛陀纪念馆时，他出席安基典礼，并多次前来参观，关心工程进度。后来单枢机主教在为天主教的"真福山社福园区修道院"主持奠基大典时，我分五年赞助建设经费五百万元，其中蕴涵着佛光山与天主教之间，情谊不断的深刻意义。而在佛光山举行第七任住持晋山升座典礼时，单国玺枢机主教也亲临祝贺。他在典礼中表示，与我结缘多年，虽然彼此信仰的教义与制度不同，但宗教关怀人类的精神是相通的。

我们曾一起出席“挥别SARS，平安台湾”祈福感恩晚会，以及反赌博合法化联盟等宗教活动。而在二〇〇四年，“中华文化复兴运动总会”成立宗教委员会，邀请我担任主任委员，单枢机主教是副主任委员，我们一起出席会议，沟通各宗教之间的关系，并且每年联合天主教、佛教、天理教、轩辕教、道教、伊斯兰教、一贯道、天帝教、中华理教、天德教等十二个宗教团体，共同举办宗教音乐祈福法会；会中并由各宗教界代表一起宣读祈愿文，共同为大众社会祈福。

除此之外，我与单国玺枢机主教还有过多次的宗教对谈。

在二〇〇六年五月，辅仁大学邀请我到该校，和单枢机主教对谈“当天主教碰上佛教”；同年十二月，辅仁大学在台北“国父纪念馆”颁给我名誉法学博士学位，随后我们又再次对谈“慈悲与爱——当基督遇见佛陀”。单枢机主教在致词中提到，这是为佛教与天主教的友好情谊，以及我们数十年的金兰之交谱上见证。而辅仁大学的黎建球校长也表示，佛教和天主教的结合，会使社会更加美好，更为祥和。

在对谈中，我们有很多理念是相同的。如单枢机主教提到，他生长在中日战争时代，看到天主教堂和外国神父不畏强权，庇护着民众的身心安全，当时他就发愿要做一个救苦救难的神父。而我也是“这一生做和尚还不够，来生还要再做和尚，为社会人类奉献”。

隔年，单国玺枢机主教经检查发现罹患肺腺癌，为此，他在全台湾的七大教区巡回主讲“生命告别之旅——人生思维讲座”。

为单国玺枢机主教介绍佛陀纪念馆(二〇一〇年二月十三日)

后来天下文化公司为他出版《生命告别之旅》专书,他还特别邀我出席新书发布会。会中,我们畅谈生命的意义与大爱,记得当天我还谈了这么一段话,我说:单枢机主教是河南濮阳人,黄河之水孕育他成为天主教的一代主教;而我受江苏扬子江(即长江)的滋润,成长为一个和尚。希望来生,他再做主教,我再做和尚,我们一起为众生服务。

接着在二〇一〇年,静宜大学举办"关怀人间,超越生死"活动,我们再次联袂出席,就生态环保、爱护地球、废除死刑、经济衰退等议题进行对话。基于肯定单国玺枢机主教关怀社会人文,推动生命教育的贡献,佛光大学在同年,也特别颁授荣誉文学博士学位予单枢机主教。

他在致词时,除了再次肯定透过宗教之间的对谈、彼此合作,能促进宗教之间的交流,同时也希望由佛教创办的佛光大学

和天主教创办的辅仁大学，未来不论是在学术研究、教育方面等，都能加强交流，彼此有密切的互动。我对于他的理念，也深有同感。

而在二〇一一年，为了庆贺辛亥革命百年，并祈求世界和平，特别在八月二十三日，由"文建会"主办，国际佛光会协办，于佛陀纪念馆举办了一场"爱与和平宗教祈福大会"。

当天由马英九先生、单枢机主教和我，我们共同点亮地球仪，为这次的大会揭开序幕。与会者还有国际反地雷组织青年大使宋可邵代表、伦敦西敏市署理市长马歇尔（Harvey Marshall），以及道教会、伊斯兰教协会、天主教会、"中国佛教会"、法鼓山、一贯道、

“爱与和平宗教祈福大会”，与马英九先生、单国玺枢机主教共同启动点亮地球仪（二〇一一年八月二十三日）

基督教、中华佛教居士会、轩辕教、耶稣基督后期圣教徒教会、天帝教、天理教、天德教、比丘尼协进会、马来西亚锡克教会等各大宗教领袖及代表共三万余人出席。

在这个祈福会上，我邀请单枢机主教担任大会主席，但他一再谦让推辞，最后才勉强答应，以主席团的身份带领大众念诵《爱与和平祈愿文》。他亲和谆谆的深切祈愿，温暖了在场每一个人的心。这次的宗教祈福活动，在台湾各宗教界的融和团结下顺利圆满，同时也为未来世界和平与宗教和谐的道路立下新的里程碑。

两日后，八月二十五日，我和单枢机主教在连江县政府举办的

单国玺枢机主教晋铎五十周年暨晋牧二十五周年感恩圣祭，于高雄市天主教玫瑰堂举行（二〇〇五年五月二十八日）

“马祖国际和平论坛——公益与和平”专题演讲中再度见面。论坛中，与单枢机主教、台湾红十字会总会长陈长文先生，三人同列主讲人。单枢机主教表示，公益事业是奠定和平基础的主要动力；我也主张“公益要有人，和平则要无我，透过实践三好，可以达到和平。”承蒙单枢机主教也说：“三好运动的力量，远比炮弹更具威力！”

单国玺枢机主教不但是一位慈悲的宗教家，也是一位君子。他宅心仁厚，处事平和，一向为我所敬重。记得有一年除夕，单枢机主教上佛光山来，我邀请他一起在法堂围炉，用点面食。我对他说：“明天初一，我到高雄向您拜年。”他立刻说：“不可！不

"爱与和平宗教祈福大会"于佛陀纪念馆举行，由十二位宗教
司主持，三万多人参加。（慧延法師摄，二〇一一年八月二十三日）

可！我只有一个人在，没有人倒茶给你喝！”我说：“怎么会只有您一个人啊！”他说：“过年，大家都回去了。”我就想到，我们彼此都是宗教人士，平时信徒群众很多，但是到了过年，就成为孤独老人了。

说到我们之间的情谊，虽然彼此的信仰大不相同，但却能互相尊重。我曾告诉他：“这个世间需要很多不同的宗教，就像读书选科系一样，选择自己想要的就好。真福山是佛光之友，我们要让更多人知道人和人之间要和谐，要相互尊重包容。”如果有人问起，佛陀和天主是怎么相处的？看我和单枢机主教的互动，就能略知一二了。

以上是我这几十年来，和几位因缘比较深的天主教人士的往来记要。如果要一一细数，当然不只这些。

由于佛光山在全世界都有寺院道场，当我云水弘法五大洲时，常有机会和当地的天主教人士交流会谈。在二〇〇一年，我到加拿大多伦多大学，与天主教瑞恩神父（Bill Ryan）及基督教的第芳婷教授（Wanda Deifelt）等人，就“宗教如何面对全球化”的议题，共同主持一场宗教对话。

两年后，我到南美洲弘法，也在巴西圣保罗的SE大教堂，与天主教福曼斯（Claudio Hummes）枢机主教，就“宗教对本世纪应该提供什么样的贡献”进行宗教交流。同年十月，我到智利圣地亚哥市访问，承蒙智利天主教圣多玛斯大学颁赠博爱荣誉博士学位给我，我也为该大学植树纪念。校方还邀请全校师生共同签署“祈求世界和平证盟书”，以表达双方对促进世界和平的愿望。当时有智利政府部会首长、教廷暨各国大使、智利大学天主教大学校长、华侨信徒与学生代表等四百余人参与。

除了宗教之间的对谈交流，佛光山在伦敦的佛光寺，原本也是

平安幸福音乐祈福大会，与各宗教人士共同祈福（二〇〇八年）

一所天主教神学院，创办人拉姆西（Arthur Micheal Ramsey）大主教在大门口所立的碑铭至今依旧保持原状。一九九二年，伦敦佛光寺举行开光典礼时，邻居教堂的赫特（David Hutt）神父特地前来道贺。后来我到英国伦敦弘法，都会邀请该修道会的上级主教参加我们的聚会，彼此的互动融和友好。四年后，我们在那里举行一场以“宗教与社会融和”为主题的宗教和平对话，当地各教派都派代表来共襄盛举，场面相当热络。对此，我也感到十分欣慰，这意味着佛光山在各地弘法的徒众，都能秉持我们的宗风行事，融入当地社会。

其实，世间上的神明，都是人们自己创造出来的。比如，你找公安，公安不给你帮忙，你就想出一个土地公。你找县太爷，县太爷说你不对，你就想出一个城隍爷来求公评。要发财，找财神爷；要读书，找不到教育部长、大学校长，就找文昌帝君；要结婚，找月下老人；要生孩子，找注生娘娘等，可见得人人心中都有神明，心中需要什么就创造出什么神明。所以说，不管是天主教

于传灯楼与天主教修女合照，巧合的是，修女俩是姐妹，慈容法师、依来法师亦是姐妹（慈容法师提供，二〇一二年四月二十六日）

或其他宗教，我有一个看法：每个人都有自己的宗教，自己的信仰。信仰佛陀，就是佛教徒；信仰天主，就是天主教徒，而那个教主就是自己。

我出家七十多年了，这可说是我一生的宗教观。

我与神明

世界上的宗教，虽然各有信仰的对象，
但无论是耶稣、穆罕默德、
孔子或是地方神祇，
都是源自于人的心，
只要信者心中认定的就是最好。
我们不必以心中认定的“本尊”，
去排斥别人的信仰，
宗教之间相互融和，和平共存，
才能不失其追求真善美的本质。
佛陀说“大地众生皆有佛性”，
大地众生都是佛，
因此我倡议，
天、地、人不应互相排斥，
而要彼此融和。

在佛教里，过去经常遭受批评的就是“神佛不分”。诚然，把神明当作一个信仰的终极目标并不究竟，佛陀才是众生的导师；但是把神明当作朋友尊敬，则应该不为过，就好像佛教所谓“人人是佛”，人佛不分并不是什么不好的事情；那么，人有佛性，神当然也有佛性了。

其实，佛教是一个包容性很大的宗教，本意并不排斥神明，只要有历史可考，对民间有益，发心护持正法的护法神，都会给予接纳。像佛经里便记载有许多护持佛法的善神，例如：韦驮天将、护法伽蓝、帝释天等；其中，帝释天就是民间所称的玉皇大帝、天公。另外还有四大金刚、天龙八部等，都是一般人较为熟悉的护法正神。甚至在民间，也有许多神明依附在佛教里，而与佛教有了因缘。

但现在不知怎么的，有些佛教徒只承

佛光山佛陀纪念馆周年庆，三百多尊神明到佛馆拜佛（二〇一二年十二月二十三日）

认佛教里的神明，尽管自己拜韦驮也拜伽蓝，却不承认民间的神明，心眼也就未免太小。因此，我觉得有必要为神明与佛教的关系，做一个客观的说明。

事实上，娑婆世界本来就是一个五趣杂居地，天、人、地狱、畜生、饿鬼等众生和平共处。当中，"天"就是一般人所说的"天堂"，有三界二十八天之分，也就是欲界六天、色界十八天、无色界四天；而各天界都有很多的天神、天将镇守其中。

佛经里也提到，过去佛陀于各处的讲经盛会，例如：演说《华严经》、《法华经》时，都有很多诸天神将护卫；乃至弥勒佛讲经，诸天神明、四大金刚也都参与其中。

图中为药师琉璃光如来，两边站立的是日光菩萨、月光菩萨，以及十二药叉大将

甚至还有许多修行人因为饶富慈悲或持戒严谨，功行深厚，所到之处，都有天神护持。例如佛陀十大弟子中，解空第一的须菩提，在岩洞中禅坐修行，感得护法诸天散花供养；多闻第一的阿难，于林中习定，夜见鬼神为他说法；唐朝的道宣律师，夜行崎岖山路，天神及时给予搀扶，而免于跌跤之苦等等。

尤其佛弟子每讽诵《金刚般若波罗蜜经》，都要奉请四菩萨、八金刚；诵持《药师琉璃光如来本愿经》时，也会奉请十二药叉大将。所谓八金刚、十二药叉大将即是神明。

所以，佛教里所谓“七众弟子”，比丘、比丘尼、沙弥、沙弥尼、式叉摩那、优婆塞、优婆夷之外，假如把神明再算进来，就能有八众弟子。甚至在动物当中，猪、马、牛、羊、飞禽走兽等，也有一些具有善根者，如：猫狗素食、鸟禽念佛、狗子拜佛等等，都很有佛性；尤其在《往生传》里，还记载许多动物往生的事迹。如此一算，佛门九众弟子、十众弟子,乃至无量无数的弟子,也不算多了。

台湾的观世音——妈祖

说到神明产生的原因,有多种意义。最初,在民智未开的时代,人类对于大自然的变化感到迷惑,以为一切现象皆有神明主宰。例如,刮风下雨,就有风神、雨神;打雷闪电,就有雷神、电神,甚至于树长得高壮一些、年代久远一点的,就成了树神;石头大一点的,就成了石头神,故而有所谓"敬畏自然"的信仰。

民智渐开以后,许多历史上的英雄人物,因为功勋巍巍,受人尊崇,进而被奉为神明。例如:妈祖林默娘渡海解救渔民,被奉为海上的守护神;民间信奉的清水祖师,名普足,原本是佛教的僧人,因为干旱中求雨应验,而被老百姓视为神通广大、法力无边的神明;乃至皈依智者大师、赤胆忠义的虎将关云长,皈依黄龙禅师、八仙之一的吕洞宾,精忠爱国的岳武穆,以及儒家的孔子、道家的老子等等,也都成为百姓心目中伟大的神明。

那么,当社会结构从农业社会转型为工商业社会后,各行各业也将他们行业里最有成就、最崇高伟大的人物神格化,作为自己的榜样。例如:医界崇奉华佗,造纸业敬奉蔡伦,书画界尊崇吴道子,饭馆奉祀灶王爷,商人供奉关公,茶行敬祀陆羽等。

另外,有一种是由于人的无依无助,而在心中规划出能满足自己欲求的神明。例如:把土地公当作派出所的警员,把城隍爷当作公正严明的法官、检察官，把月下老人当作婚姻介绍所主任，把注生娘娘当作助产士；把财神爷当作财政部长等等。

在中国，所谓“有德者为神，无德者为鬼”，神鬼虽然无形，但中国人一向是宁可信其有，也不愿意否定它的存在。而不同于神明的，佛教的教主佛陀是人，不是神。人有凡人、圣人、佛之分，佛陀已经是一位超越轮回、超越凡圣，三觉圆、万德具，至高无上的圣者，而神明道力固有增上，但尚未解脱烦恼，还在六道轮回当中。所以，假如宗教界百家齐鸣的神明们要推选一位领导人，我想应该首推佛陀，不作其他人想了。

我这一生与佛陀结缘得早，成为佛子之后，经过了七十多年研修的岁月，自觉对佛陀有深刻的认识，因此我誓愿尽形寿要为佛陀、为信仰奉献。但是佛教徒虽不皈依诸天，也不应排斥神明，对于诸天护持佛法、护佑众生的义举，反而应该心存回馈，给予尊重礼敬，何况拜拜和皈依不同，拜神明是对朋友的尊重，皈依佛陀则是终生的信仰，何必容不下诸天神明呢？

事实上，佛陀的一生，与民间宗教、诸天神明都有很深厚的因缘。打从佛陀诞生之初，百岁高龄的阿私陀仙人便为太子占相，预言他将来若不是统理世间的转轮圣王，就是救世觉人的佛陀。老仙人还因为自己年事已高，不得值遇盛事而痛哭流涕，伤心不已。

及至佛陀在菩提树下证悟成道以后，起初觉得佛法道理甚深，不是一般众生所能了解，而动念要进入涅槃，所幸有梵王帝释等诸天神明、天龙八部的劝请，佛陀才答应住世宣说佛法。

而佛陀的弟子当中，也有很多过去是民间宗教的领袖，例如：大迦叶信奉婆罗门教；舍利弗、目犍连是怀疑论者，带领二百五十位弟子皈投佛陀座下；优楼频螺迦叶、那提迦叶、伽耶迦叶三兄弟

诸天神祇齐聚佛陀纪念馆的本馆大厅(庄美昭摄,二〇一二年十二月二十三日)

信奉拜火教,日后也率领一千个弟子皈依佛陀。

可以说,当初如果佛陀没有这许多拜神的弟子协助弘法,佛教在印度的发展也不会那么快速。在我估计,释迦牟尼佛的弟子当中,至少有百分之八十以上是从婆罗门教或者其他宗教转而皈依佛陀的。甚至在佛陀即将入灭时,赶来皈投的一百二十岁长者须跋陀罗,也是民间宗教的信仰者。尤其在众多的佛弟子当中,还有许多是以往伤害过佛陀的,最后都给佛陀的道行感化,从冤家变成亲家了。

在我一生当中,除了与诸佛菩萨接心,和圣人贤者交流,因为从小生长在民间信仰浓厚的家庭里,也与神祇灵界有一些因缘。

我出生的地方是中国江苏扬州的一个小镇,名叫"仙女镇"。在我家门前不远有一座仙女庙,童年时,我不敢离家太远,大部分

鬼子母皈依佛(佛光山基隆极乐寺提供)

的时间都是在这座庙里，和一些同年龄五六岁的儿童玩捉迷藏、丢手帕、老鹰抓小鸡、绕铁环、打梭等游戏，跑来跑去。虽然对于仙女是何方人士，如何成道、利益众生，我一概不知，但是对于正殿中间供奉的仙女娘娘神像，则从来不敢触犯，甚至进出庙门，也会向神明点个头，表示恭敬。

在这座神庙里，儿童们还会玩一种游戏，就是将平日收集晒干的桃子、杏子摆在一块石头上进行比赛。在果实两相推挤之下，看谁的力气大，能推倒对方的，谁就成为赢家；赢的一方可以获得输的一方的果实。当时，儿童们会依果实的大小、重量，而以各种神明的称号来为自己的桃核、杏核取名，有的叫"二郎神"，有的叫"托塔李天王"，有的叫"哪吒"，有的叫"都天大帝"，冠军的就统称为"如来佛"。所以，我从小就知道一切神明中，如来佛是最崇高、最伟大的，只是当时还不懂"如来佛"究竟是什么意义。

尤其我出生之后，就经常和外婆同住，外婆是一个佛道不分的在家善女人，经常到东庙烧香、西庙礼拜，幼年的我也会随她前往参加。听说在我出生一个月后，外婆就建议母亲把我寄托给观音老母做义子，以求平安长大；所以，观音老母应该是我与信仰接触的第一个因缘。

外婆不识字，却能背诵《金刚经》、《阿弥陀经》等经文，在长期相处之下，我也知道她修练了一些功夫，身体具有某种奇异的能量。偶尔夜半乍醒，总会听到她打坐运功时，肚子里传来像排山倒海一般轰隆轰隆的声响，喉咙里也会发出阵阵响亮的声音。于是我问外婆："外婆，您的肚子怎么会有叫声？"她说："这是功夫。"我不懂什么叫做功夫，一直到我出家十年后，回乡探望外婆，才问她："外婆，您的肚子还会响叫吗？"外婆说："怎能不会？功夫哪能掉了！"

那时候恰巧有一架飞机从空中飞过，我就对外婆说："外婆，飞机引擎声更响，但是这个响声能减少我们的烦恼吗？能解脱我们的生死吗？能增加我们的道德吗？"一时之间外婆竟也给我问得哑口无言。

但是从外婆的神情里，我似乎看到了她的落寞，老人家修行了大半辈子，终获得异于常人的功夫，今天却因为我的一席话，对于自己的修持产生动摇，至今想来，仍然觉得不忍；虽然肚子会叫，无助于生命的升华，却让她对宗教产生坚定不移的信心，这是不能否认的。

除了外婆，我的三舅母参加过义和团余流"花兰会"，这个社团既要持咒也讲法术，但事实上是抗日组织；三舅母自称拥有法术，能让神明附体。

记忆中，有一天晚餐，我们几个调皮的小孩围绕着她问："舅

扶鸾、过火、乩童附身、登刀梯等等，都是属于身体上的功夫，与佛教的修心略有不同（沈祯绘）

母，您说神明附身，究竟是什么神？还不是草头神！”舅母听后静默微笑，但没一会儿，忽地她把桌子一翻，身体就开始抖动起来，口中还发出异于平常的声调，说：“我是梨山老母，你们触犯到我，赶快跪下忏悔！”

这时恰巧三舅父从外头回来，见状便拿起棍子要打醒三舅母，说也奇怪，平时温和的三舅母似乎力量变大，几乎抢走了棍子。经过一段时间的僵持，三舅母打了个哈欠，终于苏醒过来，还若无其事地说：“发生了什么事？”

中国的神道善门，他们所修练的功夫，近似于外丹功之类，就如同现在的扶鸾、过火、乩童附身、登刀梯等等，都是属于身体上的功夫，不是心灵的净化，与佛教的修心略有不同。

经中说：“佛说一切法，为治一切心，若无一切心，何用一切法？”甚至佛教说修心最高的境界是修到无心，但是对于一般神道人士体能上的异象，我们也不必全面否认，毕竟这是个娑婆世界，难免有不圆满之处，更何况佛陀宣说的教义，有了义，也有不了义；有究竟的佛法，也有方便的佛法。如同牛奶，刚挤出来的时候，腥味难闻，掺水、加工之后，就变好喝了；也像良药苦口，有时难以下咽，加上一点糖衣，就变好吃了；信仰不也像这样，可以有种种的方便吗？

年纪渐长后，母亲希望把我送进私塾念书，但是碍于家贫，没有能力让我入学。不过，印象中，母亲曾叫我到家里的中堂，礼拜至圣先师孔子为老师；这应该可以算是我接触儒家最初的因缘。

我十二岁在栖霞山剃度出家，但因那时候栖霞山是一座十方丛林，不可以私收徒众，所以师父告诉我，我们的祖庭是在宜兴地方上的大觉寺。

出家后，我就在栖霞山这座丛林里参学，实在说，我是不具参学资格的，因为那时候我只不过是一个十二岁的小孩，其他学僧都已经是二十岁以上的青壮年，常住不得办法安排我是进禅堂或者进入律学院。因此，最初师父把我安排住进客堂边上的一间小净室，并找来书记大实法师教我念《禅门课诵》，学习“五堂功课”。但是或许师父觉得把一个小孩成天关在屋子里，终究不是办法，所以隔天就把我送进栖霞律学院，和那许多年长的学僧们共住学习。

在栖霞律学院读书期间，距离栖霞山不远的一座茅山，有许多年轻的小道士因为没有地方可以供他们念书，就一起来到律学院里寄读，和我们共同学习规矩；当时共读的景象，真可谓“佛道一家亲”。

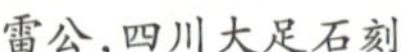
雷公，四川大足石刻

电母，四川大足石刻

及至后来，我对于《论语》、《孟子》、《老子》等三教经典，也都能背诵。所以，虽然我对儒、道了解不深，但因接触过，心中留下善美的种子，也就使我日后与儒、道、释三家都能做朋友，互相往来。

一如其他丛林寺院建筑，进入栖霞山的大门，迎面而来的先是笑嘻嘻的布袋和尚，亦名"弥勒佛"，又叫"欢喜佛"，以爱来摄受人；如果众生仍未得度，转过身来，背后供奉的就是手持降魔杵、威武赫赫的韦驮天将，以力来折服人。甚至栖霞山的大雄宝殿里，除了中间供奉的毗卢遮那佛以外，两旁还供有二十四诸天神将。当时，我经常慑服于他们雄伟高大的姿态，觉得他们与佛陀慈悲的圣容，真可以说是融为一体，也就让我在礼佛之后，不分别地向他们一一礼拜、鞠躬。

或许是由于我童年时，就跟随外婆到处礼拜，接触过很多神道寺庙，如土地公、城隍爷、都天大帝、文昌帝君、哪吒三太子等等，而且经常看到庙里的法师恭敬安奉神明的样子，在潜移默化之下，也就感觉到神明比人伟大，为什么我们不要礼敬它们呢？

我出家后的十年，大多数的工夫都用在发心服务和早晚课诵里，尤其从《金刚经》、《唯识论》等经论中，更逐渐体会到，佛教确实是超凡入圣的宗教，真理确实应该获得普世所共尊。不过，纵然我对佛教有了更深一层的认知，但是对于外婆的信仰，在我往后的出家生活里，仍然经常会忆起她们共修的仪式、诗词歌唱的音调，以及她们慈祥恺悌的容貌。

在宗教生活里，影响我最大的可以说是《玉历至宝钞》所描述的十殿阎罗。童年时，虽然经常和外婆进出"道场"，但并不懂得什么宗、什么教、什么神，只记得大多数的"道场"里，都悬挂着"十殿阎罗"的图画：一殿阎君秦广王萧、二殿阎君楚江王曹、三殿阎君宋帝王廉……十殿阎君转轮王薛；当时在我幼小的心灵上，便烙印了"人不能做坏事"的观念，否则就要遭受"上刀山"、"下油锅"之苦。

不过，来到佛门之后，我觉得以这种恐吓的方式劝人为善，不如用极乐净土的光明来引导大家。所以，佛光山开山时，我便依照《阿弥陀经》里所描述的极乐世界景象，建立了"净土洞窟"。

实在说，中国的社会，除了佛教讲的"因果报应"、"广结善缘"以外，就是靠着诸天神明在维护社会道德及秩序的。就像以前我在家乡的时候，几百里方圆内都遇不到一位治安人员，相连的几个乡镇之间，也没有一间法院，可是却很少有人作奸犯科。老百姓一旦有了是非纠纷，都是相约到城隍庙、土地庙里烧香、发誓或赌咒，所有大大小小的问题也就迎刃而解了。所以，城隍爷、土地公在人民的心里，比法官、警察都还要有用，还要令人尊敬。

因此，对于有的人一提到宗教，尤其是民间信仰，就立刻为

佛光山净土洞窟依《阿弥陀经》所描述的极乐世界景象而建(慧延法师摄)

它戴上“迷信”的帽子,我倒是觉得,迷信总比“不信”甚至“邪信”好。

一九四九年,我来到台湾之后,因为日本人在台湾提倡神道拜拜,并不宣扬正信佛教,以至于佛教非常衰微,民间宗教相当盛行。每逢神明诞辰,信徒们总要大肆拜拜,可谓到了三天一小拜,五天一大拜的地步,称之为“拜拜的社会”也不为过。尤其当时每次拜拜就是杀猪宰羊,大吃流水席,也就让政府认为这样的信仰太过铺张浪费,而明令要取缔拜拜。

不过,我觉得,拜拜是过去农业社会的遗风,许多人利用拜拜这几天,慰劳一年来工作的辛苦,增进亲族之间的交流,纾解工作上的压力,甚至借由迎神赛会来鼓舞精神,为未来的人生加油打气。假若政府只准达官贵人每天大吃大喝,跳舞作乐,却制止老百姓拜拜,即便是站在社会立场上说,也太不公平了。

所以，我出面跟政府抗争，要求不可以取缔拜拜，如果政府认为浪费，可以改良拜拜。但另一方面，我也撰文劝说民间不要杀生祭祀，改以香花水果代替杀猪宰羊，来提升民间信仰的层次，如此才是真正合乎对佛、菩萨、神明崇敬的意义。

所谓“泰山不让土壤，大海不厌细流”，我与生俱来就有慈悲、包容的性格，不会去打倒人，也不排斥人。所以，早期在台湾，我虽然对于神道教不重正信，而过多的迷信色彩，也深觉不以为然，但是当我的老友煮云法师到南方澳讲演，呼吁那里的渔民要放弃妈祖信仰，转而皈投佛教，引起当地居民反感时，我也对他这种过度护佛排神的举动不表赞同；总觉得，“神佛同在”就好，何必表现得如此激烈呢？或许这就是我和他性格上的差异。

甚至过去台湾省政府民政厅规定：信徒在神道寺庙添油香，庙方不可以任意打开功德箱，必须由乡、镇公所派专人来开启；每月的油香要由乡镇公所负责作账；寺庙修建不得超过五万元等等。想到新的寺庙不准建、旧的寺庙不准修，台湾的宗教岂不是要灭亡了吗？为此，我也写了不少的文章向政府抗议。

后来在佛光山开山期间，我受邀到“总统府”演讲，也曾向蒋经国先生提出让宗教办大学的建言。我说：基督教、天主教都有大学，为什么佛教、神道教不可以办呢？在我想，佛教、道教若能提升教育水准，订定组织规章，神棍也就无法立足寺庙，造成所谓“外行人领导内行人”的情况了。所以，日后在我和道教友人往来时，也经常鼓励他们办理道教学院。可喜的，在台北指南宫负责人高忠信先生的努力之下，“中华道教学院”终于成立。

再说来台之初，我实在抑制不住自己弘法的热忱，一心想要为佛教的发展打拼；但是想要教书，没有地方可教，想要读书，也没有人肯得成就。直到有机会在新竹青草湖担任“台湾佛教讲习会”

教务主任时，情况才获得改善。

那时，记不得是当地新竹县佛教支会的什么人，他邀请我每个礼拜六下午到城隍庙去做布教大会。不过，由于我初到台湾，受到治安单位管辖，所以大概持续了一年的时间，每回我要到城隍庙布教，都得先到派出所请假。直到后来应当地派出所要求，在社区举办民众补习班，由于学生成绩表现优异，风评不错，才免去这道麻烦的请假手续。当然，这段期间很感谢玄深法师，他偶尔会用脚踏车来载我，免得我要走上二个小时的路程。

我到台湾的第一年，妙果老和尚留我住在中坜圆光寺。有一次，妙果老和尚要到竹东师善堂驻锡，也带我同往。我老早就听说那边有一座五指山，一位老道是当时台北指南宫姓周的董事长，正在山洞里修行，没想到因缘巧合，有一天竟然和他在路上相遇，两人相谈甚欢，最后他还欢喜地说要带我进入山洞；在盛情邀约之下，依稀记得我在洞子里陪了他好几天。当时只觉得这一位周老道人很善良、很慈悲，彼此都留下了好感，所以后来我又和他相约，有因缘再到指南宫去探望他。

当年台湾各地的宫庙，只要你去借用场所，他都不限定什么人，很乐意地就提供给你使用。所以几年后，我应宜兰仕绅之邀驻锡在雷音寺，期间，台北大同南路一善堂的负责人吴随居士邀请我去弘法，我也和他商量借用了神佛共居的殿堂，成立“台北念佛会”，另外还向罗东的妈祖宫商借场地，成立了“罗东念佛会”，乃至万华的龙山寺、玉里的华山宫、高雄的三凤宫等，我也都曾经借用作为弘法场地。

甚至于北港妈祖庙为求信众信仰的提升，做了一个宗圣台作为讲道之用，很荣幸地，我也受邀前往讲说佛教。当时我只知道他们对妈祖信仰非常虔诚，没想到，他们对于弘扬佛法也一样热心。

妈祖绕境(沈祯绘)

还有一次,我到彰化拜访彰化县佛教会理事长林大赓,正逢彰化妈祖行香团要去朝拜北港妈祖庙,他邀请我坐上三轮车,随着川流不息的人潮,在响彻云霄的炮声中,敲锣打鼓的阵仗里,游行了好几个小时;走走停停、停停吃吃,倒也觉得是人生一乐也。尤其行进间,看到老老少少持香默祷,虔敬的眼神,以及一长排连绵不绝的人龙,跪伏在地上,等待着"钻轿脚"仪式,祈求妈祖庇佑加持,当下我深深感受到妈祖伟大的神威圣德。

也由于我出入北港妈祖庙的因缘很深,因此与云林县佛教支会理事长郭庆文居士的往来就更多了。早年每到北港弘法,郭理事长都会带着我到处参观,彼此完全没有省籍隔阂的问题,甚至在我与当地民众讲话时,他也都会主动权充翻译。

只是让我深感抱歉的是,当郭理事长提出北港妈祖庙要申请加入“中国佛教会”做团体会员时,却遭到主持事务的负责人拒绝,认为妈祖属于民间信仰,不是佛教。当时我一度以常务理事的身份力排众议,说:“中国人向来不管是拜妈祖、拜城隍,或是信奉一贯道,都自称是佛教徒,可见他们将佛陀视为最崇高的信仰,佛教应该接纳他们,为他们定位。再说,准许妈祖加入佛教会,就等于接受了台湾五百万信仰妈祖的人口;不接受,就等于失去了五百万信徒,不是很可惜吗?”

无奈最后妈祖庙还是只能加入道教会。对于郭理事长的心愿不能完成,我心存愧意,因而允诺他要写一首《妈祖纪念歌》,以示对妈祖的拥护;虽然五十年后才完成,郭理事长也早已逝世,但对故人的承诺还是实现了。

为此我还设立奖金,举办征曲活动,在海内外的一百多位参赛者中,录取九名进入决赛,并且在妈祖庙广场前搭台举办总决赛,由妈祖的信徒们票选出心目中的《妈祖纪念歌》。

总的来说,最初我在台湾的弘法,神道教对我的帮助,实在功不可没。因此,在佛光山建成不久后,台湾各地的神道寺庙经常用轿子把神明抬到佛光山来拜佛,我都非常的欢喜。只是神明拜佛的时间不定,有时是下午拜,有时是夜里拜,再加上神明起轿拜佛,在佛殿里摇摆晃动,如同舞蹈的样子,出家的年轻香灯师不懂,看了心里不高兴,就要禁止神明拜佛。我就告诉他:“人都可以拜佛了,为什么神明不可以拜佛?”他说:“它们拜佛的样子很难看!”我就怪他说:“不可以这样讲!人有人拜佛的样子,神明也有神明拜佛的样子,你何必要这么计较呢?”

甚至于一九八八年,当我在美国创建西来寺时,也曾计划在大

由我撰写的《妈祖纪念歌》

雄宝殿旁为妈祖设置殿堂，后来虽因许多妈祖信徒希望让妈祖永远驻守台湾，不希望它成为国际信仰而取消。不过，我还是在西来寺伽蓝殿及韦驮殿各留下了一副对联："东西伽蓝同时护，古今威德到处灵"；"将军三洲施感应，宝杵六道降魔军"。

想到过去佛光山在全台湾举办行脚托钵时，所到之处，神道教的宫庙观堂，总是满腔热情地要来迎接佛祖，欢迎僧宝；甚至佛教建寺院，他乐于捐献；佛教办事业，他发心参与。神明都没有排斥

应台湾辅仁大学校长罗光主教邀请至该校演讲“禅与艺术生活”（一九九二年三月十八日）

佛教了，为什么佛教要舍弃他们呢？我们不也应该奉行佛陀所说的“不舍弃任何一个众生”吗？

因此，距离佛光山开山四十多年后，二〇一一年十二月二十五日佛陀纪念馆落成，在为期一个礼拜的落成系列活动中，我们隆重地欢迎了各地神明共襄盛举。七天的活动当中，有关圣帝君、天上圣母、青山岩大帝、五山法主圣君、玉母仙姑、福德正神、济公禅师、金龙太子、五路财神、莲花童子、三太子、七爷八爷、温府千岁、姜府千岁、千里眼、顺风耳等各路神明，引领着各自的信徒，一路敲锣击鼓，浩浩荡荡地来到佛馆参加活动，与佛陀结缘。

在此之前，同年的八月二十三日，由“文建会”主办，国际佛光会协办，在佛陀纪念馆举办的“爱与和平宗教祈福大会”，基督教、天主教、道教、一贯道、伊斯兰教、轩辕教、天帝教、天德教等各宗教代表，也都受邀出席这项活动。

世界上的宗教，虽然各有信仰的对象，但无论是耶稣、穆罕默德、孔子或是地方神祇，都是源自于人的心，只要信者心中认定的就是最好。例如，你相信天公，天公就是最崇高；你相信土地公，土地公就是最伟大。我们不必以心中认定的“本尊”，去排斥别人的信仰，宗教之间相互融和，和平共存，才能不失其追求真善美的本质。

所以我认为，教主不必相同，耶稣就是耶稣，佛祖就是佛祖，就如同你有你的爸爸、我有我的爸爸；教义不必相同，好比学科不同，文学就是文学、科学就是科学，但是教徒之间则可以互相来往，彼此做朋友。

过去，佛陀为教化众生，依众生根性不同而施设各种层次的实践法门，称为“五乘佛法”，即：人乘、天乘、声闻乘、缘觉乘、菩萨乘。而“五乘佛法”正好也可以将各个宗教融会其中，给予一个合理的定位，例如：儒家讲“三纲五常”，近于佛教持守五戒的人道思想，归于人乘；基督教提倡“升天”、“博爱”，近于佛教修行十善的天道思想，归于天乘；道家讲“清静无为”、“任性逍遥”，类似于佛教的声闻、缘觉，归于声闻、缘觉乘；而佛教是以“出世的思想”做“入世的事业”，发菩提心才是佛教，所以归于菩萨乘。

在各种宗教当中，中国有儒、道、释三教，儒家是人道，道家是天道，圣贤成为儒家的信仰，神明成为道家的信仰，那么佛教该归属什么呢？一般有谓“天、地、人”，佛陀说“大地众生皆有佛性”，大地众生都是佛，因此我倡议，天、地、人不应互相排斥，而要彼此融和；人道太粗浅，要再超越，天道太遥远，难以接触，唯有人人是佛、人人是菩萨，才是最圆满。

关于宗教信仰，我不是一个三教九流不分的人，对于佛陀的崇

佛光山佛陀纪念馆落成，各路神明都来参加，祈求佛陀加被（心绰提供）

高神圣，也早已在内心里建设了佛的世界，但是为了希望天下苍生不要排斥、对立，能以和谐和平、幸福安乐为人类共同追求的愿景，只有写下这一篇文章，略表七八十年来在宗教旅程中的一些看法。

明因知果
生命吉祥

星云

我的监狱弘法

我多年在监狱里面讲说，
也常在监狱举行皈依，
徒众们都跟我警告：
“师父收了那么多受刑人的徒弟，
将来不知道会不会有一些不好的后果……”
我从来都没有遭受过不好的后果，
反而每次过年的时候，
偶尔收到一些过去的受刑人所寄来的贺年卡，
甚至还有红包供养，
五十块、一百块不等，令人动容。

二〇一二年十一月七日，中午十二时三十分，由“中华人权协会”理事长苏友辰律师带领着二十一年来几度在生死边缘徘徊、历经风雨，而终于宣判无罪的三位年轻人苏建和、刘秉郎、庄林勋来拜访我。因为在一九九六年的一月十五日，我曾经到监狱里面去探望并勉励他们：“把坐牢当作闭关修行。”当时的一句话，增加了他们对未来的一点希望，如今终于获得平反，获得正义与自由，因此特地来山表示感谢。接待他们的时候，对于监狱布教的种种往事，不禁涌上心头。

记得一九五三年，我在宜兰监狱布教，一位姓涂的总务主任明白向我表示，不欢迎佛教人士去讲说，因为他们的受刑人已经接受基督教的教育了。当时，蒋夫人信仰基督教，所以一些官员都有吹捧的习惯，以为接受基督教的布教，可以获得蒋夫人

“中华人权协会”理事长苏友辰律师（右三），带领着苏建和（左一）、刘秉郎（右二）、庄林勋（右一）前来感谢在他们初入狱时给予的勉励（二〇一二年十一月七日）

的欢喜；借着排斥佛教的弘法，也能获得蒋夫人的欢喜，因此他阻碍我到监狱开示；但是，他倒是愿意把日本殖民时代留下来的一尊阿弥陀佛接引圣像，以两万块台币卖给我，我即刻筹措两万台币，跟他买下那一尊庄严的圣像。现在台湾很多地方，都可以看到一米多高复制的阿弥陀佛圣像，让人看了心生欢喜，都是那尊佛像的一一化身，各处结缘。

由于当初年轻，体力旺盛，经常在台湾的监狱布教，也成为“法务部”第一位聘任的监狱教诲师。从台北土城、新竹、台中、云林、屏东、高雄、花莲、兰屿、绿岛监狱等，几乎全台湾的监狱都曾有过我的足迹，甚至于日后，在香港、美国等地，都与监狱受刑人有过布教的因缘；在那苦难的边缘，看到许多正值青春的年轻生命，却身陷囹圄之中，真是不胜感慨。

曾有一次，我受邀到花莲监狱布教，狱方人员表示，他们都是重刑犯，因此都会戴着手铐脚链听我开示。我一看到现场两千多位年轻力壮的青年正等待着我讲话，心中升起无限感触，他们这么健硕的身体，这么英武的雄姿，可惜了！怎么关在牢狱里面？假如跟我出家做和尚，我一下子就有两千多位的弟子可以弘法利生，他们也能得度，我想，台湾的社会治安一定会大大的改进了。

这也引发了我对受刑人的诸多想法，我曾和当时“法务部长”廖正豪先生商量两件事情。第一，准许我和判决死刑的人做个别交谈，不是短暂的会晤，而是长谈，古人曾说：“人之将死，其言也善。”在他们已经面临死亡边缘的时候，心里必定有一些苦水要吐露，我自信也是一位很有同情心的人，让我跟他们交谈，给死刑犯有个对自己一生检讨的机会，并对未来的生命抱持希望与信心，他们也能够死得安心，同时将忏悔经过记录成书，将来对社会教化必定是很好的教材。

承蒙廖正豪先生的助力，我曾在土城做过一次三个人的谈话，但是狱方却言明不可以发表。我认为，人生走到最后，能讲出口的话，都是一篇忏悔录，不会有愤世嫉俗的言语，或是想要报仇雪恨。但是，由于监狱人员的顾虑，怕一些不当的言论影响别人，因而不能应允我的请求，让我为受刑人完成所愿。

第二件事，受刑人的刑期满了，释放出狱，社会难以接受，因为他们是犯法的人，但是社会不接受他们，他们也不会接受社会，反而会对社会存在一种冤冤相报的心理。当时我建议，能否在他们刑期将满三个月前，让我们寺院来收容他们。我在想，他们也不会逃亡，因为逃亡以后又是罪上加罪，还有三个月的刑期，在寺院里面生活也不会像监狱那样的不自由。

在监狱里面，大部分都是教训他们，不准他们这样，不准他们那样，例如：不准站着、不准抽烟、不准会客、不要往外面看等等。如果给我三个月的时间，给予他们一定限度的自由，不超过范围的事情通通都可以做，例如：他们想要会客，可以会客；要吃什么东西也可以，甚至吃香烟也无妨；我还可以带他们到处游山玩水，为他们做心理建设。我想，精诚所至，金石为开，我以诚心待人，他们不会为我带来麻烦。

因此，希望政府可以跟我合作，给我一个机会；甚至我说，假如万一不行，有某一两个人逃跑了，应该也不是那么严重的问题，因为他的刑期即将满了，本来也快要释放他。但是廖正豪先生表示，这个太严重了，在法令上有一定的规定，如果能做到我这种程度，法令不知道要修改多少的条文，因此，又让我不能诉请所愿了。

一想到受刑人离开亲人的那种落寞，总让我思索能为他们做些什么？因此曾经多次发起在过年过节的时候，有人去探监慰问，像是端午节送粽子，中秋节送月饼，过年了送红包，让他们感受到一些有心人的关怀，而不会对世界怀抱着不满。

此外，刚到宜兰时，雷音寺没有桌椅，他们有长板凳，我也坐了几个月，后来信徒帮忙我买桌子，又到监狱里买了一个三十块钱藤编的椅子，我在宜兰都坐这个椅子打佛七，一坐就打了二十六年的佛七，椅子依旧坚固耐用，也让我对受刑人的手艺留下深刻的印象。

佛光山经常在监狱里面举办短期出家，传授三皈五戒，我觉得成果很好。后来佛教界纷纷议论认为我不对，怎么都度一些重罪的人受戒，那以后佛教里面，还能太平吗？其实，人非圣贤，孰能无过？而佛陀在世的时候，一再强调“人不怕犯过，怕的是不肯悔改”。所以对于社会上一些行为有问题的人士，他都给予机会，为什么我们现在不但不给予机会，还带着有色的眼光对待他们，这也是我引以为憾的地方。

为受刑人皈依三宝

我觉得，到监狱里面弘法开示的人，心里不能把受刑人当成犯人，在言语上，不可以总是说“你们犯人……”可以称呼大家为“各位朋友！”也不必说：“你们犯过罪，是犯罪的人。”伤他们的尊严，因为先有了对立的关系，就不容易收到开示佛法的效果。对待他们要有同理心，像是“你们各位，好像一时误会或者冤屈，让你们受刑了；其实我们在外面的人，你能说哪个人不犯罪吗？只是说他还没有受到法律的制裁；在外面街上自由的人，也未必都是好人；现在你们各位在这里，一时失去自由，也未必都是坏人，所以大家自己要有自尊心，人生机会还很多，你们受刑有期，出狱以后，还是有无限光明的未来……”诸如此类，要前往监狱布教的人，至少要有这样的素养。

而除了在监狱、看守所传授三皈五戒外，也曾举办过佛学会考。还记得一九九三年的世界佛学会考，在全球五大洲的各大都市开展，如澳大利亚悉尼、法国巴黎、英国伦敦、巴西圣保罗、马来

受刑人于宜兰监狱参加佛学会考（一九九三年八月二十三日）

西亚吉隆坡、美国洛杉矶、香港等六十五个考场同时举行。当时，在台湾的宜兰、台南、高雄、屏东、绿岛、武陵、泰源、台东及香港多所监狱、看守所中，也有六千余名受刑人报名考试，特别设有监狱考场，造成一时的轰动。而《联合报》、《中国时报》也各以两个全版，为成绩优异者作了大幅报道，其中不乏有受刑人上榜，一时传为佳话。

可惜的是，后来因为"立委"黄天福向时任"教育部长"吴京先生反映，表示有基督教信仰的家长抗议举办佛学会考；甫上任半年的吴京先生便在一九九六年十二月，以一纸公文废止佛学会考，百万人的考试就此作废，慈惠法师举办的佛学会考就此泡汤了。

回想起早期的监狱布教，是由在台北的南亭法师、赵茂林居士和我们共同发起的，后来大家各据一方弘法。不过，所有的佛教徒对于监狱布教，都非常热心参与，听说我的弟子中：慈容、心定、心培、慧宽、慧定、慧法、慧昭、慧伦、慧敦、慧静、依来、依道、依航、依日、永胜、永藏、永光、满度、满馨、满益、满升、觉咏、觉勋等，都经常在监狱里弘化，一个人负责好几个监狱。甚至于"法务部"与佛光山慈悲基金会配合，在一九九五年开办台南明德戒治班，即所谓的

林清志、林秀美致力于监狱布教已近五十年

“戒毒村”，多少年来，弟子慧定、慧法长期住在戒毒村里布教，贡献许多的岁月时间。

而参与监狱布教的佛教居士中，国际佛光会有近百人的监狱布教师，这当中有两个人相当特殊，分别是赵茂林、林清志居士。赵茂林居士是江苏盐城人，当初是台湾省羽毛公会总干事，喉咙好像音箱喇叭，一唱诵佛教的梵呗来，出家人都比不上他，在监狱一布教就是二十余年，风雨无阻。

后来，他往生后，我为了感念他，无条件将他奉安在佛光山万寿园的一个小宝塔中，以感谢他对于社会公益的热心。我觉得佛教也要倡导崇功报德，不能老是让大家只有为佛教尽义务，毫无所得，却只有一句话，“将来阿弥陀佛会感谢你！”为什么我们要请阿弥陀佛来感谢这许多为社会服务的功德主呢？报恩感德，应该要由我们自己付出。

另一位林清志居士，台湾宜兰人，是宜兰大学的教授，他因为我的鼓励，从青年时期，每一周都在宜兰监狱上课，从未间断过，至今已经五十年了；其夫人林秀美女士，二十年来也是夫唱妇随，做着监狱布教的义工，他们的儿女都是硕博士，可以说是一家和乐，仁慈厚道的家庭。

除此之外，还有住在彰化二林的洪进国、苏秀云伉俪，他们是弟子道融的父母亲，二人一同从事监狱布教也已二十余年。监狱布教师中，已布教满二十年的还有桂亚莉、陈清秀、林缉熙等人；十年以上的则有薄培琦、余淑棻、萧丽欢、黄重义、陈宝凤、钟肇明、尚贞姬、周素昭、吉同寅、罗振顺、梁秋华、黄秀娥、黄秀霞、石澄清、郭贵娟等数十位布教师，在这条漫长的道路上，相信已有数千人受其影响，重新开展美好的未来。

佛光山行之多年的监狱弘法布教，渐渐地也受到政府的肯定，获得多次表扬。二〇一二年，佛光山慈悲社会福利基金会以“监所教化类”有功团体，获颁“行政院奖”，由“法务部长”曾勇夫先生颁发，佛光山慈善院院长依来法师代表受奖。此外，监狱布教师李金陵、国际佛光会檀讲师杨秀梅及佛光会板桥区南雅分会顾问李雪梅，分别荣膺“推展更生保护工作有功人士”表扬。马英九先生更于十一月二十二日接见有功人士及团体代表，感谢他们对监狱布教的付出。

在监狱布教中，我有过许多的回忆。在年轻气盛的时候，曾经和一位老法师到屏东监狱布教。每次前往布教前，老法师总会先问我要讲什么内容？几乎每回我想要讲的题目，隔天他就拿去先讲，自己从不去苦思要讲什么，假如我没有预备，怎样面对当时的局面呢？几次经验下来，也让我学习到临场突发状况的反应。

有一次，他问我要讲什么？我就说：“我有两个问题要跟大家讲，一是忏悔，二是发愿。”第二天他又重复我讲的内容，轮到我时，忽然兴起开玩笑的念头，我说“今天我有两个问题要跟大家讲”，他一听，还得了！必定想着：你的问题我已经讲完了，你不能又再讲啊！我就故意继续说：“我这两个问题必定对你们有帮助、有利益，我也希望我这两个问题，你们要深思，你们要记住。”我就一直在那边重复强调着“两个问题、两个问题……”他吓坏了，差点要

东初法师（右四）、屏东东山寺住持圆融法师（左三）、会性法师（右二）至屏东监狱弘法，右三为本人

赶我出去，拖我离开，玩笑开够了，我才开始正式说：“第一个问题，我要讲‘明白因果’，第二个问题是‘惭愧改过’。”这样的事情虽然不常发生，但也成为我监狱布教很有趣的轶事。

我在各地的监狱布教，大部分看到的都是男子，纵有女子都很少数，日常生活还比男子优待一些。某一次，我到高雄看守所和女子受刑人讲话，现场六百多位的女受刑人，真出乎我的意料之外，那许多女众都是眉清目秀，年龄也不是很大，她们为什么会犯法坐牢？

打听之下才知道，实在说，在那个年代，女众大都是因为票据法而替丈夫顶罪。丈夫为了借贷，就用太太的名字，到了还不出钱的时候，就由太太代他坐牢，这是其一；其二，一些先生从事贩毒，就叫太太送货买卖，但这很容易被治安单位发现，所以这许多可怜的女子，受到丈夫的牵连而犯罪坐牢，让人不禁感叹，这个世间哪里有什么公平？没有犯罪的人在那边受苦受难，真正犯罪的人反而逍遥法外。

其实,中国从古代以来,就有很多顶罪、替罪的例子,甚至于替死的这种情况发生。你说,法律能够全面公平吗?这就不尽然了。也使我想起了日本一位楠正成将军,他在遭受冤屈死亡的时候,身上留有五个字:"非、理、法、权、天",大家都不知道什么意思,后来,有人慢慢揣摩才懂得。"非",指不是,不是的事情当然不能胜过理;而"理",你有理,却不合法,所以理不能胜过法;"法",是法制规定,虽有规定,但不能胜过人为操控的权力;至于"权",有权力的人他可以置法律于一边,但是权力却不能胜过天;"天",就是因果法则,管你什么样子的人物、道理,到最后天理难容,因果是逃不掉的。所以很多冤屈的人士,在因果的道理之下,还可以找到一点安慰。

以往,我每年到香港弘法,香港有一位黄钰辉居士,他经常在赤柱监狱对被判死刑的受刑人说法。他一知道我会到香港,便希望我去和那许多死刑犯讲话,做一些鼓励。因为被判决死刑的人,心性总有一些跟常人不一样,或者愤恨,或者心性暴力,或者心灰意冷等,种种不一。香港的赤柱监狱,犯人并不多,只有二三十人,但是关在另外一个岛屿上,与香港本地隔离。香港,到底是比较讲究民主法治,对那许多死刑犯,不至于虐待他们,不过人到了被宣布死刑之后,对人生没有希望,日子必然是度日如年,不会好过。

我在香港,除了和赤柱监狱的人多次接触,对于一般监狱的受刑人,也常和他们说法。而让我记忆最深的,就是一些船民的苦难生活。所谓船民,就是越南吴庭艳政府垮台后,大约在一九七五年,北越的共产党胜利,南越的人士,大家不管贫富,只能放弃家产逃离家国;此后,更影响了中南半岛上的缅甸、老挝等国家,为了自由,许多人自愿或是被迫地离开家园,而形成大量的逃亡潮,数以百万计的船民在无情的海上漂流,只为了寻觅一个安身立命的地方。

当时，我记得有一位法师，募集金钱要买船，供应那许多船民乘坐，我也捐了五万块新台币，帮助船民逃难，因为我自己也当过逃难的难民，知道灾难发生时，维护性命的重要。这许多船民，命运各有不同，有幸与不幸的，有的适逢联合国分配到不同的国家，可以接待他们，如美国、瑞士、瑞典，欧美等那许多经济富庶国家；有的却葬身怒海，或遭遇海盗欺凌；有的被一个个地区、国家拒绝收容庇护，成为可怜无依的人球。

在香港，有好几个区域都关了大量的船民，香港政府不愿意他们进来香港，联合国也不容易安排、分配他们到哪里去，他们就在动荡中忐忑不安地听天由命，等待着他们的未来。而这些船民们多数是佛教徒，他们要我去为他们洒净，为他们三皈依、说法，我都尽可能地允诺前往，如他们所亲身感受，在那样苦难的地方，只有靠佛祖、靠心灵的安慰才能有勇气生存下去。

而在台湾诸多监狱中，绿岛的监狱是专门关押重大政治犯的，如我的朋友李武忠教授、郭衣洞（柏杨）也都曾被关在绿岛。李武忠教授是因为和他的夫人对女儿的教育观念看法不一样，太太一气之下，就向政府密告，说李武忠曾经参加过共产党在大陆各处举办的读书会，他没有自首承认，因此被判刑十年关在绿岛。而郭衣洞是因为一篇大力水手的漫画，被人认为内容讽刺蒋家父子在岛上的权力，也被判刑十二年。

我也曾经到过绿岛监狱说法，看到那许多的政治犯，彼此不敢讲话，拖着沉重的手铐脚链在地上走，面无表情，仿佛生不如死。据说，也曾经有过一两位宁可投向怒海奋斗逃亡，也不愿意被关在绿岛的受刑人；我也曾问过别人，不知这许多逃亡的人，会不会成功？虽然没有得到具体的回答，大概我想，人力总不比大海之力，大多遭到怒海吞没。

与马英九先生参加“台南监狱明德戒治分监”落成启用典礼(一九九四年十二月二十七日)

当时的典狱长是一位沈雪峰少将,这位沈少将为人倒也正派,对佛教非常友好,多少次都到佛光山来拜访请教;他曾经跟我们要求捐赠一尊观音像给绿岛监狱,由于对于受刑人的憔悴样貌印象深刻,深刻感受到他们需要心灵上的明灯,我当即允诺,花了五万元,请了一尊观音像,运送到绿岛监狱。

说起绿岛这个地方,人人谈到总不敢言说,感觉这是一个很神秘的地区。其实,在我的看法中,绿岛的政治犯大部分都是冤枉的。就算是政治犯,也不至于被判刑这么严重,只是政治立场彼此不同,因为政治自我为重,而将对方视为敌人,无法加以宽恕。大概在一九三〇年代的大陆,曾经就有一些民主党派的人士,要求蒋介石先生赦免政治犯,政治犯只是因为政治思想理念不同,并没有作奸犯科,不至于有那么严重的刑罚。

后来,柏杨先生终于在一九七七年从绿岛释放,一九九四年在台北成立了一个“人权教育基金会”,成为今天的国际特赦组织台湾总会创会会长。人权基金会经常需要开会,我都请当时台北道场的住持,供应他们开会场所,给予他们方便。

人权,必定是重要的课题。在这个世间上,从前讲究神权,这种时代过去后，开始讲究皇权，“君叫臣死，臣不得不死”的这种时代也被推翻了，现在就到了民权时代。对每一个人而言，他都有生存的权利，不能因为少数人的利益，剥夺他人生存的权利，这样的看法我非常赞成。

现在讲究人权，我认为，甚至将来的时代，还要进入到一个“生权”的社会，所谓生权，就是每一个生命，所有的大地众生都有权利生存，如牛、马、鸡、鸭，它们不是生来给人吃的，它们也没有放弃自己的生命。你说这个世界就是弱肉强食，老虎不吃斑马、羚羊，那许多斑马、羚羊就会繁殖过多；但是，人类并没有吃老虎、狮子，老虎、狮子也没有繁殖到充满世界，因此弱肉强食固然是这个世间免不了的现象，但是人类总不能都跟老虎、狮子一样，也成为这个世间的弱肉强食者。所以未来的世界，人权、生权必然会受到这个进步的社会和时代所重视。

对于柏杨先生创办的人权协会，我也同意支持，但是对于他赞成废除死刑，我就稍有不同的意见。还记得，在二〇〇一年，美国俄克拉何马市联邦大楼的爆炸案凶手麦克维被处死案，媒体询问我对死刑的看法。我当时表示，我赞成人的一些过失，如贪污、侵占、欺诈、都可以用种种的刑罚代替，免除死刑；但是，对于杀人犯，不能免除死刑，因为你已经把别人杀死了，你却逍遥法外，这个不合乎因果的道理，佛法讲如是因，就有如是果，如果杀人者不偿命，我觉得好像违背佛法的意思。

所以我对柏杨先生表示，对于杀人不判死刑，我不能赞成，这个社会需要靠法律来维持秩序，但是道德良知、因果观念，对社会的安定还是很重要。

柏杨先生想说服我的看法，但是这不是说服的问题，这是我的信仰问题，我信奉佛法，我就要有佛法的因果观念。后来，继我的

应邀至高雄中正文化中心为二千多名警察开示，姚高桥局长致赠纪念铜鼎一座（一九九二年九月三日）

表态后，曾经担任过“警政署长”的庄亨岱先生也有所回应，他也不赞成免除死刑，为什么？因为在他的工作职责下，他见过太多残忍的杀人情况，怎么可以因为时间的过往而冲刷掉他杀人的事实呢？这对于受害者而言，实在有失公平，因此他赞成不能免除死刑。

多年后，在二〇一〇年，甚至为了一些死刑犯要执行死刑，必须要让“法务部长”签署同意书，当时的“法务部长”王清峰女士当场表态，宁可辞职不做，也不愿签署同意书让死刑执行，随后辞职。同年，我在三月十三日报纸上发表了一篇《我对死刑的看法》，也引起了社会对死刑的论争，对于主张废除死刑，我认为仍然值得商榷。

一个社会要长治久安，不能只靠法律的制裁，法律的制裁虽然能恫吓于一时，却不能杜绝犯罪于永远。虽然有人主张“乱世用重典”，但严刑重罚只能收一时治标之效，要想治本之道，应该宣扬因缘果报的观念。总而言之，死刑是不得已的方法，一个人犯了罪，当然可以用种种的处罚来代替死刑；但是废除死刑，确实还有待进一步研究。不过，有关单位对判决死刑一定要慎重，如果案情真相没有办法完全厘清之前，还是应该枪下留人。

而我自己生来有一个性格，很喜欢打抱不平，喜欢主持公理正义，所以这次苏建和他们三人在死亡边缘徘徊了二十多年，终于判为无罪释放，让我感到公理正义得以伸张外，也让我想到佛光山的弟子，如果有好打抱不平的性格，喜欢主持公理正义，具有侠义精神，我很愿意培养他，希望他能就读法律科系，考取律师后，挂牌不收费，专为受冤屈的人伸张正义，解除他的冤屈怨恨。然而，人才难得，我今天在此记述一笔，希望来者有人能了解我的心意了。

二〇一二年，因为陈水扁在狱中屡屡生病，由于台湾前领导人的身份，我呼吁政府应该给予一些宽恕，让他居住的地方受到宽待；这也让我想到，一九七九年，在三十多年前叛逃的上尉林毅夫，因此，五月十四日，我在报纸上投稿《慈悲与仁爱的启示——请宽待陈水扁、赦免林毅夫》一文。

一九五二年出生的林毅夫，是宜兰人，在金门军队服役期间泅渡台湾海峡来到大陆，现在已经在大陆成为名学者、经济学家，并且担任世界银行的副行长。几次想申请回家奔丧，政府都不允许。让我思起一九四九年金门古宁头的战事，那些被俘的共军士兵，如今都已是垂垂老兵，我想有意愿者，都能回到大陆家乡探亲，共产党也没有计较；而朝鲜战争结束后，一些战俘到了台湾，如今不知道有多少老兵纷纷回到家乡。为什么对于一个林毅夫，要那么计较他能不能回来奔丧？

在人道的立场上，应该要一笑泯恩仇，对于两岸现在的和平，彼此要释出善意，不要太斤斤计较过去的仇恨，大家都是同种同源的炎黄子孙，要朝未来友谊发展。过去国民党、共产党两岸对峙，互不相容，但是现在有心人，都希望见到两岸共同发展的和谐，不可以有偏差的待遇，两岸的关系要学会用新思想，新的包容，胡锦涛总书记曾说过，搁置争议，我觉得这样才能真正地解决问题。

而我多年在监狱里面讲说，也常在监狱举行皈依，徒众们都跟我警告："师父收了那么多受刑人的徒弟，将来不知道会不会有一些不好的后果……"我从来都没有遭受过不好的后果，反而每次过年的时候，偶尔收到一些过去的受刑人所寄来的贺年卡，甚至还有红包供养，五十块、一百块不等，令人动容。有这样的感恩心念，你能把受刑人都看成坏人吗？还曾有一次，我乘火车没有座位，站在火车上，后来，一位年轻人走到我的面前，请我去坐他的位置，我很讶异，他轻轻地跟我说，您是我的师父，我在某某监狱皈依做您的弟子。你能说受刑人一定都是坏人吗？

我们的社会对于受刑人，应该不要有那么多成见，在监狱里的人失去了自由，犯了法当然理所不容。可叹的是，有些受刑人回到社会，社会排挤他们，让他们备感挫折；其实，有一些从监狱出来的受刑人，可能心地善良，人格高尚，也不亚于一般的人士。既然刑法给他一个公道，已经让他再回到社会重新做人，我们也应该要用他重新做人的角度来帮助他。所以我们的社会应该要学习宽谅受刑人，成就他，不要排斥他，就等于父母，如果你的儿女有了一点犯错，你能从此就不要你的儿女吗？你就认定你的儿女是一个不可救药的人吗？当然不会。

过去在监狱里面布教，说法的时候我经常都讲："各位难友！"因为，说到坐牢受刑，我自己也有过两次经验，一次是在一九四七年，我被不知道何方的人士逮捕，关闭了两个礼拜，我也不能会客，不准问对方是什么理由要逮捕我，只知道在关闭我们的小屋子里面，今天枪毙两个人，明天枪毙三个人，或者有的人被打得浑身流血，由狱卒抬回牢狱中，我那时候真有“眼看他人死，我心急如火，不是伤他人，看看轮到我”的心情。

真有那么一天，我记得在一个艳阳高照的下午，对方把我五花大绑，带出被拘留的地方，我以为也是绑赴刑场，虽然大地艳阳高照，但我感觉到阴沉的气氛，就这样面临与世间隔绝的这一刻，我没有恐怖，只微微感到可惜，我才二十一岁，就要在这里像水泡一样，一下子幻灭，师父也不知道，父母也不知道，连一个朋友也不知道，忍不住地自叹。

后来，他把我押解到一个房间审问，满室都是刑具，有押棍、灌水的、吊打的等等，令人毛骨悚然。他说我替共军贩卖药水棉花，可怜我都不知道药水棉花的功用是什么？后来才知道这是军用品，是战争的时候，军中如果有人伤亡，需要一些药水棉花来治疗。但是我只是一介僧侣，从佛教学院出来不久，还不懂这许多社会上的事件。审问我的人，他也谅解我是一个小学校长，算是知识分子，因此从宽处分，要我以后不可以计较，当天就把我释放了。出了监牢的大门，一时仿佛隔世，我的师兄就在门外等待我，接我回寺，我不明不白地被关了近两个星期，真是冤哉枉也。

另一次，是在一九四九年，我初到台湾，还来不及熟悉环境，忽然间就被人拘留了。先是关在中坜看守所里面，后来，把我迁移到桃园的一座仓库，里面有好几百人，原来我们所有从大陆过来台湾的出家人都被聚集在这里，失去了自由，这当中有慈航法师，有律航法师等等。当时，不断有传说大陆派了五百个间谍，以僧侣的身份在台湾活动；台湾的治安单位信以为真，就赶紧把所有从大陆来的出家人逮捕，摧残佛教，宁可冤枉一万，也不希望逃去一个。

在那个恐怖的时代，不知道有多少冤魂，就这么悄悄地离开了世界。幸而那时候我们有一些正信的佛教居士，为大家奔走呼号解救，这许多人物，包括前台湾省主席吴国桢的父亲吴经明老居士，孙立人将军的夫人孙张清扬女士，“立委”董正之，“监察委员”丁俊生等人，他们给我很大的帮助，我只坐了二十三天的拘禁，也不问什么理由就把我放了，可怜的慈航法师又被多关了一百三十多天，才被释放。像这样的错误，又是谁的罪过呢？是我们犯罪应该受刑还是由于他们的无知，而有这样的冤屈是社会环境、人为过失所造成的吗？谁又该受到惩罚呢？所以是非就很难定论了。

因此，世界上多少的冤狱委屈，我也曾经感同身受过，对于每位暂时失去自由的“难友”，希望他们皆能蒙受诸佛菩萨的加被，涓涓法水能流入每个人心中，增添生命的力量，勇于面对未来必定光明的人生！

我与水果节的因缘

曾有果农表示，
他的果园就与佛光山相邻，
每年所种的玉荷包，
都是听寺里的早晚课诵梵呗音声长大，
因此长得特别好。
也有果农说，
他用了山上的大悲咒水来灌溉，
佛祖加持过，结果率特别高。
我不知道这些玉荷包
与其他人的荔枝有什么不同，
但我希望每位农民发财的心是一样的。

水果，我知道好吃，但是我没有吃水果的习惯。因为童年、青少年时期住在深山古寺里，没有看过水果，也没有买过水果，更不用说吃过水果了。

记得一九四九年初到台湾，是在基隆港登岸，我见到了“甘蔗”。本来想，假如能买一点跟同船的人结缘，他们一定会觉得这是一种珍奇的东西。于是我拿了一块银洋给那个摊贩，说：“跟你买甘蔗。”那位摊贩似乎吓了一跳，由于我们的语言不通，话也说不清楚，两个人在那里比手画脚一番，后来，他竟绑了几大捆的甘蔗，问我送到哪里？我心想：“糟糕！这么多的甘蔗，要放到哪里去呢？”因为时局动荡，我初来乍到，人生地不熟，怕引起不必要的麻烦，也就匆匆收下，通通送给二三千名随船的人，让他们自由取用了。

之后，我也看到了“香蕉”，知道它的

价格不贵，至于其他的生活食品，我倒不了解物价如何，只知道水果便宜，应该是可以经常吃得到，因而感觉到台湾真是一个洞天福地的宝岛。虽然如此，由于自己从小在寺庙中成长，没有养成吃水果的习惯。来到台湾之后，像挂单中坜圆光寺时，偶尔有香客拜拜留下的水果，常住会分配一点给我们，但我总觉得吃个水果，要剥皮、要擦手，嫌其麻烦，也就更没有“吃水果”的念头了。

一九六七年，我到了高雄县大树乡开山建寺，这个地方素有“水果王国”之称，从这个美誉，就可以知道水果的种类繁多。在那个年代，除了凤梨、柠檬、芒果、草莓、龙眼，最有身价的就是香蕉，曾经外销日本、琉球等地，可说赫赫有名。而现在为大家所熟知的“玉荷包”，当时这个名字都还不曾出现，只有栽植多年的“黑叶”荔枝。

为了在本土生存发展，我也跟着这里的农民，在山上辟出一大片土地来栽种凤梨以及培植“黑叶”荔枝。那个时候，购买“黑叶”

二〇一二年起，佛光山举行“高雄大树国际水果节”（二〇一二年五月十六日）

即将成熟的玉荷包

荔枝的树苗，还必须跑一趟台中，每棵树苗要价十元、二十元不等。带回来之后，经手的人竟然把我买的树苗，都种到他的土地上；后来我设了一座名为"大海之水"的水塔，他也理所当然地把水引到他的果园去灌溉我的"黑叶"荔枝。没有两三年的时间，一棵棵的荔枝树迅速成长，虽没有结实累累，但也为数不少，所谓"一棵荔树万颗果"，粒粒鲜红欲滴，也可说蔚为奇观了。

除了荔枝，我种的凤梨长得也很快，一颗二三斤重的果实，硕大无比；尤其，大专青年佛学夏令营在山上举行的时候，正是荔枝红了、凤梨熟了的时节，很多的青年上山来，我就任由这些年轻朋友采摘，甚至就在果园现场大快朵颐一番。至今这一班的学生，已在世界各地发展，偶有相遇时，都会跟我说起那些年暑假，他们在佛光山饱尝水果的乐趣。

说到吃水果，由于我患有糖尿病多年，遵照医师的嘱咐不可以食用含糖太多的甜品；因此，虽然佛光山开山至今近五十年，我大概也没有吃过五十颗的荔枝。我住的开山寮后面，也栽有数棵荔枝树，承蒙徒弟的孝心好意，每年都会摘几串说要给我尝鲜，但我总是对它淡淡然，甚至未吃一粒。

不过，假如花生也算是水果的话，那么我吃得最多的应该就是花生了。花生，是一种最平等的食品，一包花生，帝王将相可吃，贩夫走卒也同样享用。此外，西瓜也是相当大众化的果品，它的价格不高，从大饭店的高级餐宴，到马路边的水果摊位，上到高官富商，下至普罗大众，人人都吃得起。在我的童年时代，家乡有一句歌谣说："桃吃饱，杏伤人，西瓜吃死人。"听说西瓜吃多了，对身体有害，因此，许多大人们不许小孩子吃太多的西瓜。但是在我心中的评价里，还是以花生和西瓜这二种平价的食物，最讨人喜爱。

大树乡不产西瓜，也不流行花生；而香蕉、草莓、柠檬、芭乐，这许多水果不算太便宜，不是日常中主要的食物，不吃它，也不是什么不能过的事情。曾经有一段时期，山上不少的青年学子建议常住，在午餐之后能够供应他们一些水果，好帮助肠胃消化。我一听大为惊讶，粗茶淡饭，是我们出家人的本分，所谓"丛林菜根香"，对于徒众要求吃水果，我真是不可想象。

其实，像冬瓜、南瓜、丝瓜、瓠匏、黄瓜、番薯等这些蔬果，都是我们三餐过堂少不了的菜肴，难道这不是水果？不能帮助我们肠胃消化吗？这只是满足口腹之欲，助长浪费而已。

不过，由于时代已有不同，有一段时间，我还是随众开放，在午餐、晚餐后，准许大家吃一点信徒赠送或山上种植的水果，但规定不准带回寮房，以免果皮残屑引来蚊蝇、蚂蚁，影响环境卫生。甚至后来年轻的徒众，总是欢喜拥有一点私人空间的特权，只要有家人带来或常住分送的水果，美其名曰在他的房里供佛，最后当然是进了他的"五脏庙"里，我也就不再追究了。

佛光山自从开山以来，每年不断举办活动表示敦亲睦邻，像冬令救济，发放压岁钱给每户儿童，赠予棉被、毯子、家电用品等，几十年来，却总是徒劳无功，既没有人说声谢谢，也没有获得他们的认同。我也曾经向有关单位争取，把山下狭窄的泥土路翻修了三次，成为现在四线道的柏油路；我力请装设自动电话、自来水管到达各村各户；我开办学校、幼稚园，设立诊所、邮电服务处，申请装

在国际水果节中，小朋友送来家里种的凤梨（二〇一二年六月二日）

设路灯等等。在我想，我应该为敦亲睦邻做一些好事，但山下的民众似乎不太领情，对他们而言，大概觉得这是政府应做的事吧！

也许，这真是应了民间一句俗语"近庙欺神"，但我却从来不知道原因在哪里？总以为是本地居民认为我们是外乡人来这里建寺，因此在想法上有许多的格格不入。

直到近十几年来，每年在荔枝上市的时候，我总交代都监院的职事们，向当地的农民采购数万斤的荔枝回来，送给护持本山的功德主、信徒，一来是结缘，二来是帮忙果农销售。这么一做，博得当地村民许多好感，引起热烈回应，认为佛光山这项措施对他们的农产品收入大为增加，才真的相信佛光山可以成为他们的好邻居，彼此友谊往来，改善了几十年来相处的关系。

后来,陆续有乡里的村民在农闲时上山做义工,甚至帮忙大寮典座、行堂的工作。尤其举办法会的时候,成千上万的人一下子涌进佛光山,吃成了一件煞费苦心的事,多亏他们支援,解决许多人力上的问题。甚至,山上许多的杂务也由他们包办,成为佛光山最佳的后勤。

但在农忙的季节,这些农民们就得回去照顾、销售他们的荔枝了。我偶尔经过农村和路边的摊贩,都会停下车来,跟他们购买几箱的荔枝,带回去给全山大众享用。看到那许多农民的眼中,流露出感谢的光芒,我也体会到,这许多果农看到自己经过一年劳苦换来的水果能够销售出去,买者、卖者之间的欢喜,真是其乐也融融。

然而二〇一二年四月间,我辗转听说了果农的辛酸。这些一般种玉荷包的小户佃农,他们会种植水果,但不会销售水果,水果从产地采收之后送到集散市场,必定要有通路,才能运送到其他的都会,最后到达消费者的手中。这当中,经常因为中盘商的贤愚不等,让这些水果没有获得良好的价格,而有所谓"三文不值二文",使得农民的辛苦难获公平的待遇。假如再碰上天灾损害,不但农民的血汗付之东流,甚至血本无归,那就真的是欲哭无泪了。

就在高雄市农业局蔡复进局长来山,跟我谈起这样的情况时,我心中忽然一动,此事我们应该可以帮一点小忙。于是我和常住大众讨论,决议试办"国际水果节",以市价直接向农民购买一百万斤的荔枝(合六百多公吨),邀约我们的信徒、别分院,以原买价帮忙推销,所有购买者,将款项直接付予农民,佛光山只做桥梁,提供通路的协助服务,不积极参与贩售,同时也嘱咐弟子不许和农民讨价还价。

消息一经发出,四方响应,许多信徒、功德主、各方朋友、公司行号得知后,一起共襄盛举,纷纷购买玉荷包馈赠亲友,或是当作公司送给客户的礼品。也有一些企业家热心来电,要我们供应几

佛光山法师们集体出坡，协助果农推广玉荷包（陈璿宇摄）

百斤、几千斤，甚至数万斤的荔枝，表示他们也要参与这桩盛事，对农民略表心意。甚至还有善心人士发挥爱心，买来赠送给弱势团体，让他们也能尝到台湾水果极品“玉荷包”的美味。

说来，可能有很多朋友吃过“玉荷包”，但不太了解何谓“玉荷包”。过去，这个品种的荔枝很难栽种，经常只有开花，结不了多少果实，让农民白费多少苦心和照顾的汗水。后来，大树乡农民王金带先生尝试把一棵荔枝树上开的花，去其一半，另外一半留下来，才终于成功，结出我们现在所看到的“玉荷包”。“玉荷包”外观似玉，绿中带红，皮薄、核小，吃起来香嫩多汁，相当甜美，有的还有糯米的味道，堪称水果一绝。

曾有果农表示，他的果园就与佛光山相邻，每年所种的“玉荷包”，都是听寺里的早晚课诵梵呗音声长大，因此长得特别好。也有果农说，他用了山上的大悲咒水来灌溉，佛祖加持过，结果率特别高。我不知道这些“玉荷包”与其他人的荔枝有什么不同，但我希望每位农民发财的心是一样的。

“玉荷包”的产期短、产量低，并且相当娇贵，不耐时间久藏，

高雄市长陈菊莅临高雄大树国际水果节

一旦从树上摘下来，一二天后，果皮的外相就会变色，因而有“一日色变，二日香变，三日味变”之说。所以，要从台湾南部运到北部，可谓路途遥远，必须用“快递”的方式，争取最快的时间送达目的地，才能让大家真正尝到来自原产地的鲜味。

这不禁让我想起，当初杨贵妃高居中原长安皇宫里，而荔枝是生产在南方一带的水果，再怎么十万火急的运送，距离京城也有千里之遥；我想，等到杨贵妃吃到荔枝的时候，应该不是怎么新鲜的了。比起千年之前的唐朝，二十一世纪的我们，拜现代化科技之赐，连吃水果，都比杨贵妃要幸运得多。

过去在台湾，鲜少听说什么水果节，顶多是在哪一个月份，有哪一种水果成熟，就以之名为“香蕉季”、“凤梨季”、“文旦季”等。我在想，既然台湾是美丽宝岛，尤其水果国际知名，何不有计划地为这些果农们订个水果节日呢？

尤其，高雄的水果种类众多，曾经外销到日本、韩国、新加坡，甚至远到美国、加拿大等。这许多不同的水果，各有不同的盛产期，不如就从五月十六日起到六月十六日这一段水果生产最旺盛的期间，举行为期一个月的水果节，就取名“高雄大树国际水果节”吧！

为了提倡这个盛会，我特地搭建一百间的帐篷，在水果节举办的这段期间，提供给当地果农推广他们种植的水果。五六月的南台湾，已是艳阳高照，为了降温，会场上设计每五秒钟喷洒一次的洒水喷雾器、一米宽的遮阳廊道，让农民和水果不致太热，与会者也可以安心闲逛；另外，配上统一的摊位标帜、背板等等。果农们看到一旁还有容纳百部游览车的宽阔停车，开心地笑说：这个水果节，把他们从过去路边摊的零售，升级到专业卖场了。

此外，我在“问道堂”辟出地方作博览会场，展出各种水果产品、种类、成长的过程，进行户外教学。我并且邀请当地学校的老师、果农中的知识分子、佛光会的檀讲师等，前来为大众讲说各种水果的源流、常识以及它的好处利益。

我更找来街头艺人作专业的演出，引起许多人驻足欣赏；我也

与佛光山农友会亲眷，于佛陀纪念馆万人照相台合影（苏少旸摄，二〇一二年六月三十日）

邀约歌仔戏团登台唱戏，吸引众人的目光。整个占地千余坪的水果节会场里，有人卖水果，有人吃水果，有人看表演，有人玩游戏，一时热闹不已。大家身处在这里，像是感受嘉年华会一样，终于知道我们台湾也有“水果嘉年华”了！

参与的民众、游客、信徒，也是“有朋自远方来”；例如：大陆、澳门及日本、印尼、泰国、菲律宾、马来西亚不等；特别是百余位香港的信徒、佛光会员，他们不仅专程搭机来台享用水果，返港时，还人手数盒，带回上午才摘下来的“玉荷包”赠送给亲友，让他们吃到当日直接从产地跨海而来的水果。彼此感染惊喜、雀跃、感恩的心情，那真是人间一件美事。

在佛教里，香、花、灯、涂、果等，都是信徒表示供佛最虔诚的供品，我特地于二〇一二年六月二日，邀请高雄市的市长陈菊女士前来为国际水果节主持“祈福法会”，让此一水果，上供十方诸佛护法龙天，下及一切民众，同时也为辛苦的农民表示感谢与祝福。

而在这个月当中，本山为了广结善缘，凡是来到佛光山、佛陀纪念馆参访的游览车，我们皆以五斤重的“玉荷包”各赠一盒给司

佛光山为大树果农及乡亲们举行祈福法会,会后所有贵宾于佛前合照。左起:慈惠法师、心培和尚、高雄市副市长陈启昱、陈菊市长;右起:慈容法师、岭口天坛谢义雄先生、陈顺章居士(二〇一二年六月二日)

机先生和随车导游。一个月下来,总计送出了将近六千盒。

为了帮助果农争取好售价,只要在市场集散地(行口)的果价一下跌,佛光山就出面力挺,维持它的价格不致下滑。或者有香客、游客不知水果节的本意,经过会场时,或匆匆浏览,或呼啸而过,以致许多摊贩乏人问津时,我们为了支持这些果农,也自愿向每个摊贩购买十盒、二十盒结缘,聊尽心意。

总说一句,二〇一二年的"高雄大树国际水果节",虽然初试啼声,但可谓皆大欢喜落幕。欣慰的是,本山和各地别分院弟子、信众无不全力参与,其中慧传、妙志、永均、妙开等出力尤多;而我,

二〇一二年的"高雄大树国际水果节",虽然初试啼声,但可谓皆大欢喜

也在这一个月中前前后后、进进出出,忙得不亦乐乎！果农们好意给我的荔枝,也就顾不了多年糖尿病必要的忌口,大概已经吃了不只五十颗以上了。

文末,为了保障农民和消费者,我们有几点向各位报告:

一、希望果农早一点和本山联系,告知"玉荷包"的产量,以便统一规划。

二、希望来到佛陀纪念馆的香客、游客,能够发起慈悲心,带一点水果回去和亲友结缘,直接帮助果农。

三、希望有心有缘的企业家们,欲以"玉荷包"和亲友或低收入民众结缘,早日与本山联系。

首届的"高雄大树国际水果节"圆满了,祈祝来年荔枝、凤梨等水果丰收,果农欢喜,无论买者、卖者、见者、闻者、见作随喜者,所谓"施者受者,等无差别",彼此都功德无量了。

展开双臂
拥抱全球

我办公益基金

我想，一个人拥有多少的钱财并不重要，
要会用才是有智慧的。
因此希望今后我们的佛教徒，
个人有了遗产，
不一定要留给儿女子孙，
可以交还给社会，
参与社会公益的捐助。
我们为公益信托教育基金
设立了很多的奖项，
虽不能像“诺贝尔奖”提供的资金那么的多，
但是在华人的社会里，
我仅就此馨香一瓣，
祈愿中华文化的光芒能够照耀十方。

说到我为什么办公益基金，要从二〇〇八年下半年度说起了。记得在八月的时候，我应邀到北京出席奥林匹克运动会，接着又转赴美国的弘法行程。我在西来寺的时候，有一天心血来潮，就随口问旁边的人，我现在有多少钱。

他替我查了一下，说："师父，光是您的出版品就有不少版税了，折合台币，总共有三千多万元。"

我一听，这还得了，一个出家人怎么能有这么多的钱？我想，佛陀当初应世八十年，我也是八十岁，假如哪一天死的时候，一定有不少人关心一个问题：星云大师有多少的遗产？多少的存款？

老实说，佛光山从开山以来，寺庙都不是我的，也都不在我的名下，如今我有三千多万的存款，这太可怕了！一般人不知道我的性格，以为"星云大师很有钱"。其实我的一生,大家看到那许多的金钱、事业,都是万千信徒的成就;我自己也是信徒之一,当然也要布施、喜舍,所以我过去所有的收入,都是捐给常住,我以享受贫穷为乐。

我个人没有存款,没有保险柜,没有抽屉、锁匙,甚至我也没有口袋;就算是衣服有口袋,里面也不见得有钱。现在忽然有了这么多的钱,我觉得这不是我的光荣,也不是我的愿望,我一生都是欢喜给人,有了钱财,总想到要怎么把它用出去,因为金钱用了才是自己的。也因为这样,曾经有人告诉我:“大师,您的一生都是给人给出来的。”

我找了几个弟子来商量,想把这些钱捐给常住,或者捐给大学,弟子们劝我:“您从过去以来,给常住的已经很多了,常住现在也可以自立了,还是留着自己做想做的事吧!”

后来就有人建议我,可以成立一个公益基金。什么是公益基金?就是有了钱,不一定存在自己名下,或者我和朋友把别人赞助的款项,用一个公益基金的名义存到银行里,只要符合公益的条件就可以动用它,但是自己不能再收回来,因为钱已经属于社会公益的专款,必须由银行依信托条件支付各类善款的运用。

我一听,这很好,把钱存在银行里给它周转,对银行有利益,对我们也很好,有银行代为管理,有保险,又可以做善事。

不到一年的时间,一下子就累积到一亿多元。我心想:利息有这么高、有这么快吗?原来很多朋友知道了,都来赞助,如:于穆允鹤、李丽珠、林吕德文、杨新函、侯西峰、陈永泰、陈蔡璧玉、温三郎、赵辜怀箴、赖维正、赖义明、刘招明、薛政芳、罗李阿昭、萧碧霞、严宽祜等人(依姓氏笔画排序),还有各界的人士陆续响应捐款赞助,我都不知道他们何时捐款,但是银行里确实收到这些捐赠的款项。

由于这些钱来自十方大众,就应该把它用之于社会的公众利益，所以从二〇〇八年，徒众为我成立“公益信托星云大师教育基金”以来，我们举办过“Power 教师奖”；有感于媒体对社会关系重大，又在二〇〇九年成立了“真善美新闻传播奖”，此后陆续成立“全球华文文学奖”、“三好实践校园奖”、“教育奖”等。以下就这些奖项的内容约略介绍如下。

真善美新闻传播奖

我曾在《天下远见》的杂志上看到一篇文章，谈到“媒体让台湾沉沦”，因为现在的媒体只报坏不报好，甚至报假不报真，或是报道对立的、纷争的，坏人打架，随便一句话、一个动作就可以写一大篇；好人做了多少善事，有志者如何力争上游，却都不提一个字。所以我想，要对台湾有贡献，必须先净化媒体！

承蒙远见天下文化教育基金会董事长高希均先生接受我的请托，担任这个奖项的主任委员，远见天下文化教育基金会执行长王力行女士、永庆慈善基金会董事长赵怡博士等，组织一个评审委员会，他们也为我邀请到社会上有知名度、可信赖的贤达，如：“总统府”资政汉宝德先生、台湾红十字会总会长陈长文先生、董氏基金会董事长谢孟雄先生、财团法人公益平台文化基金会董事长严长寿先生、“中央大学”认知神经科学研究所所长洪兰女士、大小创意斋创意长姚仁禄先生、第一社会福利基金会董事长柴松林先生、趋势科技文化长陈怡蓁女士、前台湾“清华大学”校长刘炯朗先生等社会贤达为遴选委员。目前我们的“真善美新闻传播奖”已经办到第四届，在社会上也引起了很大的回响，成果如下：

首先是二〇〇九年十一月一日，第一届颁奖典礼于台北新舞台表演厅举行。得奖人分别有：世新大学创办人成舍我先生获颁“新闻典范人物奖”，《联合报》总主笔黄年先生、资深评论家南方

第一届"星云真善美新闻贡献奖"颁奖典礼。"专业贡献奖"黄成(左四),"教育贡献奖"徐佳士(左五),"典范人物奖"成舍我由二女成嘉玲及三女成露茜代领,"专业贡献奖"南方朔(右一)(二〇〇九年十一月一日)

朔先生获得"新闻专业贡献奖",政治大学新闻系退休教授徐佳士先生获得"新闻教育贡献奖"。

二〇一〇年十一月九日,同样是在台北新舞台表演厅举行第二届的颁奖典礼,授奖对象扩大到大陆及海外华人地区,总经费也从第一届的五百万提升到一千两百万。除了上述遴选委员,海外地区聘请了香港的朱立教授、陈韬文教授、冯强首席讲师,新加坡的朱添寿教授、郭振羽教授、许廷芳律师,马来西亚的专栏作家朱自存先生、陈再藩先生,大陆的丁淦林教授、赵玉明教授等十二位专业人士担任遴选委员。

那一次,获得"终身成就奖"的是,长年在平面媒体发表评论的《联合报》前社长张作锦。《中国时报》前社长王健壮、TVBS 新

第二届“星云真善美新闻传播奖”之“华人世界特别奖——典范报人”，由联合报系创办人王惕吾、中时报系创办人余纪忠获得。现任联合报系总管理处总经理王文杉（右二），代替祖父王惕吾；以及余纪忠文教基金会董事长余范英（右一），代替父亲余纪忠接受奖座（二〇一〇年十一月九日）

闻部总监詹怡宜，因为坚持传播媒体人的理想与专业，成果受肯定，荣获“传播贡献奖”。“新闻教育贡献奖”则是颁给一生奉献于新闻教育，教学严谨的前政大新闻研究所教授李瞻先生。

另外，鼓励台湾青年记者坚持媒体人使命的“潜力奖”，分别由中投有线电视新闻特派员王盛春、正声广播电台主持人吴碧玉、《联合报》专业新闻组长梁玉芳、民视专题记者黄兆徽及《自由时报》台东召集人黄明堂等人获得。

为了追念联合报系创办人王惕吾先生及中时报系创办人余纪忠先生对华文新闻事业的贡献，我们也颁给两位已故报人“华人世界特别奖——典范报人奖”。

香港凤凰卫视行政总裁刘长乐先生多年来热心公益文化，致力搭建两岸沟通桥梁，获颁“华人世界特别奖——媒体经营杰出奖”。

另外，有来自香港、大陆以及新加坡、马来西亚地区的媒体人得奖，分别是：上海交通大学媒体与设计学院院长张国良教授获颁“教育贡献奖”，中央电视台主持人暨制片人白岩松、香港《信报》创办人林山木、《亚洲周刊》总编辑邱立本、新加坡《联合早报》总编辑林任君、前《南洋商报》总主笔张景云以及星洲媒体集团总监刘鉴铨，获颁“传播贡献奖”。

第三届“真善美新闻传播奖”颁奖典礼，是在二〇一一年十一月二十日于台北世贸国际会议中心举行，对象更扩大到全球华人地区，希望借此鼓励全球华人媒体坚守媒体伦理，维护公理正义，充分发挥媒体的影响力。

首先，《中央日报》前社长姚朋（笔名彭歌），他在学术、实务上经验丰富，新闻专业度备受同业肯定，著作等身，成就斐然，获颁“华人世界终身成就奖”。

台湾政治大学新闻学系前教授汪琪，在传媒国际化及传媒对社会文化的影响研究贡献卓著，获颁台湾地区“教育贡献奖”。

台湾地区的“传播贡献奖”分别颁给《新新闻》媒体事业群总裁周天瑞和《知识通讯评论》发行人兼总编辑江才健。

“潜力奖”，得奖者分别是：《国语日报》资深记者高修民，中天电视新闻台主播记者黄逸卿，《中国时报》调查采访室高有智、谢锦芳、黄奕潆、杨舒媚团队，大屯有线电视公司新闻部经理林焕文，中广流行网节目制作暨主持人杨玉欣。

海外地区的“传播贡献奖”得奖者分别是：新加坡南洋理工大学荣誉教授郭振羽教授，广州暨南大学新闻与传播学院范以锦院长，《世界日报》纽约社总编辑翁台生，广州中山大学传播与设计学院胡舒立院长。

第二届“星云真善美新闻传播奖”之“海外新闻传播贡献奖”的海外得主：星洲媒体集团编务总监刘鑑铨（右）、《南洋商报》总主笔张景云（左），来山拜访（二〇一〇年十一月十二日）

此外，在这次的评选中，大会颁发了两个特别奖，分别是：

厦门大学传播学院院长张铭清教授，因致力推动两岸新闻与传播研究的交流，为台湾媒体在大陆的采访排忧解难，对两岸媒体界与学术界的合作互动深具贡献，特别颁赠“两岸交流贡献奖”；在中天、东森、凤凰卫视等担任节目主持人的陈文茜女士，获颁“两岸新闻资讯贡献奖”，肯定她多年来制作优质节目，深度剖析两岸及国际时事，引发国人对国际议题的关注。

二〇一二年，“真善美新闻传播奖”，已经举办到第四届了，在十二月一日于佛光山佛陀纪念馆大觉堂举行颁奖典礼。这次的奖项有：

“华人世界终身成就奖”，由《联合报》副董事长刘昌平获得。刘先生在新闻工作逾六十五年，开创全球华人民营报业大局，为人清正，在新闻界有君子之誉。

“新闻教育贡献奖”，由政治大学传播学院新闻学系朱立教授获得。

台湾地区“传播贡献奖”的得奖者，由《中国时报》专栏作家傅建中、台湾文史工作室创办人徐宗懋、资深主播沈春华获得。

“潜力奖”颁给：联合报系记者于趾琴、江睿智、林则宏、王茂臻、姜兆宇、陈云上等团队制播的“愿景工程“台湾快转、幸福下乡”，张翠芬、江慧真《中国时报》调查采访室主任记者的“新故乡动员令——来自土地的呼唤行动”，中天电视公司新闻主播洪淑芬、摄影记者詹品宏的“后山的心灵捕手”，“中国电视公司”社会组组长温钰萍、摄影记者魏有德的“前进爱滋戒毒村”，以及汉声广播电台台北总台新闻记者主播胡宥佳制播的“点亮幸福的微光——用爱解冻系列报道”获得。

海外地区的“传播贡献奖”，则由世界华文媒体集团执行董事暨总编辑萧依钊女士获得。萧女士从一九七八年以来，投身马来西亚新闻工作，深入社会关怀弱势，三十余年来如一日。

特别一提的是，二〇一二年六月，萧女士到佛陀纪念馆参加首届的“星云人文世界论坛”，会后她来找我，并提出希望我到马来西亚弘法的请求，让我深受感动，于是促成我到泰国、马来西亚、新加坡巡回弘法的因缘。十一月二十四日晚上，承蒙大马世华四大媒体、马来西亚大马佛光人及佛教各界人士，联合在莎亚南体育场举办了一场“三皈五戒暨为社会大众祈愿祝祷”，邀请我去主持，现场有八万多人与会，四万多位民众皈依三宝成为佛弟子。这是继一九九六年之后，我再度回到莎亚南体育场主持弘法大会，信众的热情更胜于当时，也让我感受到当地媒体及各界人士的真、善与美好。

其实，媒体人平时冲锋陷阵，深入社会各角落发掘新闻，也需要社会大众给予肯定与鼓励。因此我成立“真善美新闻传播奖”的用意，主要是希望为传播界注入一股动力，进而推动社会的真善美。诚如萧依钊女士在颁奖典礼上，说了一句令我很感动的话："我们的社会从不缺少真善美，而是缺少发现真善美的眼睛。"如果所有的媒体人都有这样的认知，让我们的新闻少一分的暴力血腥，多一分人性的善美事迹，必然能发挥媒体正义的力量，增益人世间的美好善缘。

在这段期间，承蒙许多公益人士和企业团体的共襄盛举，其中或有不尽周全之处，但此中的善心美意，唯愿与媒体各界共勉之。

全球华文文学奖

举办了"真善美新闻传播奖"，感觉只是做了一点小事情，对社会的影响还是很有限，因此我又再请台湾文学馆的馆长李瑞腾教授来帮我办"全球华文文学奖"，邀请联经出版社发行人兼总编辑林载爵、元智大学国际语言文化中心主任王润华、《文讯》社长兼总编辑封德屏、政治大学台文所所长陈芳明、台湾大学中文系教授兼"考试院"考试委员何寄澎等人担任评议委员。

二〇一一年十二月十三日，第一届"全球华文文学奖"颁奖典礼在"国家图书馆"国际会议厅举行，由高雄中山大学荣退教授余光中获颁"贡献奖"；国语日报社前董事长林良先生、美国爱荷华大学荣誉退休教授聂华苓女士获得"特别奖"。

"创作奖"的部分，又分"历史小说"、"报道文学"与"人间佛教散文"三个奖项，"历史小说奖"，由美国哈佛大学费正清中心协作研究员姚署平的作品《他从东方来》获得佳作。

"报道文学奖"，由美国太空总署 CCM 计划经理杨祖爱的《亚马逊河的药师佛——推展《远程医疗》的脚印》获得第二名，台湾成大医院住院医师吴妮民的《纯真年代——林彦廷医师事件始末》、连明伟的《陆叁柒玖中的少爷——良显堂社会福利基金会的

第四届"星云真善美新闻传播奖"、第二届"全球华文文学星云奖"颁奖典礼，在佛光山佛陀纪念馆大觉堂举行，有文学耆老余光中（我右侧）、《联合报》副董事长刘昌平（我左侧）等人与会（二〇一二年十二月一日）

发展与社福相关议题》同获第三名，林中伟的《爱向前走——甘肃陇南支教采访记事》为推荐佳作。

"人间佛教散文奖"，则有丘爱霖、吴奕均、吕政达、林佾静、徐金财、沈志敏、梁玉明、刘曙彰、连明伟、徐万象等十人获奖。

桂冠诗人余光中先生在颁奖典礼上提到：长久以来，中国人难免都有"诺贝尔奖情结"，其实东方文化自有它的文化价值，和西方文学为主的诺贝尔文学奖是不同的，因此这次获奖，对他来说不但是一种殊荣，更是一份感动。他的一番话，也给予了我们很大的鼓舞。

第二届文学奖颁奖典礼，在二〇一二年的十二月一日，于高雄佛光山佛陀纪念馆大觉堂举行，颁发的奖项有：

"贡献奖"，颁予同样是桂冠诗人，有"华文文学捕手"、"文学花园园丁"之誉的前《联合报》副刊主编痖弦（本名王庆麟）。由于身体的关系，痖弦先生无法亲自前来领奖，透过加拿大传来的影像，他发表得奖感言表示："星云奖"的辟设，带给我们更明丽的愿景。大队的人马已经上路，而我这名骑瘦马逐西风的衰将，为了不甘心落在队伍的后面，也要鼓足余勇，赶上前去。

“历史小说奖”的部分，选出萧元恺的《海天梦遗》、高志峰的《剧神》为评审推荐佳作。

“报道文学奖”首奖从缺，第二名是李秀兰的《一路 ho - hai - yan——撒奇莱雅族丰年祭纪实》，第三名是马西屏的《眷村一道噙笑的泪痕》，分别报道原住民丰年祭及眷村的生活形态。

“人间佛教散文”，有来自海内外十三个国家地区的华人参选，获奖的有：顾德莎、方中士、解昆桦、张耀仁、黄晓芳、沈信呈、黄可伟、刘涤凡、孙彤、连明伟等，从他们书写内容和广度，可看出全世界的文化风貌。

曾有人问我，为什么要办文学奖呢？我从小喜欢文学作品，从出家时读的《维摩经》、《百喻经》、《大宝积经》等佛教经典，到民间的通俗小说，如《水浒传》、《三国演义》、《七侠五义》，后来经历五四运动文学飞跃的时代，也经常阅读陈独秀、钱玄同、胡适、鲁迅、许地山、巴金、茅盾、老舍等人的作品。我想，我一生欢喜读书，可以说是拜文学之所赐。

我到台湾之后，也持续不断的以文字来弘扬佛法，深深感受到文学对于启迪人心的无形力量。文学有美丽的外衣，佛学有深刻的内涵，多年来，我一直想把文学和佛学结合起来，因此设立“华文文学奖”，主要是感谢文学对我一生的帮助，借此鼓励全球优秀作家继续创作，也希望对今日式微的文学，略尽一点心意。

三好校园实践学校奖·星云教育奖

举办了新闻传播奖、华文文学奖之后，我的愿望还是觉得不够，于是又再商之于佛光大学校长杨朝祥教授，请他为我办各个学校的“三好校园奖”。为什么要强调“三好”？

一九九八年，我们将佛陀真身舍利从印度迎回台湾供奉时，我邀请连战先生，在台北中正纪念堂和现场的十万民众，共同发起提倡“做好事，说好话，存好心”三好运动。近年来，我们在凯达格兰大道举办佛诞节暨母亲节的纪念活动，也承蒙马英九先生出席参与，带领大家宣誓行三好。

之所以要提倡三好，是想到过去中国社会流传佛教的业报思想，讲到造业，是谁在造业？就是身口意。身犯杀、盗、邪淫；口犯恶口、两舌、妄语、绮语，意犯贪、嗔、愚痴，一个人要想从恶业到善业，就必须改造自己的身口意：身做好事、口说好话、心存好念。为此，我还做了一首《三好歌》，歌词如下：

人间最美是三好，
做好事、说好话、存好心，
平安就是我们的人间宝。
人间最美好是三好，
做好事，举手之劳功德妙；
说好话，慈悲爱语如冬阳；
存好心，诚意善缘好运到。
三业清净真正好，
实践三好最重要。

“三好运动”不是政府发起，也不是宗教运动，如果能从学校开始做起，进而推展到家庭、社会，必然有助于道德人心的提升，所以我就想到要办“三好校园奖”。

二〇一二年六月，我们在佛光山佛陀纪念馆举行第一届“三好校园实践学校”颁奖典礼，有二十八所学校得奖，分别是：

台北市立“建国”高级中学、和美实验学校、花莲县私立四维

第一届"三好校园实践学校"于佛光山佛陀纪念馆大觉堂举行颁奖典礼(萧惠珠摄,二〇一二年六月二十六日)

高级中学、佛光山普门高级中学、屏东私立华州高级工业家事职业学校、新北市立大观国中、新竹市立内湖国民中学、台中市立四张犁国民中学、嘉义县立布袋国民中学、台中市立至善国民中学、南投县私立均头国民中小学、高雄市立青年国民中学、新竹市立南华国民中学、台南市土城国民小学、台中市大林国民小学、花莲县太昌国民小学、台北教育大学附设实验小学、桃园县四维国民小学、台东私立均一国民中小学、台南市佳兴国民小学、基隆市尚仁国民小学、新北市埔墘国民小学、桃园县草漯国民小学、台中市私立华盛顿国民小学、桃园市新埔国民小学、高雄市鼓岩国民小学、云林县镇西国民小学、新北市鹭江国民小学。

杨朝祥校长在典礼上特别提到:"三好校园绝非口号,而是长期深耕的品德教育。""教育部训委会"常务委员杨玉惠也说:"感谢佛光山发起三好校园运动,希望未来能扩大到各学校,让更多人携手推动。"现场掌声不绝,可以感受大家对三好校园运动的支持与肯定。

紧接着,第二届"三好校园实践学校"也在二〇一二年的八月二十八日完成决审作业，共选出四十四所三好校园实践学校，分别是：

高中组八所

新申请：嘉义市辅仁高中、台中丰原高商、宜兰特殊教育学校、彰化县崇实高工。

续申请：台北市建国中学、高雄市普门高中、花莲市四维高中、屏东市华洲工家。

国中组十三所

新申请：嘉义县鹿草国中、台北市敦化国中、高雄市立德国中、嘉义县民和国中、台南市中山国中、嘉义县嘉新国中。

续申请：新竹市南华国中、台中市四张犁国中、嘉义县布袋国中、新竹市内湖国中、台中至善国中、南投县均头国中、高雄市青年国中。

国小组共二十三所

新申请：屏东县九如国小、彰化县土库国小、桃园县观音国小、高雄市西门国小、嘉义县隙顶国小、嘉义县内埔国小、台中市翁子国小、屏东县泰安国小、新竹市旧社国小、高雄市前金国小、高雄市九曲国小、台南市公园国小、屏东县饷潭国小、台南市河东国小、屏东县忠孝国小。

续申请：新北市鹭江国小、桃园县草漯国小、桃园县四维国小、高雄市鼓岩国小、华盛顿双语小学、花莲县太昌国小、台南市土城国小、国立台北教育大学附设实验小学。

几个月前，我们的公益基金在佛光山举办“三好校园实践学校共识营”，有上百位的校长、主任、老师前来参加，由此可见台湾的教育界已经开始重视“三好校园”的推动与落实。

除了“三好校园实践学校”，应该还要有一个“教育奖”，于是我又再请前“教育部长”杨朝祥先生来帮我办理。他也为我邀请了前“教育厅长”陈英豪先生、“中央研究院”院士曾志朗先生、“中国医药大学”校长黄荣村先生、前“教育部长”郑瑞城先生、台湾教育大学系统总校长吴清基先生、“国家教育研究院”院长吴清山先生以及佛光大学副校长刘三锜先生等担任指导委员会的委员。（由于这些委员当中，有五位是前“教育部长”，所以我们的“教育奖”在教育界当中，可称得上是“五星上将”的奖项）。

经过一连串公开推荐、实地访视、书面审查等严谨的作业，第一届教育奖选出十六位得奖者，也在二〇一二年十二月二十九日，于佛陀纪念馆举行颁奖典礼。得奖者分别是：

“终身教育典范奖”：陈忠秀

“典范教师奖”：

特教组：杨静怡、李及时、蔡淑芬。

幼儿园组：刘阿李、张淑惠、吴美凤。

国小组：林进山、吴欣悦。

国中组：杨惠如、陈一诚。

高中职组：洪绣美、李凯茜。

大专组：陈伟德、吴炳飞、李蔼慈。

承蒙吴敦义先生、“教育部长”蒋伟宁及历届多位“教育部长”出席祝贺，因此吴敦义先生致词时特别提到，我们的“教育奖”规模更胜于政府主办，尤其囊括五任“教育部长”担任指导委员，阵容强大，为教育界树立典范。他的一番话，也让我感到欣慰了。

其实，我办这些公益奖项，虽然奖不多，但是心意是无限的。唯愿我们的“三好运动”不是只有昙花一现，而是要持续下去，进而扩展到整个社会。台湾虽然只有两千三百万人口，如果每个人都能做好事、说好话、存好心，一个人可以抵上百人，必然能成为社会上一股不容小视的力量。

第一届“星云教育奖”颁奖典礼，有吴敦义先生（右三）、“教育部长”蒋伟宁（右二）及次长林聪明（右一）颁奖，尚有五位前任“教育部长”共同参与，如杨朝祥（左二）、吴清基、郑瑞城、黄荣村，及前台湾省“教育厅长”陈英豪等，为难得的历史镜头（慧延法师摄，二〇一二年十二月二十九日）

奖励当代典范人物的“君子奖”

除了推动“三好运动”，最近我又想到，现在我们的社会好像慢慢被时代的舆论、人心打倒一般，没有领袖、没有道德人格的典范人物了。我们不禁要问：孔子在哪里？孟子在哪里？王守仁在哪里？朱熹在哪里？甚至于佛教的六祖惠能大师、玄奘大师在哪里？我们似乎缺乏社会的栋梁，所以我就想成立一个“国宝奖”。虽然能提供的奖金不是很多，但想到人在一生当中，能被推举为国宝，也是一件很有意义的事情。

我商之于很多的名家，他们都觉得“国宝奖”很难选，因为现在的国宝，大都偏于专业的、地方的人士，如布袋戏的李天禄、黄海岱，或者唱《思想起》的陈达等；像过去的梁启超、康有为、黄兴、宋教仁等许多有思想、有国际声望的人物都不容易见到了。

或许国宝难为，于是我又再筹思，是否不称“国宝奖”，改称“君子奖”，希望在往后的岁月里，我们的公益基金能以一个“君子奖”的名义，给予那些尊重道德人格，而且对华人世界有影响的仁人君子们一个机会。

我想，佛陀眼里看到的众生都是诸佛菩萨，难道我们的社会、我们的中华文化里孕育不出一个当代的君子吗？

“一笔字”延续人间善美因缘

2011 年佛光山传授三坛大戒，五百名戒子全省行脚托钵祈福，为公益基金募化到一亿元左右，现在公益基金的总数也有七亿元了。不过我举办这么多的公益奖项，花费太大，为了让未来的经费免于匮乏，我就想到过去承蒙很多人士的帮忙赞助，我都写字感谢他，从这当中又带动了更多的因缘。如过去的西来大学不就是我写字写出来的吗？

其实，我的字没有什么了不起，但是如果能借由“一笔字”的缘分募集公益基金，不仅能增加善款，也可以让人间的善美好事继续延续下去，那就很有意义了！

承蒙弟子如常把我的字拿到世界各地巡回展出，同时在佛陀

因多年糖尿病而眼底钙化，只剩百分之五的视力，自创“一笔字”，书写联语妙句、祝福语词，作为公益基金结缘之用（二〇〇九年九月十一日）

纪念馆的“六度塔”有一个公益信托基金的常设展，让许多十方有缘人士共成好事，把功德留给社会，把智慧的法语带回家。

与“星云文化教育公益基金会”秘书长鲁秋彤女士合影（二〇一二年八月十八日）

现在我也请主办公益信托教育基金的执行长觉元、秘书吴淑华，替我留意一些社会弱势、苦难的人，我们的公益基金可以为他们多少尽一点心力，给予帮忙。所谓“救急不救穷”，社会的贫穷，我救不起，不过尽量相互扶助，这是我很乐意做的。

因此在公益信托教育基金成立至今届满五年之际，我们也在大陆申请成立全国性的“星云文化教育公益基金会”，由鲁秋彤女士担任秘书长，希望能对社会人群服务奉献。在此我也有个愿望，如果能把做好事、说好话、存好心的“三好运动”推广到大陆去，相信对于净化人心，必然会有一些帮助。

我想，一个人拥有多少的钱财并不重要，要会用才是有智慧的。因此希望今后我们的佛教徒，个人有了遗产，不一定要留给儿女子孙，可以交还给社会，参与社会公益的捐助。

我们为公益信托教育基金设立了很多的奖项，虽不能像“诺贝尔奖”提供的奖金那么的多，但是在华人的社会里，我仅就此馨香一瓣，祈愿中华文化的光芒能够照耀十方。

[illegible]

[illegible]星雲

星雲

一笔字的奇事

尽管我早已是风烛残年的老人，
手抖厉害、几近眼瞎，
只是以模糊的影像，书写大字，消遣岁月。
但是各方的徒众，
却都把我当作出产书法字的宝山，
称我的字为“墨宝”。
我一再不准许他们如此称呼，
要大家改口说是“一笔字”，
我才肯为他们再写。
为了获得我的字，
大家也都很知趣地不再高抬字的价值了。

每当早上天空还蒙蒙亮的时候，我就起身，开下电灯，开启了每日早晨的功课——“一笔字”书法。举凡“正命”、“无尽藏”、“行走山河”、“仁慈天下”的字句，我规定自己每天至少要写上五十张。可惜，因为我的眼睛看不到字，只有凭靠感觉，对准了中线，便一笔到底地把宣纸上要写的字句，一次写完；否则，中途停顿，也就不知道如何衔接上下笔画了。因为每天固定书写，好或不好也都不计，我就姑且将它定名为“一笔字”。

我自知一生有许多的缺点，例如：五音不全、不喜积聚等。尤其从小没有练字的习惯，所以凡是教书时黑板上的粉笔字、笔记上的钢笔字，都显得软弱无力。但环境能造就一个人的转变，一九五三年初，当我驻锡宜兰雷音寺这间简陋的小庙时，每年都要做一次佛七法会，因为没有钱粉刷道

肉眼看不到，用心写一笔字（二〇一二年三月二十六日）

场，只得买些红、黄、绿等颜色的招贴纸，写一些勉励大家念佛修行的法语来张贴，也算是一回的布置了。

每年一次的“佛七”，至少都要写个八十张左右的标语，光是构思文句就要花去一两天的时间。只是，每写好一张，自己看了都觉得还不能见人。可是光复初期的台湾，又没有什么书法大家，也不认识什么能人之士，不得已，字虽不好，总比什么都没有要好，也就勉强地再写下去了。等到第二年，招贴纸褪色了，再换新重写。就这样，一年又过一年，我连续写了二十六年，未曾中断。

说实在，一年才写一次，自觉在字体的美感上，实在没有什么

写一笔字（蔡荣丰摄）

进步。可是偶尔有些年轻的弟子，又会对我说："师父，你写两个字给我好吗？"因为是徒弟，不会说我写得不好，都是说我"字写得进步了"、"很好看"之类赞美的话，那么，我也就自觉得意，而乐于广结善缘了。

只是，往往下笔之后，看了看，还是觉得写得不好。不过，一方面，我心里也想，那是你跟我要的，又不是我强迫你接受的，也就不再感到愧疚了。

记不清详细的时日，在一九九〇年代的某一天，偶然的因缘之下，我前往台北慈容法师主持的普门寺。那时，他们正在隔壁的佛殿里举行梁皇法会，礼拜《梁皇忏》，我在佛殿后方的办公室里等待。因为大家都去拜忏了，办公桌没有人使用，不晓得是哪一位弟子的桌上摆有笔墨，我就在那里坐了下来，信手拈来，便书写了几个大字。

就在收笔的那一刻，忽然间，一位年老的妇女走进来，一面悄悄地递给我一个厚厚的红包，一面还叮嘱说："师父，这是给你的，你可不要给佛光山喔！"我一向不喜爱收红包，但是在这时候，强硬地拉扯也不好看。所以，我就顺手写了四个字送给她。可怜的，那个时候，连一张宣纸都没有，只是用了一张薄薄的油印纸，也算是

“秀才人情纸一张”，聊表心意了。

但是过了一会儿，她又从佛堂里回来，开心地对我说：“师父，大家都想要你写一张字送他们，并且都已预备好十万块钱，要来向你索字了。”我一听，很纳闷地说：“我又不是卖字的！”

原来，这一位老太太拿了我的字之后，就到佛堂里去炫耀说：“这是大师给我的字！”大家一听，纷纷说：“我也要、我也要！”于是，老太太就对他们说：“这可是十万块钱供养才有的呢。”前来拜《梁皇忏》的数百人，家庭经济都有相当基础，十万元还吓不着他们，各个也就都说：“我们也有十万块钱！”

为兴建西来、佛光等大学，写字义卖（一九九三年）

那时候，我忽然想到美国西来大学正在筹款建校，能有这十万元的帮助，也是很重要。因此，就义不容辞地和大家结缘了。一天下来，我竟然写了四百多张字。当然，我写字不是朝“钱”看的，只是想给人欢喜罢了。不过，既然大家有心，我也就做了交代：“假如因为我的字而能有善款，那么就全部汇给西来大学作为建校基金吧。”

没想到，消息一传开，第二天，另外一班来拜《梁皇忏》的数百位信徒，又开始了一片索字的热潮。他们听到昨天热烈索字的情况，也都说：“我们要大师写的字！”这回，我又被逼上梁山了，只有苦苦地在那张桌子上又写了一天。一整天下来，也是写了几百张。真可以说，当初西来大学的创办，并没有对外化缘，都是参与拜《梁皇忏》的信徒们，为了与大家一样，想要得到这么一张纸，进而才成就的。

由于这样的因缘，我心里就想，写个字，也能有这么大的好处，还写出一间大学来，看起来，今后真有人要字的话，我就跟他结缘好了。

顺道一提，我没有什么私人的生活空间，既没有书房，也没有办公的地方，尤其连一张办公桌都没有。当初建设佛光山的时候，所有的建筑都不是建筑师完成的，就只是我和一位初中毕业，不会画建筑设计图，也不会计算三角几何的木工萧顶顺先生，在没有办公桌，没有电话，没有圆规、工具的情况下，以一根树枝在泥地上谈论建筑规划，由我一面告诉他要多大、多小，要这样、那样，口耳传述建筑而成的。不过，也幸亏那时候山坡地开发，不需要建筑执照，才能成就今日的佛光山。

比较于一般人写字要有一张像样的桌子、纸张要平整的条件，才能写出好字，现在的我，也只有在一张会议桌上挥洒大字。二十年前，大木设计公司的负责人彭伯平先生，送了我一张人家丢弃不要的会议桌，长近五公尺，宽不到两公尺，平时除了写字以外，我还把它作为访客谈话、日常饭食之用。例如，我接待过的李登辉先生、陈水扁先生，及陈履安、郝柏村、吴伯雄、宋楚瑜、吴敦义先生等，他们都曾在这张会议桌上，品尝过我请他们喝的茶、吃的饭。

再说写字的时候，我的身旁总是围绕着很多的徒众，这个要一

书写"佛"字(蔡荣丰摄)

张字,那个要一张字,我总也要平等、普遍地结缘,让大家都能皆大欢喜。不过,虽然写字的时候,观众很多,大家七嘴八舌,可惜因为是弟子,他们都不敢批评我的字,大部分都是说:"师父的字进步了"、"师父的字写得好",只有偶尔听到人说:"太瘦了!"尤其萧碧霞师姑,她还跟我开玩笑说:"你不要老是写得像赵飞燕的字,应该写一些像杨贵妃的字。"这个意思就是要我把字写胖一点,我也就只有仔细揣摩、改进了。

虽然我已经年老,眼睛视力近于零,但是还好有过去那么一点写字的基础,所以现在提笔再写,一笔到底,也都能心想事成,大家仍然是说:"很好、很好!"那么我也就不遑多让,持续地写下去了。

1996年,在我七十岁的时候,右手开始出现颤抖的情况,已经不能再写字,所以著作《往事百语》的内容,都是由我口述,弟子满果帮我记录的。尤其二〇〇〇年，我创办《人间福报》的时候，除了右手颤抖，眼睛也因为糖尿病的关系，视力变得模糊，所以在报上发表的"迷悟之间"、"人间万事"专栏，也都是由满义为我做口述记录的。

只是，文字的记录，不是人人能做，没有满果、满义的时候，我无所事事，也就只好利用时间写字。横竖"一笔字"写得好与不好，也都不计较，就自在地挥洒了。

但是就在这个时候，柴松林教授跟我说，徐州的茱萸寺要我题写匾额；郝柏村先生要我为盐城净土寺题书……他们都说我字写得好。消息传开了以后，现在不少的寺庙道场，也都要我替他们题书匾额。

实在惭愧，我自觉我的字体还没有成型。但是，佛陀纪念馆在建筑中，弟子如常对我说，那里需要很多的佛法偈语，贴在墙上以增庄严。我不敢承当，就邀请了李奇茂先生帮我找了一些书法家来书写，可是弟子们却认为，不一定全都由书法家写，而怂恿我说："师父，你来写吧！"我也就随喜地写了二十二幅古德偈语。最后，他们还不由我分说地就把它们刻石在墙面上。没想到，见者都还首肯，因此，也就更增加了我的信心。这回我也就想，我是真的可以写字了，我的字可以见人了！

其实，在这之前，二〇〇七年，我就应邀举办"觉有情"书法展。那时，很荣幸地，能与赵朴初长者的遗墨同时在无锡展出。记得于赵朴老的书法展览会上，我还讲话："你们要我的字和赵朴老的字在一起展出，赵朴老的字是中国一流的，我哪能和他比？实为惭愧，你们要看我的字，真是不敢见人的。不过，希望你们要看我的心，我自觉我还有一点慈悲，还有一点随喜的好心。"

几年后，在我一笔字写开来后，尽管我早已是风烛残年的老

出席无锡举办的“纪念赵朴初诞辰一百周年遗墨展暨星云大师觉有情墨宝展”（二〇〇七年十月二十六日）

人，手抖厉害、几近眼瞎，只是以模糊的影像书写大字，排遣岁月，但是各方的徒众，却都把我当作出产书法字的宝山，称我的字为“墨宝”。我一再不准许他们如此称呼，要大家改口说是“一笔字”，我才肯为他们再写。为了获得我的字，大家也都很知趣地不再高抬字的价值了。

承蒙信徒大众的抬爱，继二三十年前，写字写出一所西来大学之后，近年来，欧洲多所寺庙，如：佛光山在瑞士日内瓦的国际会议中心、法国法华禅寺等，也都是靠我写字兴建起来的。

徒弟们也真是可爱，居然有人顾不得我的字能否登大雅之堂，就拿到各国去展出了。尤其弟子如常是艺术研究所的高才生，在

写一笔字是每日的功课(蔡荣丰摄)

她毕业后,一次又一次地把我写的字纸积聚起来,陆陆续续在台湾、香港和澳大利亚、新西兰、美国、日本等国家地区及马来西亚国家美术馆、美国伯克利大学、湖南省博物馆、重庆三峡博物馆、南京博物院、扬州双博馆、北京中国美术馆展览。

在这许多地方展出的时候,她也都要我前去观赏,但是实在说,我只有看到空间的布置之美,就算是偶尔走到字的前面,我也都匆匆而过,不敢驻足观览。

有一次特别的展出经验,倒是值得一提。二〇〇九年,非洲赞比亚驻维也纳联合国大使苏哈博士(Gyorgy Suha)主动提出,邀请我到联合国展出"一笔字"书法。据闻,这是历史上第一次有出家人的作品在联合国展出,但是由于旅途遥远,实非我老迈之身所能负荷,也就不克前往。不过,我还是特别录制了一段简短的谈话,让大家知道展出的因缘和字句的意义。后来,听说有来自一百五十多个国家的代表前往捧场,真是叫我大感意外。

目前佛光山又在澳大利亚兴办南天大学,这回大家也想效法西来大学的模式,所以纷纷要我写字。所幸地,感谢旅居悉尼的信徒们不嫌弃，随喜成就，我的“一笔字”才能像成就西来大学一样，再度成就了南天大学的创办。

不过，给我鼓励最大的还是在大陆宜兴，负责佛光祖庭大觉寺建设工程的妙士法师，她经常打电话回来给我，说：“师父，你的这一幅字，我送给哪一位企业家，他捐了一百万人民币；你的那一幅字，我送给了一间茶庄，他们捐了一百二十万元；有一家百货公司要想出两百万元，拜托你替他们写四个字……”关于字的价码，姑且不去谈它，不过，“一笔字”给妙士带来的鼓励，确实让她很兴高采烈地埋首在那里建设祖庭。我想，这也是佛祖加被吧！

“一笔字”书法：品牌（形象很好之意）

过去，每一次出远门，为了与各地的朋友结缘，我都会携带一些著作、书籍。只是沉重的行李，不但难以携带，还多次让海关加收了超重费。自从我写字之后，也就带给我许多的方便，只要一捆字带着，就能送给几十个朋友。不过，送字给人也是有艺术的，要看什么人送什么字。

例如，有一次，我得知信徒赖维正先生的贸易在欧洲做得非常成功，就写了一个“品牌”送给他。只是看他的表情，似乎有些失望，好像在告诉我，怎么不称赞他的人品，而只论他的货物有“品牌”呢？为了消除他心中的遗憾，我特地讲说了一个故事给他听。

有一位先生新开了一家咨询顾问公司，两个星期都没有客户上门。好不容易，有一天来了一个穿着邋遢的人，老板就问他："贵姓？"

他说："我姓李。"

"你做什么职业？"

"我是讨饭的乞丐。"

老板听后，很不屑地说："乞丐李喔！你有什么事吗？"

他说："我想请问你，怎么样才能发财？"

老板一听，难以置信地说："叫花子也想发财？"

乞丐李对于老板轻蔑的口吻，深不以为然，就回说："叫花子向人要钱，当然也是希望发财啊！"

老板听后想了想，还是觉得纳闷。不过，好不容易才有客户登门，也就不再计较了，便接受了乞丐李的请托。

由于这是第一笔生意，老板使出了一点花招，告诉乞丐李说："乞丐李！日后只要有人从你讨饭的地方经过，要给你钱，无论如何，你都只收五毛钱就好。假如那个人给了你一块钱，你就找他五毛钱，如果是给两块钱，或者更多，你也绝对不可以接受，永远只能收五毛钱。"

叫花李无法接受这种方式，就说："那怎么行？向人家讨钱，当然是越多越好啊！"

于是老板就说："越多越好吗？那人家就不给你了啊！如果你只收五毛钱，人家还会好奇，一个叫花子竟然这么有品格，也能把个乞丐做出品牌来，无论给他多少钱，他都只收五毛钱。那么消息传出后，你就会发财的！"

在老板一番说示之后，叫花李弯腰辞谢就要离开。老板见状，马上就叫住他，问说："顾问费呢？"

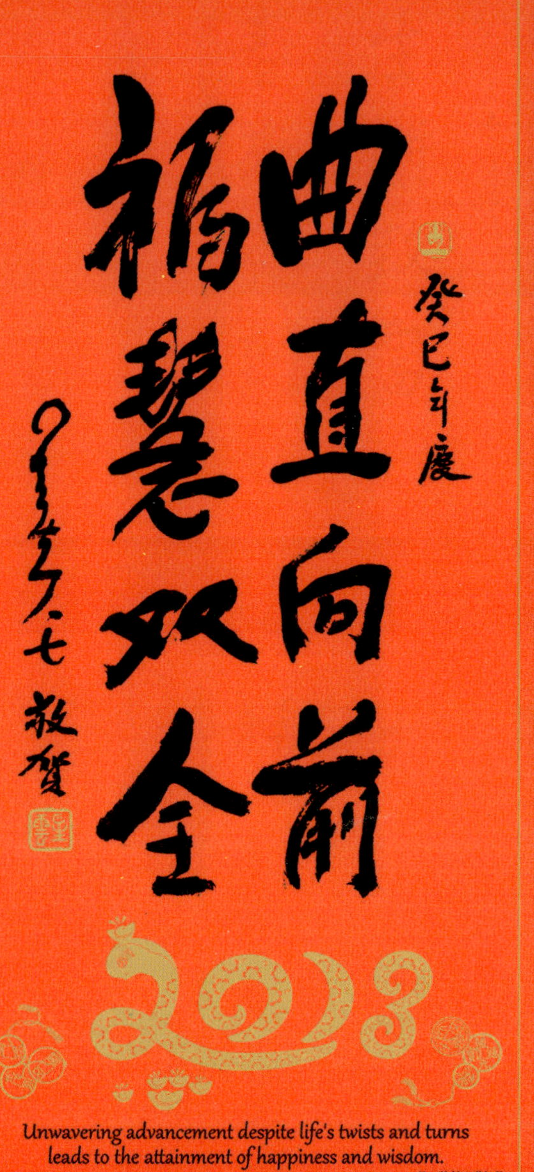

二〇一三年 曲直向前 福慧双全

二〇一二

二〇〇四年

年　龙天护佑

二〇一一年　巧智慧心

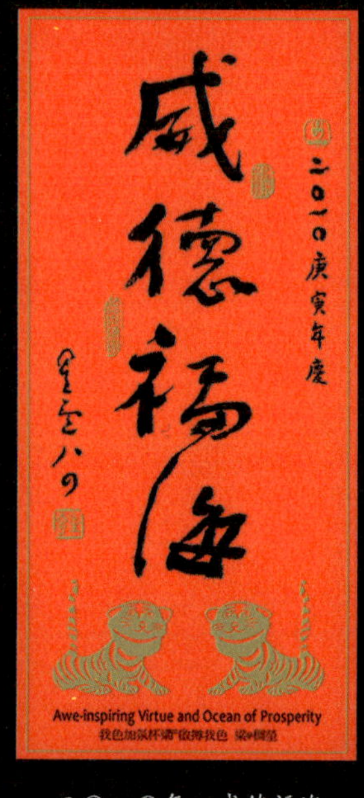

二〇一〇年　威德福海

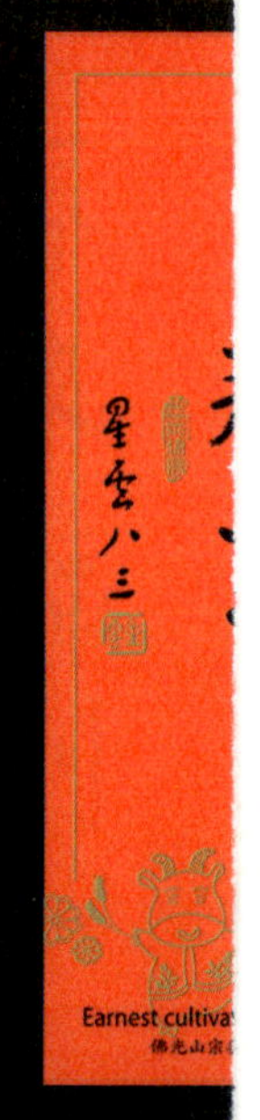

二〇〇九

年　身心自在

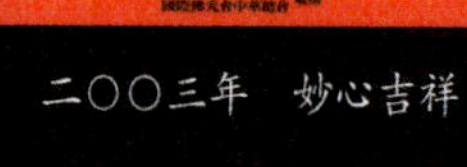

二〇〇三年　妙心吉祥

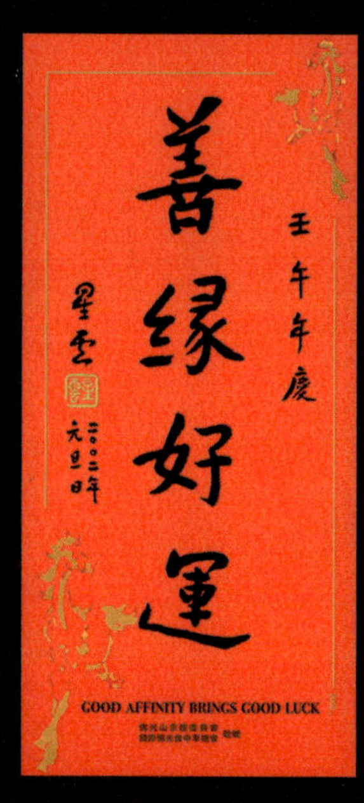

二〇〇二年　善缘好运

二〇〇

一九九六年起至今，题写春联，每年发行数百万张以上，世界各地

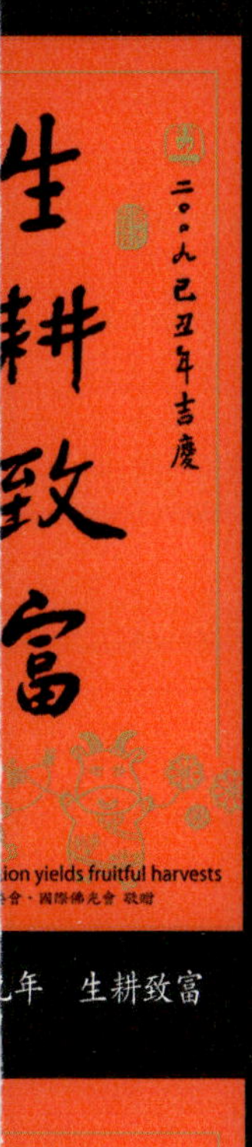

九年　生耕致富

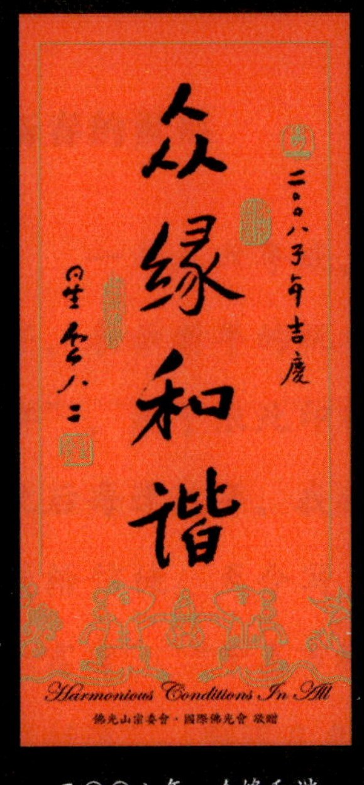
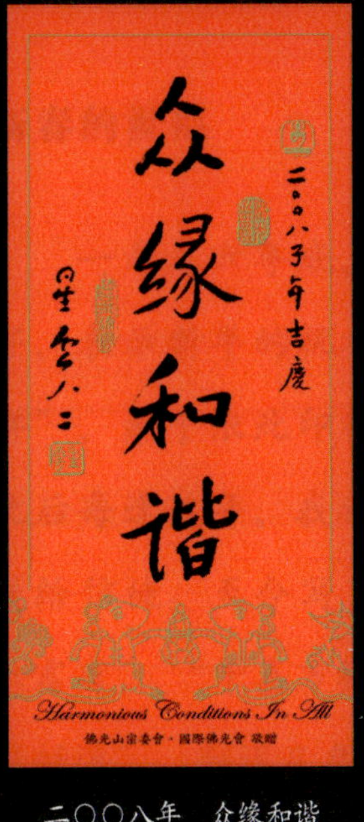

二〇〇八年　众缘和谐

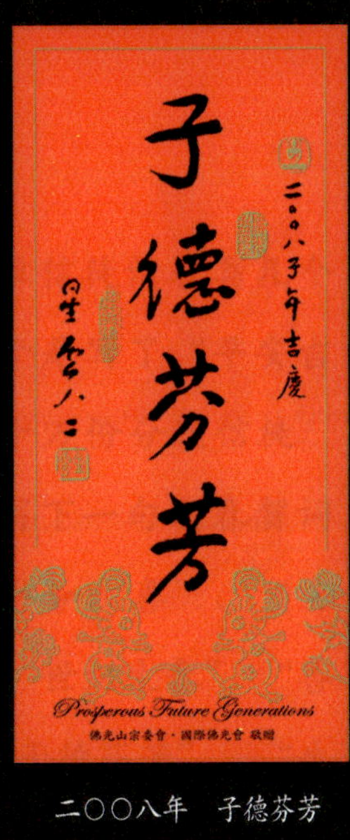

二〇〇八年　子德芬芳

二〇〇

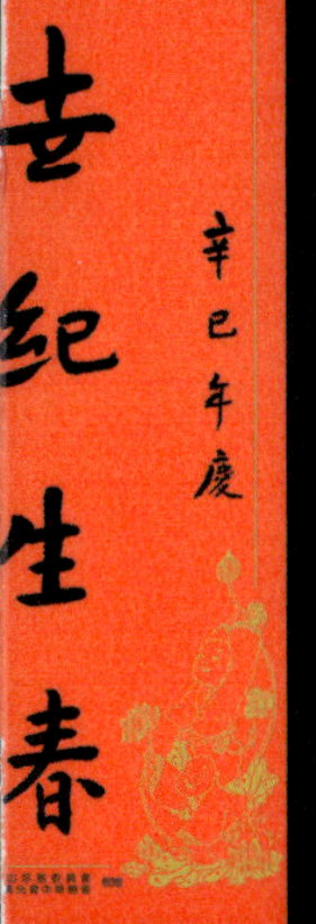

一年　世纪生春

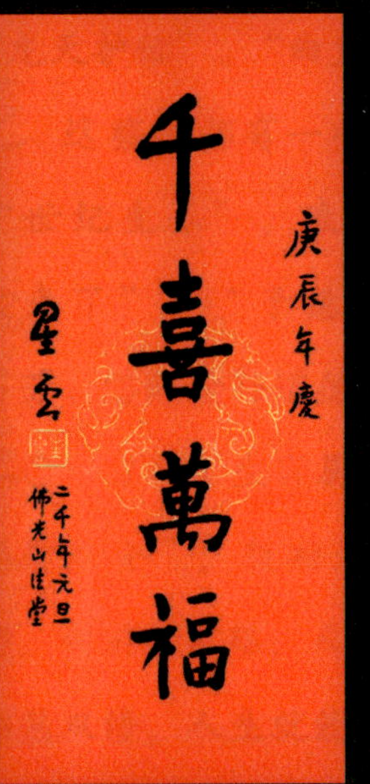

二〇〇〇年　千喜万福

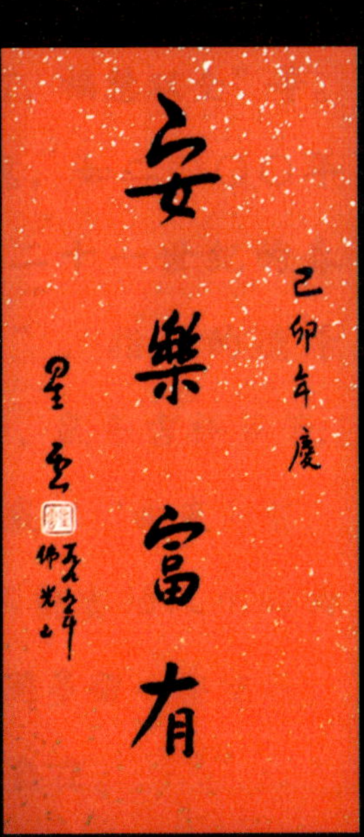

一九九九年　安乐富有

一九

大街小巷家户门前，成为全球华人新春最美的祝福

七年　诸事圆满

二〇〇六年　春来福到

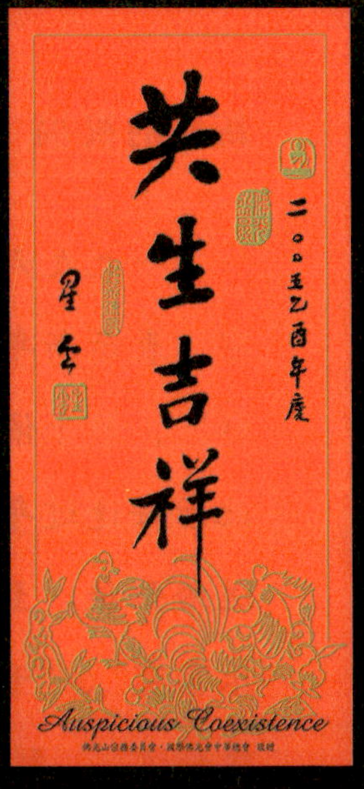

二〇〇五年　共生吉祥

八年　圆满自在

一九九七年　祥和欢喜

一九九六年　平安吉祥

徒们不嫌弃，随喜成就，我的“一笔字”才能像成就西来大学一样，再度成就了南天大学的创办。

不过，给我鼓励最大的还是在大陆宜兴，负责佛光祖庭大觉寺建设工程的妙士法师，她经常打电话回来给我，说：“师父，你的这一幅字，我送给哪一位企业家，他捐了一百万人民币；你的那一幅字，我送给了一间茶庄，他们捐了一百二十万元；有一家百货公司要想出两百万元，拜托你替他们写四个字……”关于字的价码，姑且不去谈它，不过，“一笔字”给妙士带来的鼓励，确实让她很兴高采烈地埋首在那里建设祖庭。我想，这也是佛祖加被吧！

“一笔字”书法：品牌（形象很好之意）

过去，每一次出远门，为了与各地的朋友结缘，我都会携带一些著作、书籍。只是沉重的行李，不但难以携带，还多次让海关加收了超重费。自从我写字之后，也就带给我许多的方便，只要一捆字带着，就能送给几十个朋友。不过，送字给人也是有艺术的，要看什么人送什么字。

例如，有一次，我得知信徒赖维正先生的贸易在欧洲做得非常成功，就写了一个“品牌”送给他。只是看他的表情，似乎有些失望，好像在告诉我，怎么不称赞他的人品，而只论他的货物有“品牌”呢？为了消除他心中的遗憾，我特地讲说了一个故事给他听。

有一位先生新开了一家咨询顾问公司，两个星期都没有客户上门。好不容易，有一天来了一个穿着邋遢的人，老板就问他："贵姓？"

他说："我姓李。"

"你做什么职业？"

"我是讨饭的乞丐。"

老板听后，很不屑地说："乞丐李喔！你有什么事吗？"

他说："我想请问你，怎么样才能发财？"

老板一听，难以置信地说："叫花子也想发财？"

乞丐李对于老板轻蔑的口吻，深不以为然，就回说："叫花子向人要钱，当然也是希望发财啊！"

老板听后想了想，还是觉得纳闷。不过，好不容易才有客户登门，也就不再计较了，便接受了乞丐李的请托。

由于这是第一笔生意，老板使出了一点花招，告诉乞丐李说："乞丐李！日后只要有人从你讨饭的地方经过，要给你钱，无论如何，你都只收五毛钱就好。假如那个人给了你一块钱，你就找他五毛钱，如果是给两块钱，或者更多，你也绝对不可以接受，永远只能收五毛钱。"

叫花李无法接受这种方式，就说："那怎么行？向人家讨钱，当然是越多越好啊！"

于是老板就说："越多越好吗？那人家就不给你了啊！如果你只收五毛钱，人家还会好奇，一个叫花子竟然这么有品格，也能把个乞丐做出品牌来，无论给他多少钱，他都只收五毛钱。那么消息传出后，你就会发财的！"

在老板一番说示之后，叫花李弯腰辞谢就要离开。老板见状，马上就叫住他，问说："顾问费呢？"

只见叫花李一副理所当然的样子，说道："叫花子哪里有顾问费？等到将来讨到钱再给你吧！"

老板想想，他说的也没错，事情也就这么算了。

回去后，叫花李依照老板指示的方法，如法炮制，果真远近好奇，怎么会有个叫花子只要五毛钱？也就接连不断地，这个人给五毛钱、那个人给五毛钱，大家都想要来看看这个叫花子的真面目。

过后不久，听说叫花李在中山公园门口讨钱，顾问公司老板利用公暇之余，就顺道到那里一探究竟。只见人群围绕了好几层，他心里想：还是不要打闲岔好了，便转身回家去了。

未几，在一个阴雨绵绵的下雨天，叫花李又来到了咨询顾问公司。老板见他来，就问："叫花李，你又来做什么？"

"交顾问费啊！我现在赚钱了。"

说到这里，这个叫花李还是蛮讲信用的，果真是有那么一点"品牌"。

之后再有一次，老板朝公园门口经过，只是这回看到的叫花子，已经不是叫花李了。他只有四处寻觅，口中并且还轻声喊道："叫花李、叫花李！"

没想到，蹲坐在那里的叫花子听到了，就回答："你叫我师傅啊！"原来，现在已经换成徒弟在讨饭了。

老板就问："你师傅呢？"

"师傅到百货公司去开店，他现在已经发财了。但是他说这个地方有品牌，地理位置很好，叫我接替他留在这里讨钱。"

这时，我就告诉赖维正先生说，无论做什么事业，"品牌"最重要。他听了之后，满心欢喜，要我再为他多写几张"品牌"，好送给他的朋友。我也一样欢喜地就答应下来，还不只写了好几十张给他。总之，人也好，物也好，字也好，无论什么，都需要“品牌”。

在我写字的岁月中，有一次，《中国时报》的记者苏正国先生跟我说，一九四九年，山东烟台联合中学张敏之校长，率领了五千个学生前来台湾，不久，却在澎湖被污蔑为“匪谍”，冤屈而死，身后留下了他的妻子王培五女士，孤苦地把五六个小儿小女养大。很令人欣慰的是，现在她的子女们，个个都很有成就，其中，还有人在美国担任了商业部长。

当老妈妈要过一百岁寿诞的时候，儿女们想：母亲一生患难，什么大风大浪都经历过，很难再有什么事情打动得了她的心。所以在她一百岁的时候，也就希望我能为她题写四个字，给她欢喜。对于能为这么一位伟大的母亲过寿，我当然是很乐意提笔，也就写下了四个字“无量寿佛”，表达祝贺之意。

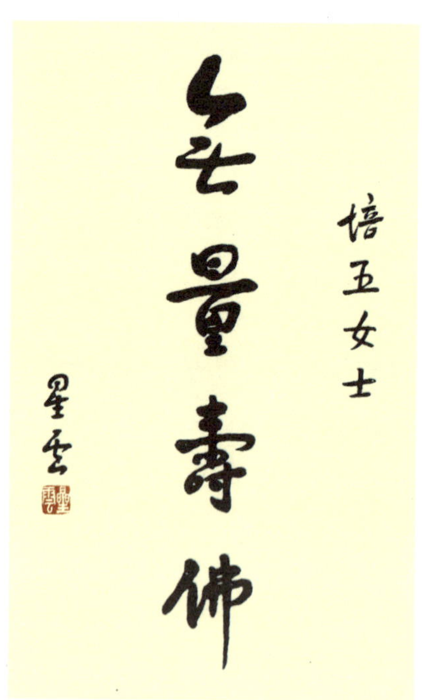

为王培五女士题写“无量寿佛”，祝贺其百岁寿诞（二〇〇八年三月）

诸如此类的事情一多，也让我觉得，写字竟能有这么大的功用，就更加地把写字当作念佛参禅一般，加倍用心了。

二〇〇八年，大陆举办奥运会，我受邀前去北京观赏开幕式，回程转往美国弘法。在西来寺停留期间，有一天，比较空闲的时候，我就问一位徒众：“你知道我有多少钱吗？”他回答我说：“师父，你有三千多万台币。”

我一听，吓了一跳，我一生自许不要钱、不积聚，所有的钱都捐给佛光山，或者给各个别分院建寺，怎么在西来寺还存有三千多万的台币？这是非常严重的事情。一想到我现在老了，万一有个长短，外界最关心的，一定是“星云大师有多少钱？”拥有三千多万元，那也实在太多了。

所以，我就和几位弟子商量，要将这许多钱送给常住。可是弟子却说：“师父，你捐给常住的已经够多了，何况常住现在也渐渐地能够自立，不必要用到你的钱了，你还是做你想要做的事吧！”我说：“那就捐给大学吧！”他又说：“现在大学已经在办理中，你这两个钱捐给大学，也算不了一回什么帮助，为了发挥捐款的长久意义，最好成立一个公益信托基金。”我一听，正中下怀，就说：“好！我们就以这三千万元做基础，把它存到银行，成立公益信托教育基金吧！”

这期中，我都没有过问，也没有对外宣传，但是不到半年，就听说账户里已经有四千万的台币了。我很讶异，钱是从哪里来的呢？徒众告诉我说：“有人为了响应你的公益基金，把钱都送到银行去了。例如，赖义明先生捐了一百万元，辜怀箴女士也捐了三十万元等等，各路捐款积聚起来，现在也就有四千万元了。”

我一听，觉得这是很好的现象，可见得台湾人经常参与救苦、救难、救灾，已经养成了行善的习惯，对于做公益，也就都很热心了。

之后，我也心想好好地筹措公益基金，帮助或奖励更多的人。但是我没有别的能量，又怎么能增加公益基金的收入呢？于是徒众鼓励我以写字来增加善款。出乎意料之外地，有很多信徒要以二十万元来购买一张我的“一笔字”。其实，很惭愧，那样薄薄的一张纸，就算是人家喜爱，买个五千元也差不多了，哪里能值二十万元？但是善心人士往往不计较这许多，就这样，台北两百人、台中一百人、高雄一百人，以及各个地区所有人等的善心，一下子就让公益基金增加到四亿元左右了。

后来，又承蒙香港企业家胡杨新慧女士，联合了澳门企业界，举办了一场“一笔字慈善拍卖会”，将所得全数捐作公益基金，也就使得善款更上一层楼了。

所谓“公益信托基金”，在钱存到银行之后，任何人都不能随便动用，必须合乎公共利益的宗旨，才能由银行拨付款项。我觉得这个方式很公正、公平，金钱不会为私人所操纵。所以，后来我就请弟子协助我成立“真善美新闻传播奖”、“全球华文文学奖”、“三好实践校园奖”、“教育奖”等，每年固定从基金中拨出款项奖励得奖人。我们并且礼请天下文化的创办人高希均教授、台湾文学馆的李瑞腾馆长、佛光大学的杨朝祥校长，分别担任四个奖项的评议委员会主任委员。

所谓“助人为快乐之本”，看到得奖人历尽千辛万苦，最后能获得奖励，乃至于一些艺文团体可以得到资助，继续完成理想，我也感到很欢喜。总觉得，自己这一生，接受别人给予的鼓励和支持，实在太多了，现在能给别人一些快乐，给别人一些希望，也就尽心力而为之了。

在书写“一笔字”的过程，有一年佛光山召开徒众讲习会，我一千三百多位出家弟子远从五大洲各处回来，想到他们弘法的艰辛，没有什么好东西奖励，就为他们每一个人写了一张字。

花了我好几天才写成的一千多张字，在会议场上分给大家时，有的人很兴奋，但也有的人很平淡，认为那只是一张纸。所以，也让我感觉到“师父难为也！”想来，也是没错，我虽然是花了好几天的时间完成“一笔字”，但是在他们心中也只不过是得到一张纸，这又算什么呢？因此，对徒弟的反应，我还是心怀歉意的。

虽然如此，我还是希望徒弟们不要只看字形，而要看字意，字句中有一些古德的开示教诲，对我们的修道还是很重要的。例如，台北道场住持觉元法师就能懂得此中的道理，当她拿到“谨言慎行”四个字时，就一直高兴不已，认为这一句话对她的人生实在太重要了，凡事都应该谨言慎行！

人世间有许多奇妙的事情，关于我的字，也传说了很多的神奇事迹。有徒众告诉我，信徒林素芳居士家里有小偷闯入，什么东西都没有动，就只有偷走我写的一张字。听她这么说，我还真愿意再写十张来送她呢。也有人说，某一户人家失火，什么东西都烧去了，只有贴在墙壁上的这一张纸没有烧去。乃至于为我裱字的黄太太，家中堆叠着我的字，在一次严重的水患中，左邻右舍饱受淹水之害，正在担心这些字会受潮，竟然只有她家里得以幸免水难，她也就一再说是因为我的字而得救的。

另外，有一次北京企业家李小刚先生来山参访，正逢佛光缘美术馆展出我的“一笔字”，忽然间，他看见一幅“有您真好”的字，内心非常激动。原来，打从他出生后，开口对父亲说的第一句话就是“好”，为了表达对父亲的养育之恩，他也就一再想要买下这幅字。只是，同时间，另一个人也因为这幅字，受到莫名感动而泪流不止，很想拥有。两人为此，不知如何是好，在我辗转得知此事后，就为他们再写了一幅，终得圆满两人的心愿。

也有为人父母者说，他不打算把财产留给儿孙，只要为他们留下两张我的字，一张给大儿子，一张给二儿子。听到他们的这些描述，还真发现写字的趣谈及妙事很多啊！

除了近年来每日书写的“一笔字”，我从一九九六年开始，提笔写了“平安吉祥”新春贺词之后，也就每年都会书写春联与信徒

这张会议桌，除了用于写字，也在此课徒、谈话、饭食、接待（二〇一〇年四月十五日）

结缘。我陆续写下的有："祥和欢喜"、"圆满自在"、"安乐富有"、"千喜万福"、"世纪生春"、"善缘好运"、"妙心吉祥"、"身心自在"、"共生吉祥"、"春来福到"。到了二〇〇七年，我则改以十二生肖来构思词句，写了"诸事圆满"（猪年），"子德芬芳"、"众缘和谐"（鼠年），"生耕致富"（牛年）、"威德福海"（虎年）、"巧智慧心"（兔年）、"龙天护佑"（龙年），甚至二〇一三年的"曲直向前福慧双全"（蛇年）也写好了。

我书写新春贺词，并没有其他的意思，只希望恢复中华文化的固有道德，让所有人等在春节的时候，不要只是游乐而已，还能更进一步以红纸上的只字片语，作为勉励，增添人间的喜气。就这样，十多年来，蒙受弟子的普遍印行，目前在全世界已经发行了数百万张；中华文化不也就逐渐传播于五大洲了吗？

总而言之，我想，近年来，我虽然眼睛看不见，但是在持之以恒地书写、练习之下，仍得以完成不可能的任务，也可以算是创下“一笔字”的奇迹了吧。

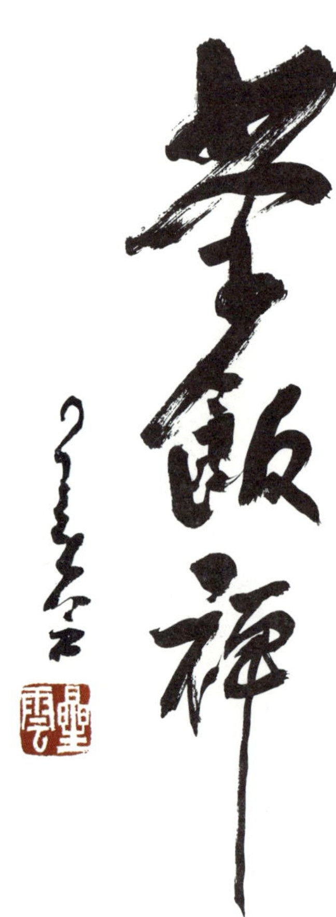

茶飯禪
星雲

素斋谈禅的意义

在素斋谈禅中，
针对对象的不同，
男士多我就说男士法，
女士多我就说女士法，
我期许自己效法观世音菩萨的慈悲智慧，
应以何身得度者，
即现何身而为说法。
每次看到义工乐在其中，
贵宾意犹未尽，
我也以身为众中的一个，
觉得与有荣焉。

前言

回忆我弘法成长的期间，初在台北，常常受各种人士宴请，自己也觉得应酬太多，不过假如要我回请他们，我还真的没有这个力量，也舍不得花几百块钱吃一桌饭菜，我想，吃一顿饭二十块钱就可以打发了，为什么要花几百块呢？

对于饮食我一直保持过去在大陆过堂的习惯，到今天还是想到一菜一汤一饭，就非常满足了，饮食如汤药为疗形枯，只是把它吃饱就好了。可是在今天的社会上，就不是这么简单，中国人有一句话，“很多事情，要在饭桌上才能解决”，可见吃饭，不但是交际应酬，也是有谈判解决问题的功用。

台北道场于一九九四年二月十日成立的时候，地处松山，那时候在台北市还是比较属于郊区地段，为了发展，加速道场的知名度，就由我发心，在台北道场举办“素斋谈禅”的活动。因为一般的信徒到寺院里面来，有的是来参加共修拜佛的，有的是来吃茶聊天的，有的是来问道闻法的，有的是要解决疑难困苦的，有的也是真心护持道场发展的，有的就是要来吃素菜素饭的，因为信徒多元，我想把它规划起来，总称闻法、喝茶、吃饭，给它一个名称，叫做“素斋谈禅”。

台北道场有一间梯形的会议室，有六十个位子，我每次规定只邀请四十人，一边吃，一边提问谈佛法，也是很和谐、快乐。当时，刚好中华航空公司要淘汰旧的碗盘餐具，我说，“你就统统送给我好了。”就把它接收过来。所以佛光山飞机餐用的碗盘，到现在还是那一批，就好像坐在飞机上，在一盘盘的小碟里，把菜都摆在里面。

参加的对象

我记得台北道场在一九九四年，前后一年，一共举行了两百多场素斋谈禅，假如以平均四十个人一场的话，两百多场也有近万人跟我素斋谈禅过。尔后我多以这种方式宴请，现在回忆起来其中参加过的对象，真是包罗万象，有政治、企业、司法、艺文、医护、传播、教育学者、宗教等各界人士，在这里列举一些当时各界代表性人物：

政界朋友

如：海峡交流基金会董事长辜振甫，“监察院长”陈履安，前“参谋总长”郝柏村贤伉俪，国民党大掌柜刘泰英，台北“故宫博物院”院长秦孝仪，现任台北市长郝龙斌贤伉俪，国民党社会工作会主任钟荣吉，省府副秘书长秦金生，“新闻局局长”胡志强，“新闻局国内处”钟京麟处长、刘寿琦副处长，“侨委会”委员长章孝严，

以素斋谈禅宴请高雄县长杨秋兴、凤山市长林三郎伉俪，“立委”林岱桦、苏盈贵律师等一行人（二〇〇一年十二月十四日）

台中市长林柏榕，永和市长林德福，“中央社”工会编审周燕菱，社工会主任吴挽澜，“立委”沈智慧、林志嘉，“国大代表”高惠宇，台北县议员苏贵碧，台北市议员江硕平、秦慧珠，台中市议员廖松柏，台北市政府都市发展局局长蔡定芳，台中住都局队长陈志鸿，泰山乡乡长黄中兴夫妇，前驻日代表蒋孝武夫人蒋蔡惠媚家人，前“民航局长”陈家儒，前华航董事长夫人司徒冯美玉。

企业界朋友

如：美国 CW 副总裁孙国燕，中华化学纤维董事长薛伯辉，宝成工业股份有限公司总裁蔡其瑞，日盛证券董事长陈国和，远东建设董事长赵藤雄，金车企业董事长李添才，高冈屋董事长杨德胜，鸿洋科技公司董事长蔡裕平，华懋国际广告股份有限公司蔡裕民，中华工程董事会主任秘书张忠嘉，名美企业经理钟恒玲，爱耘事业董事长陈丽琼，喜美实业董事长郭儒钧，凯仁实业董事长萧秀梅，一玮企业负责人陈金珍，陆光董事长徐素苓，钟安蒂露女子健美院

无锡市委书记杨卫泽(今南京市委书记)带领台商至台北道场参访,以素斋谈禅宴请(二〇〇九年四月二日)

总经理田维莉,佳铃进出口董事长李月里,华昌国际投资常务董事许玛玲,国芫建设实业董事长张幼祥,惠惠企业董事长孙陛麟,美国加州房地产代理人陈丽娟,礼仪推展协会理事长陈冠颖,飞杰关系企业董事长林秀瑾,鸿运航空货运董事长刘美芳,裕鼎兴业总经理钟绍和,新安营造董事长陈明哲,佳美贸易公司董事长洪硕伯,澍河养老院董事长洪许秀子,吉美科技总经理林宗儒,福馨国际有限公司董事长游祺祥,旭旗企业有限公司董事长韦樟辉,青年音乐家文教基金会董事长陈和慧,生产力公司董事长张忠弘,崇佑建设副总经理刘明谦,楷模公司关系顾问公司王耀斗,新万达有限公司总经理卓锦鲸伉俪,首都艺术负责人廖述昌,德翊广告负责人李芬萍,瑞联建设总经理周瑞,宝琨建设董事长张恺纮,第十一信用合作社理事长蔡铃兰,“全国饭店”董事长吴和田,三采建设董事长廖福泽,东顺兴业董事长黄义丰,力山工业董事长陈瑞荣,林氏集团董事长林振廷,太子建设公司总经理庄南田,百年建设总经理陈美龙,广合建设董事长张章得,广信开发董事长周文

龙，凯吉建设董事长林清和，新广阳实业董事长张耀煌，十方机构董事长沈英标，德春企业总经理张进益，拓凯董事长沈文振，中贵建设董事长曹俊彦，郁欣董事长陈子文，梅林素食馆董事长夏照林，钟曜明夫妇。

艺文界朋友

如：《讲义》杂志社长林献章公司所有同仁，郭嗣汾夫妇、袁睽九（应未迟）、尹雪曼、程国强夫妇、沈靖、邱七七、黄文范、姚晓天、潘人木、李葬、司马中原、郭晋秀、杨小云、刘枋、姚家彦、蔡文甫、姚宜瑛、符芝瑛、王庆麟（痖弦）、刘静娟、田新彬、陈宏、朱安平、方梓、周志敏、陈其诠伉俪、陈其茂伉俪、刘国松、马相伯、王荣武、许义郎、唐追云、江隆芳、曾得标、陈松、王建生、张立宗、许明山、钟俊雄、许辉煌、庄佳村、陈甲上、曾俊义、舒曾祉、林木川伉俪、黄书文、白沧沂、洪进国、黄源龙、陈明善、谢栋梁、巫秋基、孙迎风、胡坊昱、陈圣政、陈冰等人、颜小仙、林天从、赵宗冠、黄映蒲。

于佛光山云居楼与“世界华文作家协会第八届会员代表大会”作家们素斋谈禅(二〇一一年十一月二十八日)

银行界朋友

如:台银经理魏纶洪,花旗银行副理常阁宁、杨菁菁、陈丽云、张丽淑,土地银行台北副理吴明雄,华银襄理柯守礼、朱美月、张满枝,合库经理刘泉水、副理张素玉、王淑美、陈美妃,中央银行赵志昌、殷正发、楼京琼,第一银行徐英英、高静梅、刘贞枝、巫静銮、郭丽芬。

媒体界朋友

如:新闻界前辈《新闻镜》杂志欧阳醇,老报人陆铿,《联合报》顾问张佛千,《自由时报》执行副社长俞国基,《台湾日报》发行人兼总编辑司马文武,《天下. 远见》创办人高希均、发行人兼总编辑王力行,《中时晚报》专栏作家平路,《中央航空》国际版总编辑胡有瑞,《时报周刊》副总编辑吴铃娇,《中国时报》副总编辑卜大中,《联合报》总编辑项国宁,《中时晚报》发行人林圣芬,《中央通讯社》梁君棣,《中央日报》牟文敏,《台湾新生报》李木隆,《中华日

报》刘添财，《中国时报》张景为，《中时晚报》李建荣，《联合报》马道容、陈凤馨，《青年日报》杨中兴，《经济日报》李顺德，《民生报》黄士荣、陈伟民、卜人美，《工商时报》斐伟，《自由时报》李秀姬，《民众日报》蓝大卫，《台湾时报》黄文宗，《台湾日报》全嘉莉，《台湾新闻报》张淑芳，《自立早报》周美里、瞿德忻，《自立晚报》王英铭，《中国晨报》林鼎哲，《太平洋日报》丁立立，《大成报》总编辑邱苾玲，台视节目部经理顾安生，台视新闻主播记者叶树姗，台视公司王智应、赵乃平，“中视公司”章国珍、石伟民，“华视公司”蔡宜容、张白波，“中广电台”袁栋，“中央电台”周大光，“警广电台”王振武，“空军电台”涂光大，汉声电台张子为，正声电台周泰生，天南电台徐胜美，台北电台吴英仁，“国声电台”廖悦佑，“胜利之声电台”范莺萍。

教育界朋友

如：台北市教育局督学赖明伸，东吴大学校长章孝慈，东吴大学法学院院长程家瑞、教授袁坤祥、杨桢、成永裕、范建得，邓衍森、

以素斋谈禅，宴请《人间福报》总主笔柴松林教授（左五）、总编辑涂明君（左一）、《联合报》社长项国宁（右五）等十二位资深媒体人（二〇〇八年三月二十八日）

林世宗、潘维大、黄阳寿、王嘉丽教授，赵宁、赵怡、赵健三兄弟，文化大学教授李义仁、黄天才，台湾艺术学院人事主任林玉泉，台北师范学院教授张笑虹，立人小学董事长郑惠芝，明德家商校长林义雄，明湖国中校长陈世昌，五常国中校长吴忠基，北投国中校长郑茂正，大直国中校长詹益东，萤桥国中校长苏萍，双园国中校长周韫维，琉公国中校长林尧文，永春国中校长吴武雄，日新国小校长简毓玲，双连国小校长叶春美，东湖国小校长周乃文，北投国小校长赵炎炜，东山高中教务主任陈佳源，桃园国中训导主任吴于明，智光商职心理辅导组长道融法师，佛光会教师分会会长李虹慧老师。

司法院朋友

如：台北高等法院庭长王振兴，士林高等法院庭长林富村，台湾高等法院庭长黄莫华，台湾高等法院检察署检察官朱楠、张瑞楠、陈荣宗、颜大和、庄明智，台北地方法院庭长王昱之、林朝松、吴昭莹、官有明、黄正兴、蓝献林、林茂雄、吴昆仁、陈博志、连正义、王培秩、黄国忠、叶海萍、徐昌锦、林俊益、陈坤地、王淑满，“司法院”

于佛光山麻竹园以素斋谈禅宴请：佛光大学校长赵宁（右二）、普门中学校长叶明灿（右一）、高雄中山大学吴钦杉教授、高雄女中王皆富校长、高雄女中陈有华前校长、潮州高中李培安校长、左营高中林全义校长等南区高中各校校长、主任、老师七十余人（二〇〇五年五月七日）

副秘书长林国贤，"司法院"大法官杨与龄、史锡恩，板桥地方法院院长吕潮泽，基隆地方法院院长王廷懋，新竹地方法院院长陈丁坤，司法院秘书处处长谢其松。

宗教界朋友

如：彰化县佛教会理事明宗法师，伊斯兰教协会理事马名正，中华理教总会常务理事黄天涯，天理教桃园布教所所长冯悟敏，一贯道总会副秘书长廖永康，天德教总会理事胡福林，中华佛教居士会副理事长洪玉绣，基督教更生团契主任委员孙振明，天主教圣母军团团长何翠燕，天道总会秘书长洪祯甫，天道总会坛主王维新，轩辕教总部秘书赖燕凤，天帝教总会秘书詹彩珠。

演艺界朋友

如：《再世情缘》导演蔡文杰夫妇，男主角杨庆煌，女主角况明洁,《包青天》编剧陈文贵夫妇,编剧陈曼玲,制作人赵大深,导演李安,名演员杨怀民、余大任,名经纪人夏玉顺,歌星阎荷婷、张鸥陵、金燕、孔兰薰、夏萍、王慧莲、忆如、于璇、贝蒂、鲍立、邹美仪、原野三重唱的王强、吴合正、方怡、陈丽华。

佛光会

如:蔡辰威、蔡黄碧珠、孙春华、赖丽琼、朱水旺、陈重达、黄垂仁、黄赖彩凤、刘春昕、庄碧莲、汤昭子、沈尤成、洪建勋、郑松韩、廖文铭、纪素琴、刘明谦、刘美华、陈嘉隆、谢春夏、蔡嘉羚、罗光志、陈婉惠、林显宗、陈庆廷、吕立、马杏环、曾悦、林式斌、陈淑龄、何琇珍、郑芳美、吴宗盛、吴佩裕、林美惠、陈金瑛、陈何荫、杨贵美、黄惠贞、徐秀珠、曾文雄、侯淑美、刘永祥、曹世村、赖美香、张明藤、张素惠、曾秋燕、陈玲玲、陈坤练、王诠富、陈林绣彩、林柏宏、许慧仲、许秀琴、林丽珠、吴锦美、黄上镇、赖义明、薛云英、袁陈丽青、吴月娇。

还有,我的台北荣总医疗团队姜必宁副院长、张燕、江志桓,荣总护理主任徐南丽、医学博士江永言,西班牙驻台办事处主任路培基夫妇,建筑师蔡博文、陈开南、洪伟祐等,及来自美国、日本、澳大利亚、加拿大、西班牙等地的中外人士,实在是不胜枚举,仅以一些代表人物,来说明在台北道场那四十九天举办素斋谈禅,大家热烈参与的盛况。

在素斋谈禅中,我坚持一不化缘,二不请托,他们也从来不捐钱,大家彼此只是来谈佛论道,不知现在他们回忆起当初的素斋谈禅,感想如何?

素斋谈禅的流程

来自四面八方的人,大家彼此不认识,要在一时之间把气氛弄好,让每一个参与的来宾,都欢喜地宾至如归,这不是一件很容易

的事。我生性做任何事情，都一定要把它做到尽善尽美，给人欢喜，所以看似一场轻松的聊天吃饭，从邀约、迎宾、宴客、送客，我也拟定了一些程序，让大家有所依循。

邀约

1. 请柬应于两周前寄发。
2. 请柬要由具名者签字发出。
3. 请柬内应附贵宾证、路线图、停车证以及参加与否的回条。
4. 仔细斟酌被邀请之贵宾名单、席次，尤其注意不适合同一时间相会的人要分开。
5. 请柬寄出三天后，应用电话询问对方是否收到请柬。
6. 准备茶果、饮料、纪念品、适当饮食。
7. 整理环境、布置会场。
8. 服务接待人员的分配，说明服务内容，及注意事项。
9. 电话联络之相关服务人员，同时将回复情况迅速告知大

与诸山长老于佛光山台北道场素斋谈禅。前排:莲航(左一)、悟明(右二)、灵根(右一)等长老。第二排左起:宽裕、大诠、宽道、清霖等长老、心定和尚。第三排右三:广之长老(佛光山宗史馆提供,二〇〇〇年八月十二日)

家,以便了解。

10. 陪客知宾要能讲说设宴的意义,态度要亲切、适当。
11. 宴会前一日再以电话询问贵宾抵达之时间。

迎宾

12. 宾客光临时,佛光会的金刚师兄和知宾师姐,于出入口维护交通、协助停车和帮助迎接。
13. 所有知宾以及服务人员应于电梯两旁恭候,贵宾一到,当即上前为其别上胸花,并带领参观。参观后再由服务人员带至客厅谈话,并为其挂上名牌,寻找座位。
14. 关心贵宾座车的驾驶员之餐饮、休息和停车等费用。

宴客

15. 宴会开始的时间不得迟于所订时间十分钟。
16. 座谈会应准时开始,之前可附加简要说明。
17. 宴会应尽量准时开席。

18. 先行准备饮料，所有餐饮时间为四十分钟至一小时。

以素斋谈禅宴请时任扬州市市长王燕文（右二）、威京集团总裁沈庆京（右一）等一行人（慧延法师摄，二〇〇七年三月三日）

19. 座谈会中，服务人员不可多次穿梭餐席间。
20. 用餐有圆桌、自助餐、飞机餐等不同方式，开始时由主人略加说明。
21. 座谈会和宴会开始时，应邀请安排一或二位贵宾讲话。
22. 应准备资料给所有来宾了解，并加以说明。

送客

23. 宴会结束，所有重要接待人员应列队欢送，纪念品此时发给宾客最为恰当。

大家来吃饭，不只是求其美味，还要吃出欢喜、吃出气氛、吃出优雅、吃出尊重，器皿要洁净，应对要得体，饭食不宜太豪华，要让客人吃得心安理得。素斋谈禅至今还为大家所推崇，这是大众集

国际佛光会为提升佛光知宾专业素养，举办“佛光知宾培训”实务演练（二〇一二年七月十五日）

体创作的力量。

萧碧霞师姑和觉朗法师所领导的义工师兄、师姐的手艺，参与的来宾都赞不绝口，直呼素食怎么可以做得这么好吃。国民党荣誉党主席暨佛光会中华总会荣誉总会长吴伯雄也说：“如果外面的素食做得像佛光山一样，我就不吃荤了。”

民以食为天，人类每天要靠食物滋养色身，满足口腹之欲，要是能做出迎合大家口味的素食，不仅护生、养生，还是度众的方便法门。

服务的知宾师姐，送往迎来的亲切招呼、灿烂的笑容，也让宾客留下很好的印象，这些知宾师姐都是富贵之人，平常在家有人给他们添饭做家事，觉得无趣，现在来这里为大家服务，觉得乐趣无穷。

我记得那时参与的知宾师姐有一千七百人轮流来当义工，如：杨美英、赖春、蔡秀英、胡高缎、赖陈淑珍、徐月华、郑碧华、曾美玉、刘金兰、刘惠珍、萧宝贵、杨淑贞、赖惠琴、黄美惠、朱美玲、黄令蕙、陈莉蓁、黄秀珠、林玉琴、娄佩甄、刘月英、苏丽华、王淑敏、张美琪、刘秋梅、张美云等，那时候担任台北道场住持的慈容法师、当家依德、永妙，和所有在道场的每一个人无不全力以赴接引十方大众，后来历任住持当家永平、永融、永范、妙莲、觉元，以及佛光山全球各道场的徒众，都将素斋谈禅精神持续发扬光大，提升素食的生活文化。

人间佛教的禅话

大家前前后后打理好一些琐碎的细节，最重要的时段就是宴客了，看似吃饭喝茶一般简单的事情，到了很多人在一起就不一样了。尤其餐席间最怕有冷场，所以，我一直很用心地揣摩和带动，每次对象虽都不同，但我可不能每天都讲一样的内容，如何契理契机，让大家在欢喜的气氛中享用素食，同时也达到佛法弘传的因缘。

所幸我的性格，一来以客为尊，二来力行给人欢喜的人生哲学，在应对之间，很自然就和大家打成一片。

用餐的过程中，我要扮演各种不同的角色，譬如说：有时我是主角，要率先带动大家；有时我是导演，邀请擅长带动的来宾说话或唱歌、表演；有时我也要做配角，适时几句话，赞叹来宾的表现。实在说，面对各行各业的领导人物，我要为他们解难释疑，我毕生弘扬的人间佛教，注重家庭和谐、夫妻无诤、兄弟友好，我依稀还记得当时几则禅话公案，现在也记下来给大家参考。

第一个故事："妈妈请假"

有一个小康家庭，丈夫一回到家，都跟太太说："你真幸福，一

回娘家（沈祯绘）

天到晚在家没有事做，我在外面为公家忙，每日事多心烦。”儿女在各个学校读书，回到家里便一直叫着、嚷着，自己在学校里读书，如何的辛苦、如何的忙碌，甚至怪妈妈说：“你在家里都没有事做，哪晓得我在学校的辛苦。”

一日，女主人跟先生和儿女说，要回娘家探望父母，请假一天，家务就请你们代劳。先生因为是一个科学管理专家，即刻分配工作，自己负责这一天下厨，料理三餐；十七岁的大女儿负责拣菜、洗菜，准备碗筷开饭等；二儿子负责庭园树木浇水，扫院子里的落叶；十三岁的小妹，就负责擦桌扫地，整理环境。

一天下来，男主人和三位儿女腰酸背痛，每个人都大喊吃不消，家务太多了。这时大家忽然想起来，我们四个人的工作，都是

天伦乐（沈祯绘）

妈妈在家一个人做！这才感觉到当初怪妈妈太闲了，都没有事做，是错了。妈妈很忙，妈妈很伟大，一家人这时才体会到，做一个家庭主妇，是非常的不容易啊！

第二个故事："剩菜的故事"

有一位母亲即将要过六十岁生日了，儿女们要为平日持家辛苦的慈母，举行一个祝寿活动，全家集合商量，要选一个什么样的礼物给母亲呢？大家想想，几十年来每个人都添置衣服物品，只有妈妈总是说不要、不要；要想办一桌好的筵席来邀请母亲，但是也有人说妈妈不喜欢吃那许多菜。

大家研究再三，小弟说："妈妈最喜欢吃剩菜了！在妈妈生日的这一天，我们就把留下来的剩菜给妈妈享用好了。"

六十岁的寿诞到了，先生和儿女们笑着对妈妈说："你每次都说最喜欢吃剩菜，因此我们也只有用剩菜来给你欢喜，来为你祝寿。"妈妈含着眼泪对着他们说："数十年来，我就是喜欢吃剩菜。"

一段剩菜的故事，内心包含了多少的曲折，多少的内情；慈祥的母亲，伟大的女性，所谓家庭主妇，就是这样过了一生。

第三个故事："四个老人"

有一天傍晚，有一位妇人准备把家里的垃圾拿到外面倒掉。

门一打开，发现四个老人在寒风中颤抖，她心生慈悲，说道："老人家！天气寒冷，到我家里喝杯茶取暖好吗？"四个老人听了以后，反问："你们家里有男人吗？"妇人说："先生上班、儿子去上学了，家里没有男人。"

四个老人说："你家里没有男人，我们不方便进去。"

过不久，先生下班回来，儿女也都下课回到家里。太太把稍早碰到的事情告诉大家，先生也生起慈悲心，说："天气这么冷，出去看看他们还在不在附近。现在家里有男人了，可以请他们一起进来吃饭。"

于是妇人到外面四处张望，看到四个老人，赶紧向前说："老人家！我先生回来了，他想请你们到家里用餐。"四个老人却说："我们四个人有一个规矩，只能派一个人当代表。这位叫做财富，那位是成功，他叫平安，我叫和谐。你想要什么，就请那一个人到你家里去。"

妇人一听，回去问先生："老人家说有个规矩，只能由一个人代表进来。他们分别是财富、成功、平安、和谐，我们要请哪一个人进来呢？"

先生毫不考虑地说："当然请财富。"妇人是家庭主妇，听了不以为然地说："平安不是更好吗？"年轻的儿子说："成功啦！"最后，三人意见不合起了争执，女儿见状连忙劝阻，"别争了，一家和谐才是最好。"大家听了若有所悟。最后，全家决定依女儿的意思，请和谐先生进来。妇人就去告诉四个老人："我们决定请和谐先生

心肝（沈祯绘）

进来。”

和谐进了他们家，另外三个老人也跟着进门，妇人疑惑：“你们不是说只能有一个代表吗？”三个老人笑着说：“我们有一个惯例，和谐到哪里，我们就到哪里。”

由此可见，一个家庭要平安、财富、成功，只要有和谐，就什么都俱足了。

第四个故事：“包粽子”

端午节到了，婆婆叫媳妇包粽子。现代媳妇不会包粽子，但是婆婆的话不能不听。从清晨包到下午，好不容易包好了。当在煮粽子的时候，听到婆婆打电话给出嫁的女儿，叫女儿赶快回来吃粽子。

媳妇听了非常生气，心里忍不住地嘀咕："我忙得汗流浃背，你都没有关心我的辛苦，现在粽子快煮好了，却叫你的女儿回来吃粽子。"

因为心里不平，越想越气，把围裙一甩，换件衣服就跑回娘家。在进门的时候，看到妈妈正在打电话。妈妈说："女儿呀！我才准备打电话给你，今天你嫂嫂包了粽子，叫你赶快回来吃粽子喔！"

这时媳妇听了一愣，才感觉到，原来天下的母女都是一样的！

家庭中，母女有母女的感情，婆媳有婆媳的关系，你能认清母女与婆媳之间的微妙情谊，一切当就释然了！

谈禅论道好时光

在素斋谈禅中，针对对象的不同，男士多我就说男士法，女士多我就说女士法，我期许自己效法观世音菩萨的慈悲智慧，应以何身得度者，即现何身而为说法。每次看到义工乐在其中，贵宾意犹未尽，我也以身为众中的一个，觉得与有荣焉。

台北道场二百多场的素斋谈禅，让我印象最深刻有几场，如：前佛光大学校长赵宁和东森电视台董事长赵怡、赵健三兄弟，他们带来前民航局长陈家儒、前华航董事长夫人司徒冯美玉、华视组长黄维栋、国画家颜小仙等四十余人与会。

餐会中，当时台北道场的住持慈容法师以法语教唱，将现场的气氛带动得轻松又活泼；再加上赵宁即兴而作的打油诗，更是把大家逗得哈哈大笑，有别于以往一板一眼的讲座说法。而这次难得的聚会，大家也把握机会，将心中疑难事提出发问，如：

- 宗教仪式是否统一？
- 为何社会问题越来越多？

- 什么是菩萨心？
- 灵魂是否随着人的去世离开肉体？
- 阿弥陀佛是什么意思？

佛法就在这说唱、饮食之间，自然地融入大家的心里，实在是一件微妙的事情。

“中央社”工会主任钟荣吉也曾召集各宗教人士参加素斋谈禅，如彰化县佛教会理事明宗法师，伊斯兰教协会理事马名正，一贯道总会副秘书长廖永康，基督教更生团契主任委员孙振明，天主教圣母军团团长何翠燕等各宗教重要会务干部的代表三十人。

我想能够透过素斋谈禅和各宗教代表，聚集在一起，实在是意义深远。我认为宗教间的来往，教主彼此要尊重，不可混淆，教义可以各自发挥，教徒则可彼此沟通往来。人与人间之所以有意见不来往，是因为没有沟通的关系，因此我们在社会上要负起这个责任，促进融和的工作。

我一生倡导人间的融和，如在佛教里，我主张南北传要融和、显密要融和、禅净要融和、僧信要融和、传统与现代要融和。在国际佛光会成立后的第一届会员大会中，也以“融和与欢喜”为大会主题，虽然各宗教大家信仰不同，但是安定社会、净化人心的心意是一致的。所以对于各宗教，一直以来我都是抱持着积极友善的态度，和大家保持友谊的往来。

二〇〇四年政府成立“中华文化复兴运动总会宗教委员会”，承蒙大家的肯定，我被推举为主任委员，几次在台北县政府大会堂举办宗教音乐交流，希望透过音乐的往来，增进了解彼此的文化。

二〇一一年，国际佛光会在佛陀纪念馆与各宗教联合举办“八二三爱与和平祈福法会”，马英九先生亲莅现场，由单国玺枢机主教带领大家一起祈愿祝祷。当大家万众一心为世界和平祈福祝祷时，哪里还有什么你我分别对立呢？

曾在电视剧《再世情缘》中担任玉琳国师的杨庆煌先生和导演蔡文杰夫妇，女主角况明洁，编剧陈文贵夫妇；《包青天》编剧陈曼玲，制作人赵大深，导演李安，名演员杨怀民、余大任，名经纪人夏玉顺等人，我建议这些有为的编剧、导演、演员们，将来有机会要多拍摄一些宣扬因果慈悲及净化人心教义的体裁。如拍：

“新西游记”（大唐三藏西域记），宣扬玄奘大师不畏八百里流沙到西域留学的精神，途中历经百难，仍誓守“宁向西天一步死，不向东土一步生”的信念。十八年学成归来扬名海内外，其著作《大唐西域记》至今已有五十多种译本。玄奘大师也是第一个将中国文化弘扬到海外的人，他甚至将《老子道德经》翻译为梵文。希望有“佛教孔子”之喻的玄奘大师他的真正精神能透过电视画面给予一个肯定，而非一般“西游记”剧集中的神怪形象。

另外《维摩诘经》里的“天女散花”、《济公传》中救苦救难的济公、《六祖坛经》中惠能与弟子的公案，都是电视剧很好的素材，如果真能实现，那才是观众之福。我不知道我跟大家说的话，能够达到多少效果。我相信，凡是欢喜播种的，因缘到了，自然就会成就。十多年后，赵大深与戴玉琴夫妇一起来为佛陀纪念馆的媒体视听弘法付出，贡献良多。

从素斋谈禅中，也促进许多的好因好缘，杨庆煌、夏玉顺、赵大深先生得知我正在为佛光大学筹募义卖，发起演艺人员在台北“国父纪念馆”举行三场“佛光缘老歌义唱晚会”，由胡慧中、曾志伟、张魁主持，邀请蔡琴、江蕙、潘越云、梁朝伟、杨小萍、谢雷、陆小芬、林志颖、吴奇隆、苏有朋、陈志朋、金城武等人表演。

后来阎荷婷、张鸥陵、金燕、孔兰薰、夏萍、王慧莲、贝蒂、鲍立、邹美仪以及原野三重唱的王强、吴合正、方怡等人，又促成另一场

由影星胡慧中(左)、曾志伟(右)主持的“佛光缘老歌义唱晚会”

老歌义唱会,对于协助佛光大学办学,主动发心与热诚的每一位,我既惊讶又感激。

台北道场举办素斋谈禅期间,也发生了台北大安森林公园七号公园观音像去留问题,几经波折,似有愈演愈烈之势,因而受到社会大众的关注,自然成为“素斋谈禅”的热门话题。音乐中国出版社“风潮音乐”企划顾问徐薇谨与总经理杨锦聪,率领一群同事及数位广播界人士参加。席间,中广“窗外有蓝天”节目主持人陈玲小姐,针对“着相”问题提出疑问:佛教到底拜不拜偶像?如何才能求得身心的安顿自在?

我回答:“窗外有蓝天,心中有偶像!”中国儒家有谓“见贤思齐焉!”心中没有偶像,就没有学习的对象。再者,偶像的观念,其实人人都有。譬如:没有人愿意让父母的照片被人踩在地下,即使是讲不崇拜偶像的基督教,也绝不容许耶稣像、十字架被亵渎,这也表示他们还是承认偶像的存在。

又例如:一块布做成国旗,就有人愿意为它牺牲生命,因为它代表的不再是一块布,甚至不只是国旗,而是一个国家民族。这绝不是崇拜偶像,而是因为心中的价值不一样了。所以,建立心中的价值很重要。

至于一般人以为佛教徒应该都是和平、忍耐、慈悲的,我希望大家不要对此有所误解,因为忍耐并不是没有力量,慈悲也不是没有智慧的滥慈悲。尤其对于一些人常引用《金刚经》说:"凡所有相,皆是虚妄",来指责佛教徒不应该执着一尊佛像,对此我也引用一个譬喻:一个人要渡河,不能没有船;一旦过了河,当然不需要把船背着走。

不着相是指果位上,是菩萨悟道的境界,是要在得度以后才说的。没有得度之前,这尊佛像是很重要的,就像渡船一样,没有它就到不了彼岸。所以不可以用"不着相"来要求因地修行的佛教徒,否则不着相,又何须天天拜佛。

除此之外,还有一次的"素斋谈禅",也是我弘法事业中非常值得留下纪录的创举。由李虹慧老师召集,共有五十多位教育界人士一起参加,那一次的聚会俨然是一次小型的教育会议,成员包括台北县市各国中、小学的校长、主任、教师等,能够和这么多位教育工作者聚集在一起谈禅论道,实在不容易。尤其会中大家对国际佛光会当时正在推动的"净化人心七诫运动",表现了极高的关切。

"七诫"就是:诫烟毒、诫色情、诫暴力、诫赌博、诫偷盗、诫酗酒、诫恶口。今日社会之所以乱象迭起,主要的原因是个人的不健全,所以推行七诫运动,更是刻不容缓的事情。

我表示希望这项活动能够从学校、教育做起，也就是由各级学校，集体带领学生在佛前宣誓恪遵“七诫”，如同为他们举行“成人礼”一般，让学生懂得从今以后要对自己的行为负责，让他们从心理学习长大，健全自己。我想如果各校校长愿意发动，效果必然更加彰显，其实七诫活动正是为学校做生活辅导的工作。

另外在弟子觉今的安排下，也邀约了她在警政署、警官学校、警察局的警官同学们素斋谈禅。觉今毕业于台湾警官学校第五十期，出家前先后在台南、高雄警察局服务达六年之久，后来到佛光山佛教学院就读，继而出家。

“警察是人民的保姆！”我常想，如果我没有出家，我的第一志愿是当抗日游击队，第二个目标是当警察。记得小时候，正逢抗日战争爆发，每天常见那些游击队在家乡进进出出，心中不由激起一股爱乡爱国的情操，心想，我去当游击队。

抗日战争结束后，又萌发一个念头：当警察去！只是当时在那样一个闭塞的乡村，没有人引进，也没有门路，想当警察也没有机会。不过现在我也自许是一个警察，因为宗教与警察对社会、对国家的目标、任务是一致的。

记得马英九先生担任“法务部长”时曾说过，宗教是上游，司法是下游，上游的水如果清澈，下游就不用挂念。意思是说，靠着宗教的力量，可以净化社会、净化人心。孙中山先生也曾说：佛法可以补法律之不足！法律防患已然，佛法防患未然。

当时佛光会正在积极开展会务，泰山分会督导许槵鄞、宝光分会会长郭丽芬、台中北区分会会长洪金娥、多伦多佛光会的蔡辰光居士，也都顺此素斋谈禅因缘，邀请各乡镇长、代表人士和我一起素斋谈禅，借此提升佛光会在社会的知名度和建立大众对佛光会的信心。这些点滴因缘的累积成就，让佛光会今天得以在五大洲开花结果，成为全球华人第一个最大的佛教社团。

我规定素斋谈禅在两个小时之内结束，谈话期间有一些艺人，他要高歌一曲，或是要把奇人异事告诉大家，主随客便，只要是“佛说的、人要的、善美的、净化的”都是人间佛教，都是我和大家彼此交流互动的好话题。

结语

自从开办了“素斋谈禅”，让新闻界、企业界、艺文界、演艺界等各方面不同人士聚集一起，认识佛教，享受佛法的喜悦，借由素斋谈禅的方式，扩大了度众的范围，也提升了信众的层次。

素斋谈禅从台北道场开始推展至今，不知道已经办了几百场、上千场了。从台北道场的海会堂、法堂、会议室，到能容纳上千人的云居楼二楼、佛陀纪念馆的礼敬大厅，从台湾到全世界五大洲各道场，凡是能摆上几张桌子与人谈禅论道的地方，都有我素斋谈禅的足迹，这其中不知道成就多少因缘美事。

如今我已届八十六岁高龄，仍然持续在素斋谈禅，弟子舍不得我这般忙碌，常常劝我，吃饭就吃饭，您就好好休息歇会儿，不要那么辛苦了。可是我一点都不觉得辛苦，只怕时间不够用，我区区个人之安逸舒适何足挂齿？只盼我这烛火萤光，能够给人带来一点光明。

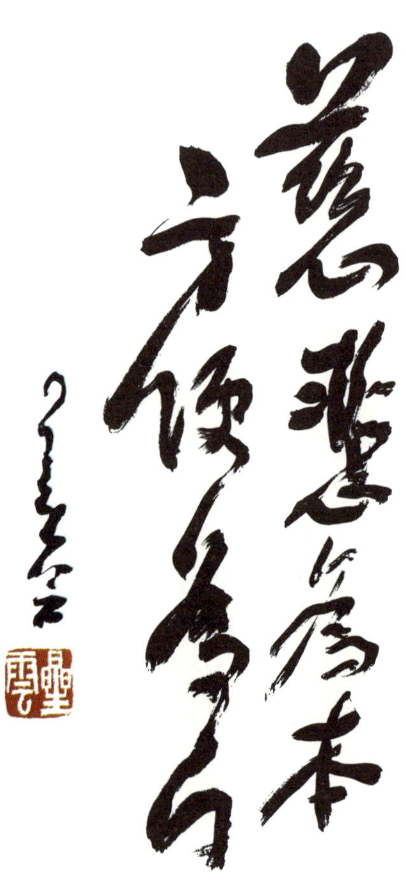

我创办社会事业的因缘

张姚宏影女士说:
“现在这个社会需要养老院,
你的寺庙怎么不去发展社会事业,
这也是慈善啊!
你已办了育幼院是幼有所长,
可以再办养老院,让人老有所终。”
我即刻告诉她:
“我现在正在筹办一个自费的佛光精舍,
让学徒的老人图个方便,
可以在寺院内修行。”
她立刻跟我说:
“我要购买两间,
当然我也不一定去住,有缘再去。”
佛光精舍有了这样热烈的资助,
于是我就开始进行。

说起佛教所办的社会事业，关于慈善的、教育的、文化的事业，佛光山办了很多。现在，就把我做过的社会事业的因缘略述一二，先从慈善事业说起。

兰阳仁爱之家

一九六〇年左右，基督教在宜兰办了一所兰阳救济院，忽然有一天，宜兰县长林才添先生和宜兰议长许文政先生找我，要我接办兰阳救济院。

我很讶异，兰阳救济院是基督教创建的一所私立慈善机构，怎么县长、议长叫我来接办？

原来，兰阳救济院的创办人董鸿烈先生办不下去了，要求政府接办；但不知政府为什么也不肯接办。他们告诉我，只要我出资十万元，兰阳救济院拥有的两甲土地、几栋房舍，和几十位老人就由我来负责。

“仁爱救济院”后更名为“兰阳仁爱之家”。由依融、绍觉两位法师前往服务，开创台湾佛教界比丘尼负责社会慈善事业服务之先例（一九七一年八月五日）

我那时候还在高雄筹办寿山佛学院，当然没有办法分身去接办兰阳救济院；但是，想到过去天主教和基督教都曾经接收过佛教的寺庙，作为他们天主教和基督教的事业，我心里想，现在，变成他们有这样的事业要让佛教来办，这也是很有历史的意义，因此慨然应允了。后来我筹措新台币十万元，买下兰阳救济院，并请李决和居士担任院长，管理这一个慈善事业。

一九六七年，宜兰县县议员选举，县议员余简玉婵女士竞选连任，最后比张学亚先生多四十余票当选。由于国民党党部原本规划张学亚先生是未来竞选议长的人选，现在忽然落选，国民党宜兰县党部也就非常焦急，不知道如何跟党部上级交代。当时他们就找到我，要我劝说简玉婵女士放弃当选，让张学亚先生可以递补上来做议员。

但是，我们都知道，参选议员选举是千辛万苦的事，花费很多金钱、体力，现在已经当选了，又要叫她放弃，这叫人情何以堪？

但在那个时候，我们的理想里也都是以党的需要为第一，于是，我就负担起劝说简玉婵退让的事情。我没有一点筹码，不得办法和简玉婵女士开口，虽然她是虔诚信佛的人，也是皈依弟子，我要如何劝说她呢？这实在是一件极为困难的事情。

简玉婵女士原本是一个职业的助产士，她的先生余绍豪是宜兰县警察局消防队的大队长；我就以“兰阳救济院院长”的职务，告诉她放弃议员的身份，转而担任兰阳救济院的院长，免得在议会里，每天唇枪舌剑，也不是她这么一个温柔慈和的女性所能习惯的。

没想到，她竟然听进了我的话，当即就辞退当选，而来就职做我们兰阳救济院的院长。这一个事件，在台湾的选举行政历史上，已经当选的民意代表，后来又肯退让给别人的情况，恐怕是唯一的一次吧！可以说，这是我接办兰阳救济院一段少为外人所知的事情。

兰阳救济院的经营，需要很多方面的经费及人力，虽然政府补助经常费，但是也要有人愿意发心来服务这一群老人。后来，佛光山东方佛教学院有一群学生毕业，当我问她们：“有谁愿意到兰阳救济院服务？”其中有两位毕业学生叫依融、绍觉，她们两人一举手，就是服务四十年以上。从年轻到老，一生的岁月全都奉献给兰阳救济院。

之后，兰阳救济院应政府指示重组董事会，我请慈容法师担任董事长，慈容法师也就和依融法师、绍觉法师一起轰轰烈烈地为这些孤苦老人付出，让我没有后顾之忧和其他的挂碍。后来，

前往兰阳仁爱之家关怀长者(二〇〇六年五月三十日)

兰阳救济院又办了幼儿园,老少一起热闹相处;接着,再增建大雄宝殿,让寺院和慈善事业结合在一起,并且增建房舍,加强对老人的服务。

记得当我接办兰阳救济院以后,许多信徒前来参观,发现这座建筑物上有一块石头碑记,写着:"感谢主,他的大,能给我们在这里施予博爱,给予需要的人。"大家议论纷纷,建议要把这一块石碑撤除。

我说:"不可以,这是历史,必须要保留。再说,我们接办基督教办的救济院,也不是什么见不得人的事情,这个石碑留着,也是这一个时代佛教发展的成果,有何不可呢?"

后来,因为"救济"二个字不好听,一九七六年,政府指示将全省所有的"救济院"都改名为"仁爱之家",我们也依政府规定改名叫“兰阳仁爱之家”了。一直到今日，兰阳仁爱之家，就这样屹立在兰阳平原的土地上。这就是过去的一段往事。

从依融、绍觉之后，由永胜接手，到现在觉方担任主任，我偶尔还到兰阳仁爱之家探视这些老人，这里有些老人家活到一百零三岁，还会唱歌跳舞、活泼不已，想到让“老有所归，老有所乐”，也是社会重要的楷模了。

大慈育幼院

我办的第二件慈善事业，应该算是“大慈育幼院”了。

四十多年前，在“交通银行”担任高雄区经理的徐槐生先生，他是虔诚的佛弟子，经常印经、放生做种种功德。有一天，他忽然跟我提及想办一个“国际儿童村”，向政府申请之后，政府指示叫做“大慈育幼院”。

开始时，大慈育幼院只有五名小孩，我是创办人，请徐槐生先生担任董事长。感谢高雄的谢义雄先生捐献两甲土地，作为大慈育幼院的基地，这一块地包括现在的大慈育幼院、佛光精舍以及普门中学的一部分。

过去，那里是石灰岩地形，几乎是寸草不生的不毛之地，与佛光山之间还隔有一条深沟，感觉荒凉不已。捐给我以后，大家都觉得好像不是一块可利用、有价值的土地啊。

我说：“不然也，我只要在香光亭这里造一座桥连接过去，很快的，那里就会变成像台北西门町一样的地段了。”

徐槐生先生做了两任董事长，院童增加到一百多位，之后，再由谢义雄先生接任，也是做了两任，当他们分别担任董事长的时候，佛光山也由慈怡法师、慈嘉法师担任育幼院的院长。接着，董事长和院长之职，就由慈容法师姐妹接办。慈容法师为董事长，妹

到大慈育幼院探望院童

妹依来法师是师范学院毕业，后来也在佛光山出家，并且担任育幼院的院长。

就这样一年一年办下来，院童也一直不断地增加。之后，又有萧碧凉、王智凤、周素卿、辜鸿玉、吴爱渝等老师参与。此中，依来法师调往其他地方服务时，就由萧碧凉陪伴这些幼童。萧碧凉老师一路从保姆做到老师，到担任院长，就像慈母一样，四十多年的大慈育幼院，已养育了一千七百多个孩子。

这些幼童，我们依他们的兴趣选择所好，让他们读书成长，有的从职业学校毕业，有的读到大学毕业，甚至成绩优异毕业于台湾“清华大学”、台湾大学、屏东教育大学的也有。有的人选择做医生，有的做艺人，有的做工程师，有的做记者，有的做会计等等，看到他们各个有成，我也感到欢喜欣慰。

最初也有不少的孩子，是由警察送到大慈育幼院来的，也不知道他们姓什么。我后来就说，让他们跟着我的俗姓姓李吧！现在许多孩子都已成家立业了，在社会上、家庭上，都能奉献己力并且各自有幸福的家庭。

我成立大慈育幼院有几个特色。第一，在学校里，本来孤儿院的院童念书是可以向政府申请免费的，但是我说不要，我要让学校的老师、同学看得起他们，获得一样的尊重；因此我们一样缴费，甚至每天的便当菜肴，都要比其他同学们更加丰富美味，乃至还有汽车接送，所以我常说，他们都是佛光山的王子、公主。

第二个特色就是谢绝参观。因为一些来山的信徒、游客参观育幼院的时候，总会不经意地指手画脚的说："哎呀！这么可爱的小孩，怎么没有爸爸妈妈？"这句话会伤害我们儿童的心理，虽然这些信徒游客看了以后会有捐献赞助，但我们仍然要婉拒他们的参观。为什么？因为我要让我的王子、公主有个身心健全的成长环境。

现在成家立业的院童，有的都已经是四五十岁，甚至也有六十岁以上的人了。不过，他们有个优良的传统，哥哥、姐姐常常回来照顾弟弟、妹妹。每年新春过年，也都会回到大慈来与弟弟、妹妹一起过年。说起来，大慈育幼院能办得这么顺利，很感谢萧碧凉院长和这许多老师，可谓居功厥伟。

佛光精舍

一九六一年有了兰阳救济院，之后佛光山也有了大慈育幼院，来山参观的人也慢慢增多了。有一天我到台北，信徒告诉我他有一位朋友叫张姚宏影，希望见我一面。

我和她见面之后，她说："你们法师啊，应该要到美国去弘法，我现在存了三十万美金，将来你在美国建寺不够的时候，我还可以再资助你。"

佛光精舍是颐养天年的胜地（一九七六年）

我说："谢谢你，我现在跟美国的缘分还没有具备，等到有需要的时候，我会再找你。"

张姚宏影女士又说："现在这个社会需要养老院，你的寺庙怎么不去发展社会事业，这也是慈善啊！你已办了育幼院是幼有所长，可以再办养老院，让人老有所终。"

我即刻告诉她："我现在正在筹办一个自费的佛光精舍，让学佛的老人图个方便，可以在寺院内修行。"她立刻跟我说："我要购买两间，当然我也不一定去住，有缘再去。"佛光精舍有了这样热烈的资助，于是我就开始进行建设。

张姚宏影居士以一间二十万元，给了我四十万元，但是到今天她都没有来住过，两个房间还空在那里。不过，因为她在佛光精舍订了两个房间，我不时地请她来看看，请她来住，并且问她，你要什么颜色、什么布置？她偶尔也会来看看，大家认识久了，交谊就更深了一点，信仰也更深了一点。

我最初对佛光精舍的理想是预备可以容纳八百人；但是当我办到三百人入住的时候，我忽然就喊停，不再继续增加了。因为，这许多老人都是自费来的，不容易管理，我们也没有学过老人院的管理。尤其老人的问题很多。比方，老人闲不住，需要有人陪他，而陪伴的人也要有话讲，让他有事做等等。好在，佛光山全山这么大一片，他们可以散步，可以到大雄宝殿、大悲殿拜佛，山上哪里有讲经说法，都可以通知他们前去参加。

生活上的活动，还能帮他们消磨一些时间，但最困难的是，这两三百人都是来自全台湾甚至世界各地，四面八方，南腔北调，各有不同的饮食爱好。比方，有人喜欢面食，有人喜欢饭食，有人喜欢辣的，有人喜欢淡的，我曾经一个月内为他们换了七个厨师，因为只要稍微不合口味，厨师就给他们赶走了。光就这一条，我没有办法替他们解决，也没有办法满足大家。因此，我也就无法再收老人到佛光精舍居住了。

后来，我在食物种类上尽量备办面食、饭食、酸的、辣的，通通都有；对于吃，我只要多花费一点钱，食材多准备一点，大家还是可以各受其安、各得其所。

但是他们要我每天派人去讲经说法，为他们上课，这就不容易了。为什么呢？佛光精舍又不是学校，哪一个法师肯被受限制每天上课？他偶尔高兴来做一次讲演、做一次讲座就很好了。但是住在精舍的老人们，他们总觉得，住在佛光山，每天没有法师来上课，没有佛法可听，也就稍抱怨言。

另外还有一点怨言，佛光精舍的山坡下就是大慈育幼院，里面住有一百多个小孩，他们养了两三条小狗。我觉得这也属人之常情，小孩子养个小狗，他从学校回家来，就可以喂喂小狗、看看小狗，跟小狗玩玩。

可是这老人家就不准了，他认为小狗老是吠叫，吵到他们的宁静，一直要我把小狗送给人家。但我不能顺应这老人的要求，因为小孩子的要求不多，只是要养这两三条小狗。何况小狗也是偶尔有外人经过才吠叫，你把小孩子心爱的小狗送掉了，他就不得动物陪伴，也就不能安心了。

后来有一条小狗叫"黑虎"，虽然它的叫声最大、最会咬人，但也是最顾家、最有警觉性，不过精舍的老人却坚持狗的声音太吵，甚至一位老人威胁我们，你再不把这条狗送走，我就要召开记者会，说你虐待老人。那个时候我们也没有什么经验，一听到要召开记者会，吓得我们的职事不知道如何是好。我们不求有功，但是给我们安个罪名"虐待老人"，我们也负担不起啊！

不得已，我和美浓朝元寺当家师慧定法师商量，我说：我有一条好狗送给你，只因为它太顾家了，吠叫的声音，不容易被佛光精舍的老人接受。慧定法师一听，欣然接受。

当时我真是含着眼泪，痛苦地把尽责的"黑虎"带到朝元寺去，还在那边陪它玩了一段时期，让它习惯环境了我才离开。

后来我们跟这位老人说，你在这里也不是很快乐，我把你的二十万元退还给你，再贴你一些搬家费，你可以找别处去安住。他听到也很高兴，还很感谢我，欢喜地离开了。后来，对于进来佛光精舍的人，在信仰上，我们非常重视。因为没有信仰的人，住到这里，是不容易与这个地方相契合的。

时隔七八年，我再去朝元寺的时候，以为这一只"黑虎"应该不认识我了，哪里知道，我才到的时候，黑虎和我之亲热，对我的热忱，如同家里的兄弟姐妹一样。它一再跟随着我，前脚扒着我、抱

佛光精舍为百岁人瑞李逸尘（李鸿章之侄孙女）福寿

着我、黏着我，我一再感动，对它感到抱歉。甚至觉得我实在不如狗子，狗子胜过我，它这么有情有义，我实在对它不起。

佛光精舍其他的老人家，像李逸尘居士，她是李鸿章的侄孙女，在我们这里住得非常快乐，活了一百零六岁。她居住的地方很大，也信仰佛教，每天都有许多的朋友来看她，她每天打扮得非常漂亮，和来拜访的朋友们谈佛论道，满脸红光，精神抖擞，因此活到一百零六岁，也不是没有理由。

另外，还有戈本捷居士贤伉俪。戈本捷居士是嘉义溶剂厂的厂长，台碱公司总经理，是一位科学家、学者，也是一个虔诚的佛教徒。他的学问相当好，我们有时候拜托他为我们佛教学院上课，他也很高兴。他的夫人戈周腾女士，是一位满清的格格，有一次一定要找我去，我一去，她就向我磕头，说要皈依在我的门下。她自傲地说："师父，我告诉你，我是格格，除了皇上以外，我什么人都不拜的，我现在只有拜你为师。"

那时候，佛光精舍住了不少的老人，凡是对有功于佛教的人士，到了他们年老需要养老的时候，我都愿接他们到精舍来奉养，做他们的孝子贤孙，代替他们的儿女照顾他们，不要他们的费用。

例如赵茂林居士，他在监狱里布教达二十多年；在“中国佛教会”服务几十年的冯永桢居士；为佛教作楹联，也写了许多佛教文章的“三湘才子”张剑芬居士；以及一生护持佛教，“陆军总司令”孙立人将军的夫人孙张清扬女士等。

另外，像前“内政部”王平先生的夫人王郑法莲居士，她对我可说有知遇之恩。当年，她阅读了我的著作《无声息的歌唱》一书，大为感动，买了一千多本送人，晚年无人照顾，我一知道，就把她接来精舍奉养，一住就是二十多年，直到她往生。

我是一个非常不愿意把寺院变成为一个老人院的人，我认为，佛教可以办养老育幼的事业，但是毕竟佛教寺院是一个僧团，应该从事一种严格的修练和教育；但是我们在台湾的土地就只有这么多，只有让出寺院的某一角来办养老院、育幼院。

后来发觉老人的习气多，不容易处理相关的问题，因此就不敢办得太大、太多。到现在，我也在佛光山的僧众里，找相关的人来领导管理精舍，至今也将近五十年了。将来预备在另外一个地方，再办一个比较有规模的“自在寮”，让大家可以住得舒服一点，安心养老。

这几十年来，在佛光精舍安居的，总共二百人左右，他们感谢我们，我们也非常爱护他们，甚至为了佛光精舍的老人们，我们也成立了六间的安宁病房，一旦病危，就可以在安宁病房里受到很好的照顾。

至于往生后，这些老人又应该安奉哪里呢？我们又想到设立万寿园公墓。本来，有意再设立火葬场，只是地方有限，同时政府办的火葬场，就在距离我们不远的澄清湖附近，所以也就不设立了。

对老人们，我们从养老，到安宁病房的临终关怀，最后送终安奉，可以说都是一贯作业，只为了要给他们安心。也有少部分的老人看得很开，很早就把他的遗产十几万元都不要了，说要交给佛光

佛光精舍慧常法师百岁生日，佛光精舍主任依图法师带领长者们，与大慈育幼院院长萧碧凉带着大慈的孩子们为其庆生（二〇一〇年五月三日）

山保管，免得将来儿女纷争。对于这种性格的老人，我们也尽量满他的愿，随顺因缘处理，让他能够放心。

关于佛光精舍的建筑，我依山坡地形相连而建，共建了三栋。前一栋的楼顶，就是后栋的阳台，中间阳台空地，是大家生活的空间。那里的树木花草扶疏，庭园空气很好，只是它的缺点是建在山坡上，这对老人来说很不方便。因为现在我自己垂垂老矣，常常叫人推个轮椅从那边经过，感觉到相当吃力、辛苦，我想，老人还是安住在无障碍的平地最为适合。

崧鹤楼

会有凤山老人公寓“崧鹤楼”，是因为时任高雄县县长的余陈月瑛女士，看到我办了佛光精舍，感觉到自己也应该为高雄县的县民谋取福利,并且希望以我们的佛光精舍为榜样。

当时余陈月瑛女士带领着县政府社会科的科长卓春英女士来山考察,之后,再到日本观摩老人安养照护机构,学习日本的老人制度,预备回来之后,要办一所拥有两百八十个床位的标准现代化老人公寓。

于是我派了本山的张慧文居士协助,并且陪她们一起到日本。甚至后来我还帮忙余陈月瑛一起到"内政部",帮她争取到三亿多元老人公寓的建筑费用。

那时候,是许水德先生担任"内政部长",他看到我就说:"啊!今天有星云大师出来要推动老人福利,现在我们正有三亿元的预算,本来预备要拨给台南的,到现在他们还没有动静,那就先给你们高雄拿去建吧!"

余陈月瑛女士得到这三亿元参与老人公寓的建设,非常高兴,也对我非常感谢。建好了以后,社会上有不少人士及团体向县政府争取经营权,可是,余陈县长一直不肯答应,她说,一定要把这栋老人公寓交给佛光山管理。

由于我有兰阳救济院"老人不好管理"的经验,于是一再推辞,要她找专业的人来承担,她说:"台湾养老机构还没有专业人员。"记得我还对她说:"你们政府单位早就要训练专业人员,因为未来是老龄化的社会,这些老人必定需要有人照顾。"

最后我推辞不了,不得办法,就只有接受了。当时我还请了一位研究老人的专家秦惜今小姐担任主管,帮忙筹备、经营。她是美国加州大学老人福祉学系的硕士,特地从美国回来台湾住了两年,帮忙将老人公寓建设完成,订定规章制度,可以说,完全是依美式的照顾方式来管理。

后来,因为秦小姐比较习惯美国的生活,在老人公寓上轨道

佛光山与高雄县政府合办首座公办民营老人公寓（崧鹤楼），与吴伯雄、余政宪等共同主持启用仪式（一九九五年六月三十日）

后，就辞职了。我便把这经营照顾的事情，派给佛光山丛林学院毕业的黄美华师姑，由她接任主任一职。

黄美华师姑一投入安老的领域后，一做就十几年。高雄县政府本来跟我们订约是一期三年，我每三年时间一到，都嘱咐主事者要交还给县政府；但县政府都不肯接受，坚持由佛光山来办老人公寓。到后来，也像是没有签约一样，就成为佛光山管理的老人公寓了。曾经佛光山有一些年老的徒众，也住进崧鹤楼去，我们一样付款，大家住在那里彼此相安无事，佛光山也减少许多照顾上的不足。

后来，佛光山在凤山买到一块地，说适合建老人院，便交由妙悟法师等主持建设。这座禅净中心楼高六层，总面积有一千八百九十坪，大概也有五六十个房间，并未对外经营，只做佛光山徒众的养老医疗之用，对山上的人事管理有很大的方便。而原本的老人公寓崧鹤楼，就交给佛光山慈悲基金会会长妙僧法师管理了。

凤山崧鹤楼的每一个房间大概有七八坪，设备像五星级饭店一样，每个月收取新台币一万多块钱。有专业人员医疗照护，并且供应三餐。老人家住这里，有人为他换茶、换水，说来，应该是一个很不错的社会事业。只是社会之大、人数之多，我们实在力量微薄，做不了那么多，希望佛光会里有心人士，应该多来充实这一个工作。

我也曾经想过，把健全没有生病、只是需要有人陪伴的老人家，分散到世界各地的别分院，假如每一个别分院照顾一两位老人，他可以帮忙瞻前顾后、招呼客人，可能比一个年轻人还要管用。又例如育幼院的小孩，假如有一两个，也住到各个别分院，让他去念书，有别分院做他的家庭，在那里成长，也可以帮忙别分院里买买东西、做做杂物，也像有个家庭一样。算起来，现在佛光山有两三百个别分院，应该能照顾得起这几百个老人、几百个小孩。

不过，最重要的，就是这许多僧尼们要有一种慈悲的性格，敬老育幼，“老吾老以及人之老，幼吾幼以及人之幼”的精神。我想，佛光山的人众，还需要一段时间才能把这条路走好。

另外，值得一提的是，我在佛光山住众里设有“教士制度”和“师姑制度”，这是指愿意带发修行的未婚在家居士，男众称为“教士”，女众就称为“师姑”。目前佛光山，教士人数还不多，师姑则有一两百人，他们也是等同出家人，除了多了头发以外，其他在学佛修行的信心上、发心上，以及工作能力上，都是一样的，有时候他们比出家人更方便帮忙解决寺庙一些杂务。

我认为，教士及师姑的制度很好，希望佛光山的人众单位，要好好地照顾这许多教士及师姑。好比有些师姑在山上都已经四五十年了，应该多加关照，让他们身心安住。

万寿园

我最初在建设佛光山的时候，就想把佛光山建设成解决人生问题的地方，所有关于生老病死问题，我都能帮他解决。甚至，过去像慈怡法师的妹妹在助产学校读书，我也希望她毕业后，能到佛光山开一间助产医院，为社会大众服务。因为一般的医院我开不起，但至少我可以从“助产医院”做起。后来，由于台湾的助产士制度慢慢没落，妇女都已经到医院生产，所以也就没有必要再设立助产医院了。

人的一生，关于老人的照顾，我们有佛光精舍、仁爱之家、崧鹤楼；护幼的部分有育幼院、托儿所；病的部分，我们有佛光联合诊所，也有云水医院，同时台湾的医疗也慢慢发达进步，各乡间、部落都设有卫生所，尤其我们具有医疗专业的信徒，他们在医院里都会对宗教人士，给予特别的照顾或优待，所以医疗问题也不是很麻烦。

甚至别人告诉我，假如真要创办一间医院，必须先组织一个律师团，好准备打官司解决医疗纠纷，应付各种诉讼，否则会不胜其烦的。

生老病死中，唯一比较困难解决的，就是“死”的问题了。现在的人一旦死亡后，家属遇到最大的困难就是停放点。目前，台湾大部分的住家都是公寓、大楼，一个人住在大楼里，往生之后，连要运下来，都是万分困难，所以只有停放在殡仪馆。

有的人表示，在他往生后不愿意进到殡仪馆停放，所以家属们总希望在长辈们人生最后的一段路程，咽下最后一口气之前，亲属能与即将往生者有一个很好的告别，这就不是殡仪馆所能解决的了。

在佛光山，我们设有一个万寿园公墓，除了提供骨灰安奉外，还在万寿园设立了六个安宁病房、六个祭祀的厅堂。安宁病房的设置，我想到人到了最后阶段，假如有眷属跟他一起同住在安宁病房里，他会感到比较安心、安慰，因此，我们在安宁病房里，设有眷属居住、饮食吃饭的地方。在安宁病房里，曾经有人像住在疗养院一样，本来是等待往生的，后来竟然恢复健康，活着回家了。所以，一个人对生死能放得开、看得开，生也好、死也好，生死其实都是一如也。

我设立万寿园公墓，大约是在一九七六年左右，当时佛光山开山十周年了，高雄县政府给了我千万个难题，这当中许多原因很复杂，我也无法一一述说，只能说为了要领到佛光山寺庙登记的执照，也就不去计较，努力跑相关单位办理证照。

佛光山万寿园于一九八三年兴建完成，为七重宫殿式建筑

只是万寿园公墓的证照，比佛光山领照还要困难，不是那么简单就可以申请得到，为什么？

因为万寿园公墓，依设立公墓法令规定，必须距离河川水源地多远、距离学校要多远、距离公路要多远等等。而我们的万寿公墓可能都不是很合于标准，但实际上，我们这一块地是非常适合做公墓的。说来，它也不是真正的公墓，只是一个提供骨灰安奉的地方，人体经过火化以后，只剩下骨灰，在卫生上，都不会对人，或是对环境留有不良的影响或是后遗症。

这当中，我非常感谢台湾省议员陈洦汾先生的协助，在我申请证照的时候，他帮助我取得佛光山及万寿园的使用执照，这实在是相当不容易的事情。

万寿园建在山腰上，背山面水、向阳之地，以一般人的说法很合乎风水地理的条件，当我完全建设起来以后，同时捐献出两千个位置，给高雄县穷苦或负担不起丧葬费用的人家，让他们可以无条件把亡者的骨灰安放进万寿园。其他的大部分，我们也只是随喜服务，不跟人太多计较。

不过，不少的名人也安奉在万寿园，除了我的母亲李刘玉瑛外，孙立人的夫人孙张清扬女士，陈诚暨夫人谭祥女士，三湘才子张剑芬，佛学名教授杨白衣、方伦，名作家卜少夫，《中华日报》驻华府特派员续伯雄，新闻界大老欧阳醇等等。

在万寿园安住的这许多灵魂，他们应该都会非常的欢喜，因为旁边有大佛陪伴，每天聆听山上的钟声、鼓声响起，假如他们还没有转世投胎的话，能在这种宁静的净土佛国也算是福德俱全了。

佛光诊所

早在一九六四年寿山寺落成的时候，我们就组成了医疗团义

云水医院施诊医疗队，服务偏乡的病患

诊。后来，建设东方佛教学院的时候，我就设立了“佛光诊所”，替学生的健康服务。那时候，只是在学部的一个角落，后来慢慢的，山下民众也要求要来诊治，于是就搬到山下，在头山门弥勒佛边上的一块地，开设了一家佛光诊所。

佛光诊所最初的经营管理非常困难，由于名医的价码高，我们请不起，而一般医师也不一定愿意来到这样偏远的地方，同时，我们必须要有专业的医生，才能获得正式的牌照，达到设立诊所提供医疗服务的目标。

所幸，经过一些善心人士给我们的协助帮忙，现在的诊所里，已有好多位医术高明的医师前来为大众义诊，他们就像菩萨一样，给予大众安心抚慰。例如，西医许兆祥、甘建忠、邹希曾、林弘医师等，牙医师赖德荣、林扬升、妙助法师等，中医师蔡颖铭、陈世波、刘江霖等，以及慈悲温柔的护理人员：李芳如、吴金华等，还有拥有许多专门医疗长才的义工，陈兰芬、施淑华、马子娇等，在他们的集体创作下，一路走来三十多年，山下的居民也都以诊所为他们的依靠了。

佛光诊所随着社会高龄化和健保医疗的普及，为能提供符合社会需求的医疗保健服务，二〇〇三年九月，更名为“佛光联合门诊”，成为全民健保特约医事服务机构。

尤其，现在由具有医护背景的妙僧法师负责主持，她在彰化基督教医院做过三十几年的护理长，是一位经验丰富的慈悲人。带领着医疗团队，与高雄荣总、长庚医院、高雄医学院附设医院、义大医院等建教合作，并且和社会医疗体系保持互动、交流，更邀请多位专科医师提供大众更好的医疗品质。佛光诊所在她的管理之下，虽然不大，但麻雀虽小，五脏俱全。

另外，云水医院是活动的简约医院，早期医疗不普遍，只有开着车到偏远处服务、医疗，并配有法师同行，为患者做心理及精神上的辅导与开示。现在因医疗健全，则与佛光山在全台的各别分院联合，转而做预防保健、健康检查及卫生教育的宣导；特别是近几年，推动预防老人失智的护智工作，以更专业、更符合社会需求，继续为各县市乡镇的偏远地区提供义诊服务，还获得“卫生署”的肯定。

除了这些有形有据点的救济以外，山上还有慈善院、慈悲基金会等救济相关的单位。慈悲基金会，它是一个向政府立案的全台性基金会，平常对于社会上的鳏寡孤独、低收入户，以及弱势团体、老人、儿童、残障、妇女等，都能给予一些照顾。另外还有急难救助、友爱服务、冬令赈济、二手辅具、监狱布教等等项目就更多了。所谓“愿将双手常垂下，抚得人心一样平”，我总是希望只要我能力可及，我都愿意来帮助社会，可以发心服务有缘之人。

例如，有一年高雄发生水灾，李登辉先生下令叫佛光山捐助一

佛光山首创云水护智车，为偏乡居民提供失智筛检与义诊（乘容法师摄，二〇一二年十一月二日）

千万，我们虽是受灾户，但也捐助了一千万；像一九九九年台湾“九二一”大地震，我们重建了四所学校，募集了十几亿投注到灾区里去，并且成立“佛光园慈心站”，安排法师在灾区里随时接受灾区人民的请求以及心灵关怀，时间长达三年。

又例如，二〇〇八年汶川大地震发生时，我们的觉弘法师和慈悲基金会北区执行长朱唐妹女士，带领许多愿意付出一己之力的医护义工，在瓦砾堆中住了好几个月。后来，在当地帮忙重建两间高中学校、两所医院、捐赠了七十多部救护车。其他生活需要的民生物资，就用专机运送了好几次，非常感谢中华航空和长荣航空给予我们大力的协助。

此外，像二〇〇四年的印尼海啸、二〇一一年的日本“三一一”大地震发生时，我们当地的徒众，都秉持我订定“以慈善福利社会”的宗旨深入灾区，给予当地政府、百姓需要的关心和协助。其他，我们也在斯里兰卡设立女子学校，在拉达克建设女子学校，

金钟主播沈春华小姐应佛光山人间大学台北分校邀请,讲授“迈向成功的人生美学”(二〇一二年五月二十日)

以及赞助缅北密支那育成中小学,在巴西设立“如来之子”之家等等。

甚至我们在马来西亚成立的“急难救护队”,是获得马来西亚国家认可,在政府登记立案的救护组织,可以随时接受各地紧急灾难应变的调度,投入救灾工作。

除了上述的社会事业以外,其实,佛光山的社会事业应该还要包括教育、文化。在教育的方面,我们办了四所大学,台湾佛光大学、南华大学,美国西来大学、澳大利亚南天大学。另外,为了配合政府推行全民“活到老,学到老”的终身学习教育,我们办了佛光山人间大学,由南到北,由西到东,全台共有十三所,有台北分校、新竹分校、大明社区大学、竹东大觉分校、台中光大社区大学、彰化社区大学、嘉义博爱社区大学、台南社区大学、高雄社区大学等。

在中学的部分,一九六七年的时候,我就在台北永和创办了智光商工职业学校，后来，一九七七年在高雄办了普门高中、普门初中；近几年，在埔里办了均头国中小，在台东办了均一国中小，其他在各个别分院办的托儿所、幼稚园就有好几间，如宜兰的慈爱幼稚园、台南的慈航托儿所、善化的慧慈幼稚园，以及新营小天星幼儿园等等。

至于文化传播事业则有人间卫视、人间福报、人间通讯社、全国广播电台，以及多种杂志、出版社、文化公司等。只是这许多社会的文化事业、传播事业都已经在其他文章中提到，这里就不一一述说了。

文人為言
從善如流

我对当代人物的评议

历史上多少英雄人物，
我不去谈他，
只谈生死在百年之内我所佩服的社会人士十二位，
提供给与我有缘的人
知道我心中有什么人物。
这十二位人物中，我见过本人的，
只有胡适之博士和艾森豪威尔将军，
其他的人我都没有见过，只是欣赏他们一生风仪。
我对这十二位人物，
主要觉得他们不只是我个人心目中
崇拜的英雄而已，
应该是普世人类应该尊敬的仁者。

我生不才，只是一个平凡的僧侣；也有人佩服我，但是我更佩服别人。像佛教里的太虚大师、印光大师、弘一大师、八指头陀、虚云老和尚等，都是我景仰的人物，但已在他处提到，这里就不再提及。至于历史上多少英雄人物，我也不去谈他，只谈生死在百年之内我所佩服的社会人士十二位，提供给与我有缘的人知道我心中有什么人物。

我以他们出生的时间依序来说：孙中山、蔡元培、甘地、梁启超、宋教仁、艾森豪威尔、胡适、安贝卡、邓小平、傅斯年、特蕾莎修女，以及赫尔穆特·科尔。

这十二位人物中，以曾任德国总理的科尔最年轻，二〇一二年八十三岁；而我见过本人的，只有胡适之博士和艾森豪威尔将军，其他的人我都没有见过，只是欣赏他们一生的风仪。

艾森豪威尔将军曾在一九六〇年六月到访台湾，成为唯一来过台湾的在任美国总统，当时我也跻身在欢迎他的人群中，是什么原因前往欢迎的，我已不复记忆了。一九四九年以后，胡适先生从美国回台讲学，我也挤在人群里，听过他几次的讲演，那时候，我对台北的地理还不熟悉，我也记不得是在什么地方了。

我对这十二位人物，主要觉得他们不只是我个人心目中崇拜的英雄而已，应该是普世人类应该尊敬的仁者，略述我赞许他们的理由如下：

孙中山（一八六六—一九二五）

孙中山，本名孙文，出生在广东香山翠亨村（今广东中山）。我非常尊敬和崇拜他，他是伟大的革命家，是中国民主革命的先行者，到了今天，虽然海峡两岸、党系意见各有不同，但是大家都有一个共识，孙中山先生，是我们大家共同的国父。

我出生前二年，一九二五年，中山先生因肝癌往生，他一生都奉献给中华民国，他为国为民的事迹，实在是不胜枚举。

一、他是一位革命家：他呼吁废除不平等条约，中日甲午战争时，在檀香山创立第一个革命团体"兴中会"，后来改为"同盟会"。历经数十次革命之后，于辛亥年武昌起义成功，终于推翻满清政府，创建民国，二千多年的帝王制度宣告结束。

二、他是一位思想家：他提倡天下为公、三民主义。以民族、民权、民生，倡导主权在民，政党政治、平均地权等主张，让中国人在思想上大开眼界，是中国近代史上，最有影响力的思想家。

三、他是一位政治家：国父认为："政是众人之事，治是管理，政治是管理众人之事。"汉满蒙回藏，始终扰乱着中国的政局，难以安宁，孙中山先生倡导"五族共和"，"以平等待我之民族"，主张大

孙中山

家平等，过去千百年来的种族情结，才慢慢得以获得和解。

四、他是一位实践家：他身体力行“不做大官，要做大事”。人生以服务为目的。身为临时大总统，为了顾全大局，他请袁世凯担任大总统，自己退出政界，建设中国铁道，他认为中国要富强，必须从交通着手。

五、他是一位哲学家：他认为，佛教为救世之仁，佛学为哲学之母，研究佛法可补法律之偏。他的想法是：“国家社会者，互助之体也；道德仁义者，互助之用也。”等于佛教的人我一如，生命是共同体。

六、他是一位心理学家：他说，“国者，人之积；人者，心之器。”他深知心理的感受产生思想，思想成为行为，行为决定了个人和国家的命运，国家的根本是人民，人心是一切动力的来源。

七、他是一位经济学家：他提倡社会互助理论，曾说：“人类进化之原则与物种进化之原则不同，物种以竞争为原则，人类则以互助为原则。”唯有共生才能共荣，互助合作才会有希望。

八、他是一位菩萨义工：他性格慈悲，从医时，经常为穷人义诊，革命期间，建设民国，更是无私无我的牺牲奉献，疲于奔命。

以上八点，是我个人一些看法，实在难以描绘国父建立民国，走上共和，千生万死之一二。光是推翻清朝帝制，根据统计，自一八九四年到一九一一年之间，发动的革命起义事件，就有二十九次之多，前后历经十七年。后来，军阀四起，列强觊觎，中国就在战争、贫穷，民不聊生的动荡中陷入水深火热，国父革命，建设民主之路的艰难，可想一斑。

其实，国父和佛教的因缘很深，在佛光山大智殿设有一个“宗仰上人纪念堂”，是为了纪念栖霞法脉的一代高僧宗仰上人。宗仰上人在民国缔造之前，曾经加入孙中山先生所领导的同盟会，捐助资金，帮助孙中山先生完成革命，当初他与孙先生往来的书信，也都被妥善保存。

另外，太虚大师在一九一二年赴广州宣扬佛法，被推为白云山双溪寺住持，并与仁山法师首倡组织“佛教协进会”，进京谒见临时大总统孙中山先生，提出改革佛教计划，当时中山先生还以手令褒勉他们。

一九一二年以后，孙中山先生宣布“政教分立”，取消僧官制度，在八指头陀寄禅大师的奔走下，核可成立“中华佛教总会”，存在一千六百年之久的僧官制度终告结束，让政治归政治，信仰归信仰。而国父游历普陀山时，更曾亲眼目睹观世音菩萨显现灵异的事迹。

“和平，奋斗，救中国”是国父最后的遗言，战争是对立的、残酷的、流血的，是妻离子散的，唯有和平，幸福安乐才能指日可待。

蔡元培（一八六八—一九四〇）

蔡元培，浙江绍兴山阴县人，是中国教育史上，首任中华民国教育总长、首任中央研究院院长、担任北京大学校长等职。他召开第一次全国教育会议，开“学术”与“自由”之风气，主导教育及学术体制的改革。在近代中国的革命史上，他是唯一以进士、翰林身份，弃官从教，成立爱国学社等组织，并发行《俄事警闻》等报刊杂志，提倡民权，鼓吹革命，是一位付诸爱国行动的读书人，说他是当代孔子，实不为过也。

从小，我就钦佩蔡元培先生，他说：“教育者，养成人格之事业也。”在北大发刊词，他引用《中庸》：“万物并育而不相害，道并行

蔡元培

而不相悖，此天地之所以为大也。”他大量延用新人物，不拘一格招聘众家，倡导平民教育，最早在大学设立研究所、招收女生，是开创国立大学男女同校的先驱者。

他建立中国的教育制度，亲手制订教育方针与新学制，成立“教育部”，改学堂为学校，监督、堂长，一律改称为校长，以“五育”：军国民教育、实利主义教育、公民道德教育、世界观教育、美感教育，作为教育的方针。蔡元培先生重视美育，他认为美感是普遍性，可以突破人我的偏见，我个人也认为，艺术的极致是宗教的展现，而宗教本身就是至真、至善、至美的代表。

蔡元培先生对中国的影响，正如美国教育家杜威（John Dewey）博士所说：“拿世界各国大学校长来比较，牛津、剑桥、巴黎、柏林、哈佛、哥伦比亚等等，在某些学科上有卓越贡献的不乏其人，但是以一个校长身份，而能领导一所大学，对一个民族、一个时代起到转折作用的，除了蔡元培外，恐怕找不出第二个人。”

北京大学在蔡元培极力的改革下，很快地成为思想开放、充满活力的全国最高学府。他支持新文化运动，提倡白话文，赞成文学革命，倡导以科学和民主为内容的新思潮，使得北大成为“五四”时期中国新文化运动的中心。

在五四运动时，因为支持学生运动，当时有传言“以三百万金购人刺杀蔡元培”，蔡元培先生听闻之后，坦然自若地表示：“如危及身体，而保全大学，亦无所不可。”由此可见他对青年学生，关爱如亲生骨肉，肯得以一己生命保全学生，甚至吴稚晖先生形容他：

"生平无缺德。"

他提倡民权与女权，倡导自由思想，甚至"以身作则"，以自己的婚姻开风气之先。三十三岁时，原配夫人王昭病逝，许多人关心他的婚事，争相帮他作媒续弦，他借此改革社会风气，举出择偶五条件：

一、女子需不缠足者。

二、需识字者。

三、男子不娶妾。

四、男死后女子可改嫁。

五、夫妇如不合可离婚。

这些条件一开出，让当时保守的社会各界震惊不已，也表现他对封建礼教的叛逆性格，和追求自主婚姻、两性平等的看法。

晚年，蔡元培先生仍然积极地参与时事，与宋庆龄、鲁迅、杨杏佛等人组织"中国民权保障同盟"，反对国民政府的特务政治，积极开展爱国民主抗日活动，拥护国共合作。一九三八年被推为国际反侵略大会中国分会的名誉会长，后来在香港因病往生，享年七十二岁。

政治管理众人，教育百年树人，蔡元培先生终其一生，在政治和教育上的贡献，带动近代中国知识分子活跃、思想奔放、为所当为，这种以众为我的精神，是我们现代知识分子的典范。

甘地（一八六九—一九四八）

甘地（Mohandas Karamchand Gandhi），印度的国父，世界和平的象征。他主张"不合作主义"、"非暴力"的思想，以无比的勇气和智慧，从一个平凡的小律师，带领全印度迈向独立，脱离英国的殖民统治，大家尊称他为"圣雄甘地"。

甘地

甘地在南非工作时，看到印度侨胞受到不平等的待遇，历经二十年，他连续发起“非暴力”不流血的抗议行动，一直到南非政府以同等的权益对待印度人；回到印度之后，他主张“不合作主义”，发起全国总罢工、罢市、抗税运动，包括不上英国人的法庭、学校，不买英国的国货等，运动扩及印度全国，不断地激励和带动所有的人，为自由努力奋斗。

为了领导印度人民为自己争取人权，甘地毕生绝食十六次，一次又一次走到生命的绝境；他入狱十八次，被关了二千三百多天；先后遇刺五次，尽管有多次的牢狱之灾、生命的危险，甘地一直甘之如饴，点点滴滴累积争取印度平等、独立的机会，始终不放弃。

古今中外不少伟大的人物，都有过入狱的经验，监狱能关闭一个人，但不能关闭一个人的智慧与成就。爱因斯坦曾赞许甘地说：“后世的子孙也许很难相信，历史上竟走过这样一副血肉之躯。”

我认为，革命，就是甘地的修行，他以素食、绝食抗议等非暴力行动，实践无我、牺牲奉献的精神。

甘地的另一项运动是鼓励人民自行织布，以抗拒英国的布料，他希望每个印度人都纺织生产，一来可以增加就业机会，弥补农闲的空档，并借以发展农村自主经济。甘地认为工业化会对人类造成不人道的威胁，人类不是隶属于经济的生产力，而是一切的中心。确实，当人类为了发展经济，破坏生态环境时，未来再多的金钱，都买不回大自然了。

甘地以人为本的中心思想，也体现在他提倡各宗教尊重与包容。记得我在澳大利亚曾经遇到一位国会议员菲利普·罗达克(Philip Ruddock),他问我:“世界上哪一个宗教最好?哪一位宗教大师最伟大?”我说:“你欢喜的就是最好、就是最伟大。”甘地宣称自己没有特定的信仰,不歧视、不排斥任何不同的宗教,他说:“我是伊斯兰教徒,是印度教徒,是基督徒,也是犹太人。”

甘地一生中,大部分都过着苦行僧的生活。有一天,他到英国伦敦,接受英女王伊丽莎白二世的召见,当天他穿了一件褪色的上衣,在英国首相的陪同之下与女王见面谈话,记者上前问甘地,这样的穿着是否太过失礼?

甘地听了,淡淡地说了一句话:“英国首相身上的衣服,十个穷人可以穿,而我身上的衣服,却只有一个穷人可以穿。”这种不为物欲、不为己求的精神态度,使得所有受制于英国殖民的印度人,死心塌地地跟随甘地。

甘地是和平的推手,在为印度独立解放奋斗的同时,甘地也为了消除种姓制度、印度教和伊斯兰教之间的纷争而努力。七十九岁的甘地,在一次调解教派纷争的活动中,被一个极端分子枪击而离开人世。

甘地说:“领导,就是以身作则来影响他人。”甘地是印度自由的灯塔,永远照亮印度和全世界向往自由、民主、平等之人的心中。

梁启超(一八七三——一九二九)

梁启超,广东省新会县人,又号饮冰室主人。曾经担任中华民国北洋政府财政总长,从政三十六年间,著书立说不断,是中国近代历史上,贯穿中西思想的大学者、改革者、史学家,更是重视培养人才的教育家。

光绪年间,梁启超先生和他的老师康有为,成立“保皇党”,发

梁启超

动“戊戌政变”，后来失败逃亡日本。袁世凯要恢复帝制，他在《大中华》杂志上发表《异哉！所谓国体论》，大力抨击袁世凯，并且号召四万万同胞大家共同讨伐袁世凯。袁世凯愿以十万金，要求他不要发表文章，但是梁启超先生断然拒绝；袁世凯又威胁梁启超，他说：“宁可逃亡生活，也不愿苟且偷生。”充分展现了文人的气节；他反对张勋复辟，不惜和老师康有为决裂，力主保卫共和，深获孙中山、胡适、毛泽东等人的尊敬和认同。

梁启超先生天资聪颖，思辨过人，从小就崭露头角，十二岁考上秀才，十七岁又中了举人，有“岭南奇才”神童之称。

十岁那一年，跟父亲入城，夜里住在秀才李兆镜的家中。第二天早晨到前厅的杏花园玩耍，摘了几朵杏花，遇见父亲和李兆镜友人，赶紧将杏花藏在袖子里，父亲借景考验，问说：“袖里笼花，小子暗藏春色。”

梁启超仰头凝思，瞥见对面厅檐挂着“挡煞”大镜，即念出下联：“堂前悬镜，大人明察秋毫。”他的才思敏捷，可见他深厚的文学底蕴。

有一次，他到武汉讲学，顺道拜访当时担任湖广总督的张之洞。张之洞想要为难他，出了个上联：“四水江第一，四时夏第二，老夫居江夏，谁是第一？谁是第二？”意思是说我才是老大。

梁启超先生略一思索，便说：“三教儒在前，三才人在后，小子本儒人，岂敢在前，岂敢在后！”三教是指儒释道，三才是说天地人，我不在你前，也不在你后，与你平起平坐嘛。张之洞一看，从此改变了对梁启超的看法，奉梁启超为上宾。

一代大儒梁启超先生和佛教非常有缘，他有系统地研读佛典，并且将研究所得撰文发表，计有《佛教之输入》、《千五百年之中国留学生》、《佛教与西域》、《中国佛法兴衰沿革说略》、《佛典之翻译》、《翻译文学与佛典》等，共计十八篇，全书就名为《佛学研究十八篇》。从史学的角度出发，对中国佛教的兴衰流变，以及相关的事项作了扼要的阐述。他在这本书中提到，从佛教传入中国以后，我国文学中增加了三万五千字以上的新兴名词；又说，我国近代的纯文学如小说、歌曲，皆与佛典之翻译有密切关系。

一九二二年，太虚大师在武昌创办武昌佛学院，梁启超曾被推举为第一届董事会董事长。到了晚年，他对佛教有很深刻的体会，他说："佛教的信仰，是正信而非迷信，是兼善而非独善，是住世而非厌世，是无量而非有限，是平等而非差别，是自力而非他力。"

梁启超先生从事报刊活动二十七年，一生创办领导报刊十七种，被誉为"言论界之骄子"，对中国早期报刊政论有巨大的贡献。报馆崛起，带动知识分子爱国的情操，倡导民主自由的新思潮，可以说，梁启超先生是我们中国人言论自由发挥得最淋漓尽致的不二人物。

从接触《四书》、《五经》，到西方思想带来的开放冲击，一直到参与政变、革命、从政，最后投入教育，他是一位不断自我更新的大学者，他甚至说："今日之我不惜与昨日之我宣战。"

一九一八年游历欧洲诸国之后，任教于北京大学等各大学，他在北京组织共学社，宗旨为"培养新人才，宣传新文化，开拓新政治"，救国救民的热心，始终不减。梁启超先生明白，唯有播下教育的种子，中国的未来才能开花结果。

一九二六年，梁启超因为尿毒症，择北京协和医院替他开刀治疗。手术进行相当顺利，但是出院后病情却未见好转，反而有加重的情势。后来才发现，医生误把他健康的肾摘除，留下病变的肾。

梁家的人愤怒无比，准备向医院提告，但梁启超反而劝慰家人放弃诉讼，告诉他们说，生死有命，算了。梁启超的宽大胸怀，实令人赞佩不已。

宋教仁（一八八二——一九一三）

宋教仁，湖南省桃源县人。说到中国近代史，大家不能漏掉宋教仁先生，一九〇四年，他在长沙和黄兴成立“华兴会”；一九〇五年，和孙中山成立“同盟会”。他筹组成立“中国国民党”，担任第一任国民党代理理事长；中华民国成立后任职南京临时政府法制院院长，是第一位倡导内阁制的政治家。翻译过《日本宪法》、《英国制度要览》、《德国官制》、《美国制度概要》等十多个国家的宪政著作，是中华民国实施民主宪政的伟大人物代表。

一般人对宋教仁先生的印象，都是停留在他和孙中山先生一起筹组同盟会，翻开历史文献资料，对宋教仁先生的着墨实在太少了；但是，我个人认为如果没有宋教仁先生，就没有今天的中华民国。

宋教仁先生是一位很有前瞻性、建设性的人才。袁世凯当上临时大总统，为了避免总统独权、专制，宋教仁先生主张“责任内阁制”，他认为：“内阁不善，而可以更迭之，总统不善，则无术变易之；如必欲变易之，必致动摇国本。”权力带来腐败，绝对的权力，带来绝对的腐败，宋教仁先生以制度、政党的力量，来限制权力无限扩张的可能性，这对袁世凯的皇帝梦，造成很大的威胁和压力。因此，袁世凯担任总统后，百般笼络宋教仁，请他出任总理，他坚决不做，后来又召见他，亲自送上贵重的礼物和五十万元巨款，他也予以谢绝。

宋教仁

同时，宋教仁先生也提倡“政党政治”的理念，他认为：“透过选举的竞争，在国会里头，占得大多数议席的党，组成一个党的责任内阁；退而在野，也可以严密地监督政府，使它有所忌惮而不敢妄为。”就像台湾今天的政党政治，有国民党、民进党、亲民党等一样，大家彼此互相制衡。

不仅如此，宋教仁先生把国家人民的利益，放在党的利益之先，和袁世凯讨论内阁组织前，国民党大老陈其美、应夔丞等人，询问宋教仁关于国民党内阁的组织办法，宋教仁只有一句话：“我只有大公无党一个办法！”宋教仁先生不恋栈权位，不图利个人，高风亮节的胸襟，由此可见一斑。

其实，推翻清政府后，中国仍然处在极度的混乱中，列强侵略、军阀四起，于政、于党，大家想法意见都不同，利益冲突暗潮汹涌。一九一三年，在上海火车站，袁世凯派人暗杀宋教仁先生，得年三十一岁。当时在日本的孙中山得知宋教仁遇害，书写挽联：“作民权保障，谁为后死者；为宪政流血，公真第一人。”

宋教仁先生牺牲以后，袁世凯的帝制思想浮上台面，孙中山先生等革命人士，二次革命讨袁护法，才不至于让初萌的民国政治走回皇权时代。宋朝范仲淹先生曾说：“宁鸣而死，不默而生。”宋教仁先生一生为革命、民主、立宪的努力奋斗，可以说，是这句话的最佳写照。

艾森豪威尔（一八九〇—一九六九）

艾森豪威尔（Dwight David Eisenhower）将军，是美国的传奇人物。他从来没有带兵打仗的经验，但在第二次世界大战时担任盟军最高统帅，挥军登陆诺曼底，赢得大战胜利。只是军校毕业的艾森豪威尔将军，却当上美国著名学府哥伦比亚大学的校长；没有做过市长、州长、部长或国务卿，但他是全美国人民选出来的第三十四任总统，到现在，还经常被评选为美国前十名最好的总统之一。

世界上许多伟人都有一个性格"面对问题，从不退缩"，所以能建立永垂不朽的功勋伟业，艾森豪威尔将军也不例外。

他小时候常和家人一起打桥牌，有一次，他拿到一副坏牌，心里非常不高兴，一边打就一边埋怨。母亲听了很不欢喜，斥责他："孩子，玩牌的规矩，就是不管你拿到什么牌，都不可以抱怨，而且要尽力打好它。人生也是这样，不论你遭遇何种处境，你都要在这种处境和条件当中，尽可能地做到最好的地步！"艾森豪威尔能成为伟大的人物，受母亲这一席话影响不少。

艾森豪威尔将军担任欧洲盟军统帅，英美双方陆海空三军部队人数日增，再加上法国、比利时、捷克、加拿大、波兰、新西兰、南非、澳大利亚，及其他国家军队的加入，可以说，艾森豪威尔将军主导了战争史上空前浩大的联合军事行动。欧洲各国名将，如：英国的蒙哥马利、法国的戴高乐等，对他都欣然服从，为他所用。艾森豪威尔将军自谦说："自己只有领导三个人，下面是陆海空三军各自分层负责。"艾森豪威尔发现人才、充分授权，在他的领导统御、调兵遣将之下，盟军顺利地登陆诺曼底。

有一句话说："人为善，福虽未至，祸已远离；人为恶，祸虽未

艾森豪威尔将军

至，福已远离。”在第二次世界大战期中，欧洲盟军最高统帅艾森豪威尔，在法国的某地乘车返回总部，参加紧急军事会议。那一天大雪纷飞，天气寒冷，汽车一路疾驰，在前不着村后不着店的途中，艾森豪威尔忽然看到一对瑟瑟发抖的法国老夫妇坐在路边。

艾森豪威尔将军立即命令停车，一位参谋急忙提醒他说：“我们必须按时赶到总部开会，这种事情还是交给当地的警方处理吧。”

艾森豪威尔坚持要下车去问，他说：“如果等到警方赶来，这对老夫妇可能早就冻死了！”

经过询问才知道，这对老夫妇是去巴黎投奔儿子，但是汽车却在中途抛锚了。艾森豪威尔二话没说，先将老夫妇送到巴黎儿子家里，才赶回总部。

由于要送这一对老夫妇到巴黎，他们改变原本回总部的路线，却因此逃过一劫。原来，那天德国纳粹的狙击兵，早已预先埋伏在他们回总部的必经路上，艾森豪威尔为了救那对老夫妇于危难之中而免于一难。历史学家评论道：“艾森豪威尔的一个善念，躲过了暗杀，否则第二次世界大战的历史将改写。”

家事、国事、天下事，艾森豪威尔虽然是国家最高统帅、国家的元首，同时也是一位爱家、爱老婆的代表。听说，艾森豪威尔还是美国总统的时候，每次回家，都会帮太太烧两样菜，是一对令人羡慕的佳偶。

把握现有的条件，尽力发挥，努力做到最好，就会转危为安，这是艾森豪威尔将军一生克难致胜的人生哲学。他在政治上的雄才大略,唯才是用,充分授权,至今让人怀念。

安贝卡(一八九一——一九五六)

在一九五〇年代,我初到台湾编辑《人生》杂志的时候,就听到从印度传来消息,有一百万人皈依佛教,没有多久,又听说有五十万人皈依了。我就很讶异,过去佛陀时代灵山胜会,百万人天,今日在印度真的又重现了。

是什么原因?是什么理由?能让印度的佛教,这么一下子有这样大动作的举行皈依典礼?因为资讯不详,我也不能深入了解。一直到多年后,我才明白这是由印度安贝卡(Bhimrao Ramji Ambedkar)博士,号召印度群众集体皈依佛教的运动。

安贝卡博士,在印度种姓制度中,出身于最低级的首陀罗。他拥有美国的经济学及英国的法学双重博士学位。第二次世界大战后,安贝卡博士应邀加入总理尼赫鲁的内阁,担任印度独立后第一任的司法部长,也是印度宪法的制宪者,他是贱民出身出任政府要职的第一人。他经过二十年在政治上的努力,被推选为独立宪法起草委员会的主席,终于在一九四九年印度独立宪法中正式废除了"贱民"制度。可以说他一生奉献于鼓吹自由、平等、博爱的人权运动。

出生贱民的安贝卡博士,从小就饱受不平等的欺凌和歧视。小时候曾经有三个让他难以忘怀的经验:

一、上小学的时候,他每天要带一块布到学校,放学的时候再带回家里。这一块布做什么用呢?原来是用来铺在他的座位下。如果不铺上这一块布,他座位下的那一块土地就会被他污染。如果有人踩到这一块被污染的土地,那个人的灵魂也完了。

主持纪念安贝卡博士暨二十万人皈依三宝典礼，于印度海德拉巴市的十字街道上举行（二〇〇六年十月十四日）

二、在学校里，安贝卡不能去碰水龙头。在印度的学校里，为了限制贱民的行动，每个学校都有校警。只有在校警的监视下，老师才可以打开水龙头，然后把水分给贱民背景的学童。如果校警请假，贱民的学童整天就没水喝了。

三、九岁那一年，他从乡下搭火车到一座山城去看他父亲，下了火车要搭牛车上山，但是驾牛车的人不肯载他，他付了双倍的钱，才说服了那个驾牛车的人让他上车。那个驾牛车的人宁可自己跟在牛车的后面走，也不愿与安贝卡同行。因为路途太远，半夜到了一个山区的小客栈，客栈主人不允许这个九岁的小孩住进去，他只好在牛车上挨饿受冻，直到第二天下午到达目的地为止。

身为贱民饱受歧视和污辱的安贝卡，一生最大的努力就是废除种姓制度。留学回国后，推动改革印度教来废除种姓制度及贱民制度，第一个行动，就是在一九二七年公开焚烧《摩奴法典》（Manusmriti），但种姓制度一直存在。

直到一九三〇年代，他终于体悟到：“唯一的途径只有脱离视他们为贱民的这个宗教。"安贝卡博士认为，与其困在三千年的印度文化，不如改信其他的宗教，让新观念进来，为贱民找到平等生存的权利和希望。

佛教的教义，符合安贝卡博士理想中的四个判准、一个坚持。他的四个判准是：

一、不论他选择哪一种制度，都必须极致地激发人类和社会的价值。

二、不论他选择哪一种宗教，都应该要能与理性相契合。

三、一种可被接受的宗教必须能激励自由、平等和博爱的精神。

四、不管他选择什么宗教或哲学，都不应该有阿Q心理，把贫穷"神圣化"。

一个坚持：非暴力，他所追求的新宗教必须是一个非暴力的宗教。

一直到一九五六年十月十五日，这一天是印度历史上阿育王改信佛教的日子，安贝卡号召全印度的贱民族群，集合到印度的地理中心点"龙城"(Nagpur)，一起参加皈依佛教的大典。五十万人从印度各地来到这里，这一次的大皈依，也是佛教十三世纪在印度灭亡之后最大一次的皈依典礼。

在皈依典礼上，安贝卡说："从今天起，我们脱离了地狱！"没有了种姓制度观念的绑架，大家都重生在佛陀的平等教义中，人人皆能成佛。

二〇〇六年，为了纪念印度佛教复兴之父安贝卡博士，带领五十万民众皈依佛教五十周年纪念，我应邀前往印度安特拉省海德拉巴市，主持了二十万人皈依三宝典礼；当时，我还特别前往他的圣像前合掌，对他表示最大的敬意。

印度诞生了倡导平等思想的佛陀、大乘佛教的发起人龙树菩萨和积极发扬平等精神的安贝卡博士。今天,我们对安贝卡博士最好的纪念,就是继续发扬佛陀慈悲、平等、和平的精神,将尊重包容、欢喜融和的佛教,散播到全印度,乃至全世界。

胡适(一八九一——一九六二)

胡适,字适之,出生安徽绩溪。胡适先生从美国留学回到中国,在北京大学任教,后来担任北大的校长、“驻美大使”、台湾“中央研究院”院长等职,是当年“五四”新文化运动的领袖,开拓了一个白话文学的新时代,对整个社会风气、人文思想,造成很大的震撼与改变。

我很赞同胡适先生的想法,他说:“文章本来就是用来表情达意的,表情表得好,达意达得好,就是好文章。”他发表的《文学改良刍议》,提出文学改良,必须从“八事”入手:

一、须言之有物;

二、不摹仿古人;

三、须讲求文法;

四、不作无病之呻吟;

五、务去滥调套语;

六、不用典故;

七、不讲对仗;

八、不避俗字俗语。

我一生推动人间佛教现代化、大众化,提倡说法要给人听得懂、能受用,写文章能让人心领神会;胡适先生改革文学,提倡白话文的看法,影响我很大,对我后来执笔写书、弘法利生的思路,起到关键性的影响。

胡适

其实，佛教的经典如《阿弥陀经》、《法华经》都是白话文学，而《维摩诘经》两万五千字，胡适之先生称它是世界上最长的白话诗，具有哲学的意境和文学的美妙。他说："佛教的译经师用朴实平易的白话文体来翻译佛经，但求易晓，不加藻饰，造成一种白话的文体；佛寺禅门，成为白话文与白话诗的重要发源地。"

对于说话，胡适先生也别有一番妙解，他提出：

一、要有话说，方才说话。

二、有什么话，说什么话；话怎么说，文章就怎么写。

三、要说我自己的话，别说别人的话。

四、是什么时代的人，说什么时代的话。

说话这一门艺术，和他所提倡的"白话文运动"，有异曲同工之妙。我个人认为，胡适先生就是希望每一个人要有自己的主见，不要盲目地追随别人的看法，失去了自己独立思考的能力。

胡适先生的思想在舆论、教育及学术界，从过去到现在，一直发挥着重要影响。他所撰写的《中国禅宗史》，是研究佛教史、禅宗史必读的书籍。他曾经考证：神会大师应该列为禅宗第七祖。他认为六祖的传人不是别人，正是神会大师！有人认为胡适先生的想法有所偏颇，我个人认为，不管他的立论对与不对，神会大师对于六祖大师、禅宗的贡献，是非常大的了。

胡适先生的个性幽默风趣，他把过去女人的"三从四德"，改成现代男士应该做到的"三从四得"。所谓的"三从"就是"太太出门要跟从，太太命令要服从，太太说错要盲从”；“四得”是“太太化妆要等得，太太生日要记得，太太责骂要忍得，太太花钱要舍得”。

此外，他对男士们说，先生对太太要恭敬、畏惧、礼让，凡是有学问的君子，有知识的男子汉大丈夫，都应该加入他的“怕老婆会”。

虽说是怕老婆会，其实是捍卫人权，提倡自由、民主、两性平等的先驱者。我对胡适先生在中国这个大男人的社会中，不时为平等发声，关怀女性朋友的权益，觉得他是一个了不起的改革者。

佛教虽然力主众生平等，但是受到本土文化的影响，也存在这种男尊女卑的想法。有鉴于此，我除了推崇女性为教为法的牺牲奉献，在各种场合的座位安排，也常常注意男女两序大众的平衡。尤其，大家熟悉的十八罗汉，虽然都是现比丘相，我在佛陀纪念馆的菩提广场，特别安排了三位女众阿罗汉，来彰显佛教平等的可贵。

历代以来，不少中外名人，他们的名句，至今依然为人所津津乐道。细数胡适博士的名言有：“大胆假设，小心求证”，“要怎么收获，先要怎么栽”，“为学有如金字塔，要能广博要能高”，“做学问要在不疑处有疑，待人要在有疑处不疑”，“能救中国的，就是一个赛先生（Science）和一个德先生（Democracy）”，等等。他一生的学问、道德、爱国、为人处世，都堪为我们后世子孙学习啊！

哲人已逝，胡适之先生所给予世界的光明，将永远存在。[①]

傅斯年（一八九六—一九五〇）

傅斯年，字孟真，出生在山东聊城，是五四运动学生领袖之一。

---

① 注：“赛先生”（Science）：指近代自然科学法则和科学精神；“德先生”（Democracy）：指民主思想和民主政治。这两个名词是一九一九年五四运动时，流行的口号。

傅斯年

曾任北京大学代理校长、“中央研究院”院士、台湾大学校长、《国语日报》创刊首任董事长，是一代史学大家。谈到大学精神的开创者、领航者，傅斯年先生的学问、行政，学术组织能力，至今无人能出其右。

傅斯年先生有一句名言：“上穷碧落下黄泉，动手动脚找东西。”他认为学术研究要有追根究底的精神，不应该拘泥于象牙塔内，要落实在史料的搜寻与佐证中。这不仅是做学问的态度，也是一个人立身处世积极、正面的实践力。

任职北大代理校长期间，傅斯年也是国民参政会的参议员，人称“傅大炮”。一九四四年，傅斯年在参政会上，向行政院院长孔祥熙发难，揭发他贪污舞弊，骂他是皇亲国戚。

事后蒋介石亲自请他吃饭，说：“你信任我吗？”

傅斯年回答：“我绝对信任。”

蒋介石又说：“你既然信任我，那么就应该信任我所任用的人。”

傅斯年立刻说：“砍掉我的脑袋，我也不能这样说。”

另外，一九四七年，他发表了两篇文章：《这样的宋子文非走开不可》和《宋子文的失败》。文章辗转传播，硬是把宋子文逼下台。他这种不畏强权、明辨是非的勇气和担当，文人问政的气节风骨，至今仍然大快人心，为人所津津乐道。

一九四八年十二月，傅斯年先生在危难之际，受命承担台湾大学的代理校长，一九四九年正式接任后，由于大陆各大学学生大量来台，经审核考试后，台大的学生人数由数百人激增到三千人。教室和宿舍都不敷使用，傅斯年先生大力添购图书、仪器，增建教室宿舍，延聘教授，改革附属医院，一番大刀阔斧，让台大“脱胎换骨”，气象一新。

为了严格淘汰不适任的教师，傅斯年亲自到教室旁听，两年内，解聘了七十几位老师。又聘请北大名师，如当时的国学硕儒劳干、英千里、陶葆楷、董文琦等人到台大任教；此外，董作宾、屈万里、方东美、台静农等大师级的导师，也都应他亲自邀请而来。

傅斯年力图革新的魄力十足，为了校务发展，他也不惜放下身段，四处奔走。他上达“天听”的本事，更为人传颂。据说，傅斯年先生常去找蒋介石要办学经费，他每去一次阳明山，必定是“满载而归”，是一位敢在蒋介石面前从容跷起二郎腿、抽着烟斗的人。难怪傅斯年提到胡适时说：“胡适比我伟大，但我比胡适能干。”

对于大学教育，傅斯年先生常以“敦品、励学、爱国、爱人”与学生共勉。后来台大和师大发生“四六”事件，傅斯年先生对于当局不经法律程序，径行进入台大校园内逮捕师生高度不满，亲自找政府官员交涉，要求逮捕台大师生必须经过校长批准。他甚至向台湾警备总司令部司令彭孟缉警告：“若有学生流血，我要跟你拼命！”他捍卫学术自由，也用他全部的生命保护学生的性命安全，他为所当为的魄力承担，让当权者不敢再随意妄动。

学潮过后，傅斯年首次主持台大校庆，他在致词时，向所有教授、学生说：“我们是纯粹为办大学而办大学，不许把大学作为任何学术外的目的与工具。”最后，他引用荷兰哲学家宾诺莎所言“宇宙的精神”——“我们贡献这所大学于宇宙的精神”勉励所有的师生。

胡适先生曾评价傅斯年先生：“他能做最细密的绣花针功夫，

他又有最大胆的大刀阔斧本领。他是最能做学问的学人，同时又是最能办事，最有组织才干的天生领袖人物。”

他对新思想的提倡，对学生的爱护，处处都为台湾的大学开创出一番新天地。就是这样恢宏的气魄，虽然执掌台湾大学不到二年，但是傅斯年先生的精神，就像台大的“傅钟”一样，声声敲在所有热情于教育、热情于国家民族的人的心坎上。

邓小平（一九〇四——一九九七）

邓小平，四川广安县人，是前中共领导人，提倡“改革开放”和“一国两制”。一九七八年，他提倡经济改革开放，带动中国经济发展，人民生活水平大为改善。美国《时代》周刊评价他：“使世界四分之一人口的生活水准改善，有助于保持世界局势的稳定”，被称为“中国改革开放的总设计师”。看到今天中国崛起，我们不得不说，邓小平先生影响了二十世纪后期每个中国人，甚至全世界。

二〇一二年，我应天下远见创办人高希均教授的邀请，为哈佛大学傅高义先生的大作《邓小平改变中国》写序，我写下：

> 关于邓小平先生：
> 世间没有恒久不变的事情，要改革才能进步；
> 世间没有永远封闭的区域，要开放才能壮大。
> 三起三落，政坛上台下台，流露坚忍意志，实在是超群；
> 一次南巡，中国走向富强，身材不满六尺，显然是巨人。

在带领中国走向“坚持改革开放，发展市场经济”，邓小平先生真可谓是历经千生万死。

人生无常，世事难以逆料，邓小平先生一生中三起三落，每一次都是在位高权重时，重重地摔了下来。但是，非常奇迹的，每一

邓小平

次再爬起来时，都很快速地恢复他原来的地位和声望，甚至摔得愈重，爬得就越高。由此可见，邓小平的思想、能力和影响力，是普遍被大家所认同的。

毛泽东曾这样形容他："邓小平德才兼备，军政皆优，是一位能够'上马击狂胡，下马草军书'的非凡帅才。"邓小平先生的胆识，让他化险为夷，处变不惊的态度，让他完成救国救民的大业。

邓小平解放思想，实事求是，因此有"摸着石头过河"一说。意思是，中国改革问题复杂，必须要保持稳定，摸着石头过河，不能过急，不能躁进。台湾有一句话说："吃快撞破碗。"相对于今天资讯时代，虽然快速，却是来得快，也去得快，不能持久性的发展，很多很好的想法，只是昙花一现就没有了，实在很可惜。

因为邓小平，中国共产党不再以阶级斗争为政策，而是以经济建设为中心。邓小平先生说："不管黑猫白猫，会捉老鼠的就是好猫。"这种以实务为导向，不为框框所限的开放政策，为大陆的经济带来希望和转机。

邓小平年轻时曾到法国、苏俄留学，他深谙知识就是力量的来源，人才是国家奋起的根本，他重视知识分子，改变了自"文革"以来知识分子饱受歧视的现象。因此，他提倡共产党必须干部年轻化、知识化和专业化，并建立了"顾问委员会"来安置这些老干部。

人对了，事情才会做，对于全面改革，邓小平先生是彻底执行的。一九八九年，八十五岁的他，对中共领导班子说："要改换领导层，让新的领导机构使人民感到面貌一新，感到是一个实行改革有

《邓小平改变中国》作者傅高义教授(右),于佛光山佛陀纪念馆参加第一届“星云人文世界论坛”并发表演说(二〇一二年六月十六日)

希望的领导班子,这是最重要的。这是向人民亮相啊!”

他挂念腐败,提醒大家要团结,巩固领导中心,他提携江泽民、胡锦涛等人,使中国改变了长期以来对外封闭的情况,让中国在改革开放的同时,在稳定中发展、进步。

邓小平先生高瞻远瞩的智慧,对中国所努力、奋斗的一切,如今已经开花结果了,可以说,他是二十世纪一位重要的政治人物。

特蕾莎修女(一九一〇—一九九七)

特蕾莎修女(Mother Teresa of Calcutta),本名是艾格尼丝·刚察·博加丘(Agnes Gonxha Bojaxhiu),阿尔巴尼亚人。特蕾莎修女是世界上罕见的杰出妇女,她将一生宝贵的岁月,奉献给宗教,奉献给全人类，尤其是受苦受难的众生，可以说她是一位具有“宇宙心”或“世界心”的伟大女性。

特蕾莎修女

修行不是来享受清净、无为的生活，而是应该像特蕾莎修女一样，为大众服务、奉献。三十岁时，她已经在印度一所环境优美的贵族学校——圣玛利亚罗雷托修女会中学担任校长，可见她是一位有修行、学养丰富、具有领导能力的青年才俊。

但有鉴于学校内是舒适、安全、纪律的生活，学校外却是满街无助的麻风患者、乞丐、流浪孩童，她极力地向梵蒂冈总主教请求离开教会、学校，经历二年，终于在教皇庇护十二世（Pius XⅡ）的允许下，特蕾莎修女脱离了教会衣食无缺的庇护，离开舒适圈，以自由修女身份，走向苦难的众生。

后来，特蕾莎修女与其他十二位修女，成立了仁爱传教会（Missionaries of Charity；又称博济会）。她入境随俗地将教会的修女服，改为印度妇女传统的沙丽，以白布镶上朴素的蓝边，成为博济会修女的制服。白色代表纯洁的心，蓝色代表希望向前，她走出一条别于一般天主教的神父、修女在教堂传教、办学、办医院的天主教传教方式，可以说，她是天主博爱的化身。

我很喜欢《特蕾莎修女传》。这本书中她说的一句话：“拥有贫穷是我最大的骄傲。”在人人追求财富的世界，她却能以破釜沉舟之心，道出另一种心灵层面的升华。能够“忍受”贫穷很了不起，而她却能以“拥有”贫穷为骄傲，更何况，在一无所有的条件下，她成立了这么多的难民收容所。“拥有贫穷”与“拥有物欲”，最大的不同在于，拥有贫穷使你精神自由，拥有物欲使你堕落束缚。

以佛教的观点来看，这位值得敬佩的特蕾莎修女，就像一位“出生入死”的观世音菩萨，“千处祈求千处应，苦海常做渡人舟”，哪里有需要，她就到哪里。

一九八二年，在贝鲁特难民营遭受围攻的紧要关头，特蕾莎修女斡旋以色列军队与巴勒斯坦游击队之间，实现暂时停火，并且因此得以从一座处于交战前线的医院中，救出三十七名孩童。后来，在国际红十字会工作人员的陪伴下，穿越交战区域前往损毁的医院，疏散年轻病患；同时，也帮助和照料纳米比亚的饥民，切尔诺贝利的核辐射受害者，以及亚美尼亚大地震的灾民。

阅读特雷莎修女著作的《世界之心》，有时像在翻阅禅宗生动的公案，许多她经由关怀人类而亲身历练出来的智慧，是各大宗教间共同的菁华。例如：“奉献爱心的人最富足”，“让我成为创造人间和平的工具”，“我们不要用弹药和枪械去征服这个世界，我们要用爱和怜悯来同体共生”。

尤其特蕾莎修女很有见地的认为：“这一代青年比上一代青年更加乐善好施；在服务人群上，更加的开悟，更加的乐意奉献牺牲。”

我个人认为，真正的卓越，不是功成名就，而是无私无我的奉献和付出，做一个给得起的人。如同特蕾莎修女曾经说过：“很多人都想要追求卓越，但很少人知道卓越就是爱。”

目前特蕾莎修女留下的博济会，在全世界一百二十三个国家，有四千名修女，超过十万名以上的义工，还在继续为人服务。虽然特蕾莎修女已离开人世，但她的爱和影响力，却永远留在人间。

赫尔穆特·科尔(一九三〇—)

赫尔穆特·科尔

赫尔穆特·科尔(Helmut Kohl)出生于德国的路德维希港,是著名的政治家,德国历史上第六位总理。

从一九八二年到一九九八年,他当了十六年总理,最大的功绩,是推动东西德和平统一,为欧洲联盟一体化迈出了关键一步。科尔被世界历史列为"统一总理",并被誉为"欧洲荣誉公民"(Honorary Citizen of Europe)。

战争是残酷的,枪林弹雨,骨肉分离,造成同文同种的德国人,一分为二。第二次世界大战后,战败国的德国分别为苏、美、英、法四国管辖区,并于一九四九年分成东、西德两个国家。为了彻底把两个德国分开,一九六一年,东德共产政府建造"柏林围墙",一直到一九八九年柏林围墙倒塌,东西德统一的呼声,急遽高涨。

东西德的统一,关联到许多国家,如苏、美、英、法等国的利益好处。有一次,科尔与英国撒切尔夫人在巴黎会面时,科尔说:"谁也无法阻止人们决定自己的命运,你也没有这种能力。"撒切尔夫人说:"这只是你的想法。"科尔具备高度的政治智慧和沟通协调的能力,终于在一九九〇年苏、美、英、法和东西德代表在莫斯科举行了会谈,签订了《二加四条约》,允许统一之后的德国,成为一个完全独立自主的国家,四个战胜国的特权全部取消。

利益交关时,有人用暴力统治对方,有人用金钱收买对方,有人用权力侵略对方，但是，科尔成功地用民主制度统一两德。

面对东西德二者南辕北辙的政治管理，首先，科尔着手把东德经济纳入西德轨道，第一步西德政府准备了二百五十亿西德马克，用西德马克取代东德马克。接着，两德签署统一条约，确立两德统一的性质：东德归入西德，集权解体。科尔为德国统一所做的努力，使得他在反对党里，也获得尊敬。他被尊称为一位“伟大的德国人”。

一九九二年，庆祝科尔在职十周年，科尔自信、坚定地表达他的心愿：“德国统一和欧洲统一，是一个铜板的两面；只完成其中一项，并不表示我已经达成我的目标。”

科尔的妻子，语言学者雷娜，曾经这样形容科尔的性格：“在交往的十一年间，每周收到科尔三至四封信，共计二千封。科尔不轻易承诺，但一旦承诺，他一定会做到。”信心、愿力加上锲而不舍的行动力，科尔作为世界第一总理，实在是实至名归。

人世间，最大的勇气和承担是“认错”。两次的世界大战都是德国发动的，给世界人民带来非常严重的灾难。一九九五年，科尔继前总理维利·勃兰特(Willy Brandt)之后，双膝跪倒在以色列的犹太人受难者纪念碑前，重申国家的歉意：德国绝不会忘记发生在纳粹集中营的种种可怕、残酷的野蛮行径，会勇敢而严肃地承担起历史的责任，并且发愿建设一个宽容与开放的社会。

如今的德国，是历史上第一次周边国家“只有朋友，而没有敌人”的时代，并成为欧洲经济的发动机。这些，都要感谢科尔当时不畏困难、不计一切的努力推动民主、统一。

以上说来，这只是我个人的看法，当然各行各业中，对国家、社会、人类有所贡献的人还有很多，我只就其个人的人格，举出自己一点观见。

总之,如毛泽东先生在《沁园春·雪》里说的"数风流人物,还看今朝",其实,英雄人物不是哪一个个人所成就,这以上十二位英雄人物,不知各位读者,你有同感吗?